U0043496

康 樂 主編　新　　　橋　　　譯　　　叢

新橋譯叢 | 48

學術與政治：韋伯選集(I)

著者 / 韋伯
(Max Weber)

譯者 / 錢永祥・林振賢・羅久蓉
簡惠美・梁其姿・顧忠華

總主編 / 康樂

編輯委員 / 石守謙、吳乃德、梁其姿
章英華、張彬村、黃應貴
葉新雲、錢永祥

總策劃 / 吳東昇
允晨文化實業股份有限公司
台北市南京東路 3 段 21 號 11 樓

責任編輯 / 羅麗芳

發行人 / 王榮文
出版・發行 / 遠流出版事業股份有限公司
台北市 104005 中山北路一段 11 號 13 樓
郵撥 / 0189456-1
電話 / 2571-0297
傳真 / 2571-0197

著作權顧問 / 蕭雄淋律師

1991 年 10 月 16 日　初版 1 刷
2022 年 9 月 16 日　2 版 3 刷

售價新台幣 380 元

缺頁或破損的書，請寄回更換

YLib 遠流博識網
http://www.ylib.com
e-mail: ylib@ylib.com

新橋譯叢　學術與政治：韋伯選集（I）

48

著者／韋伯

譯者／錢永祥・林振賢
羅久蓉・簡惠美
梁其姿・顧忠華

總　序

　　這一套《新橋譯叢》是在臺灣新光吳氏基金會獨力支持下進行編譯的。其範圍廣及人文社會科學的幾個最重要的部門，包括哲學、思想史、歷史學、社會學、人類學、政治學、經濟學等。我細審本叢書的書目和編譯計劃，發現其中有三點特色，值得介紹給讀者：

　　第一、選擇的精審　這裏所選的書籍大致可分爲三類：第一類是學術史上的經典作品，如韋伯(M. Weber, 1864—1920)和涂爾幹(E. Durkheim, 1858-1916)的社會學著作。經典著作是經得起時間的考驗的；作者雖已是幾十年甚至百年以前的人物，但是他們所建立的典範和著作的豐富內涵仍然繼續在散發著光芒，對今天的讀者還有深刻的啓示作用。第二類是影響深遠，而且也在逐漸取得經典地位的當代著作，如紀爾茲(C. Geertz)的《文化詮釋》(*The Interpretation of Cultures*)、孔恩(T. Kuhn)的《科學革命的結構》(*The Structure of Scientific Revolutions*)等。這些作品是注意今天西方思想和學術之發展動向的中國人所不能不讀的。第三類是深入淺出的綜合性著作，如帕森思(T. Parsons)的《社會演進》(*The Evolution of Societies*)、契波拉(Carlo M. Cipolla)主編的《歐洲經濟史論叢》(*The Fontana Economic History of Europe*)。這些書的作者都是本行中的傑出學人，他們鈎玄提要式的敍述則可以對讀者有指引的功用。

　　第二、編譯的愼重　各書的編譯都有一篇詳盡的導言，說明這部書的價值和它在本行中的歷史脈絡，在必要的地方，譯者並加上註釋，使讀者可以不必依靠任何參考工具即能完整地瞭解全書的意義。

第三、譯者的出色當行　每一部專門著作都是由本行中受有嚴格訓練的學人翻譯的。所以譯者對原著的基本理解沒有偏差的危險，對專技名詞的中譯也能夠斟酌盡善。尤其值得稱道的是譯者全是年輕一代的學人。這一事實充分地顯示了中國在吸收西方學術方面的新希望。

中國需要有系統地、全面地、深入地瞭解西方的人文學和社會科學，這個道理已毋需乎再有所申說了。瞭解之道必自信、達、雅的翻譯著手，這也早已是不證自明的真理了。民國以來，先後曾有不少次的大規模的譯書計劃、如商務印書館的編譯研究所、國立編譯館和中華教育文化基金會等都曾作過重要的貢獻。但是由於戰亂的緣故，往往不能照預定計劃進行。像本叢書這樣有眼光、有組織、有能力的翻譯計劃，是近數十年來所少見的。我十分佩服新光吳氏基金會的深心和魄力，也十分欣賞《新橋叢書》編輯委員會的熱忱和努力。我希望這套叢書的翻譯只是一個新的開始，從初編、二編、三編，不斷地繼續下去。持之以恆，人文學和社會科學在中國的發展一定會從翻譯進入創造的階段。是為序。

余英時

1984 年 9 月 5 日

目錄

附錄

譯　例

1. 本冊各篇文章的出處及譯者、修訂者姓名，請見各篇之前的說明。

2. 各篇文章中凡以黑體字印出者，皆爲原文加重語氣之字詞或子句。

3. 凡在〔　〕內之字句，皆爲原文所無，而由編者或譯者添加者。

4. 中文書名以《　》示之，論文以〈　〉示之；外文書名以斜體字示之，論文以"　"示之。

5. 除另有說明者外，註釋皆係編譯者所附。書中出現之人名，請讀者另查本冊卷末之人名註釋。若干人物、事件、典故、引句難考其詳，無法作註，尚請識者指敎。

6. 《韋伯傳》指 Marianne Weber, *Max Weber. A Biography,* trans. Harry Zohn（New York, 1975）；《經濟與社會》指 Max Weber, *Economy and Society. An Outline of Interpretive Sociology,* ed. Guenther Roth & Claus Wittich, 2 vols（Berkeley, 1978）。

7. 基督敎《聖經》之經文引錄，悉以下列諸中譯本爲準：思高聖經學會譯釋，《聖經》，（北平，香港，1946-61）；《聖經》，（台灣聖經公會，1983）；意譯本聖經會，《今日聖經》，（台北，1980）。

增訂版序

　　《學術與政治：韋伯選集 I》的第一版於 1985 年出版，迄今已經六年有餘。大概是因爲當時正逢所謂的"韋伯熱"在台灣流行，所以初版很快便告售罄。幾年來，出版者頻頻要求繼續印行上市，偶爾也有新一代的學生抱怨欲讀此書卻無法覓得。但筆者始終希望一本負責的態度，待初版的編譯內容有所改進後，再以修訂版的形式與讀者見面。慚愧的是，由於筆者疏懶成性，以及個人研究工作的牽掣，修訂工作延續了三年之久。這種屬於另外一個時空環境的工作效率，在今天的台灣居然有其可能，必須感謝本冊的其他譯者、本選集的總策劃吳東昇先生主編康樂先生、以及遠流出版公司的王榮文先生的寬容與耐心。

　　這個修改增訂版與初版的不同，大概有下列三方面。

　　首先，我們用施路赫特的〈價值中立與責任倫理——韋伯論學術與政治的關係〉作爲本冊導言，取代初版的導言——阿宏的〈韋伯論學者與政治家〉；阿宏此文現在移作附錄。施路赫特這篇文章對韋伯兩篇演講的論證結構有極爲細膩深入的分析和重建，並取韋伯的觀點與晚近社會理論關於知識與政治實踐的一些新反省對觀，可望對讀者提供較多的幫助。

　　其次，我們將初版的全部譯文，與原文對勘一遍，做了許多修改與潤飾，以期在忠實與可讀兩方面能勝過初版舊譯。顧忠華先生曾對原譯文提出許多批評和建議，對這次修訂工作助益極大。修訂過程中，筆者也曾參考馬克斯韋伯著，王容芬中譯，《學術生涯與政治生涯——對大學生的兩篇演講》(北京，1988)，以及收在Peter Lassman & Irving Velody, eds., *Max Weber's 'Science as a Vocation'* (London, 1989)中Michael John執筆的〈學術作爲一種志業〉的新英譯。對照之下，筆者相信，就韋伯的兩篇演講而言，本書在台灣讀者較易利用的中英文字版本之列，可能是比較忠實而且比較有用的一個譯本。

第三，我們將韋伯的一篇政論小文章〈論帝國總統〉，收入本書作爲附錄，希望讓讀者淺嚐略窺韋伯的論政態度。這篇中譯當初在《當代》雜誌發表時，筆者曾撰簡短的導言，除了說明韋伯晚年論政的局勢背景之外，尙企圖將韋伯的政治思考方式連繫到最近台灣的若干現實政治爭議上來。在這樣做的時候，這篇導言的某些措詞難免暴露急切之情，與本書的編譯體例相當不合。不過，幾經考慮之後，我們仍將這篇導言照原來模樣收入，藉以突顯韋伯的政治關懷在今日台灣依然有其鮮活的參考價值。

當然，經過這些修改增補，並不代表本書已經近於理想。數年來，筆者雖然未曾針對韋伯進行專題研究，卻仍然利用機會陸續閱讀了不少關於韋伯之生平、政治思想、以及師友交誼(特別是他與盧卡奇的關係)的二手著作，深知本書所提供的〈韋伯小傳〉以及〈韋伯的政治關懷〉何等不足。在翻譯方面，一些段落的論證理路仍然不盡明朗清晰，一些關鍵字眼仍然無法找到較爲貼切的中文對等字詞。此外，原文中出現的幾個典故、人物，也一直未曾找到出處或資料。這些缺陷和疏漏，恐怕要俟諸下一代資源更豐富的學者來彌補了。

　　這個修訂版完稿之時，台灣正在內外交迫的困局中呈癱瘓之象；舊的秩序已經崩潰，新的秩序卻仍無頭緒。經驗似乎顯示，我們的價值反省能力尚無足以設定新的目標，而我們從事切事政治經營的能力，也不敷擺脫困局、開創新機之需。在這個關頭，本應扮演純粹超導體角色的翻譯者，竟敢奢望他的翻譯工作可以供這個社會多一個學習的機會，自然不會在意橫遭非份托大之譏！

錢永祥　　1991 年 10 月

《韋伯選集》導論

I

韋伯小傳

這篇韋伯的傳記譯自H. H. Gerth & C. Wright Mills, trans. & ed., *From Max Weber: Essays in Sociology* (New York, 1946), pp. 3-31. 原文是Gerth和Mills為他們編譯的這冊英譯韋伯選集所寫的導論的一部分。

這篇文章的中譯初稿，係由林振賢執筆；林君的譯稿，由羅久蓉作了詳細的校訂修正；最後再由錢永祥校改定稿。在定稿過程中，我們參考瑪麗安娜韋伯的《韋伯傳》，對原文中關於人物、事件、日期及文字的若干錯誤或混淆之處，作了一些修正。Gerth和Mills在引《韋伯傳》的時候，根據的是1926年的德文版；在譯文中，我們將這些引註全部改為1975年英文版的頁數。《韋伯傳》的中文本已經由李永熾先生譯出，但因到目前為止仍然只有上冊問世，故在此無法利用。另外，我們也添加了一些引註和註解。

這篇文章的寫作時間，是在1940年代；它所假定的讀者，是當時的美國人。這一點，請中譯本的讀者在閱讀時務必記在心裡。四十多年來，關於韋伯的家庭、生平、師友、政治活動、學術生涯、乃至於心靈掙扎，有數量龐大的新材料和新研究出版。今天的人要再寫韋伯的傳記，所用的概念架構和解釋工具應該會比較深入，比較細緻。最重要的是，今天的人一定會用相當不同的歷史角度來看韋伯的時代和行誼。我們選譯Gerth及Mills這篇文章，只是因為它以適當的篇幅，大致忠實地敘述了韋伯的一生。這篇文章只是韋伯的一個「小傳」，而不是讓我們對韋伯其人形成意見的根據。

一

1864 年 4 月 21 日，韋伯生於屠林根(Thüringen)的艾福特城
(Erfurt)。父親老瑪克斯韋伯(Max Weber)出身於德國西部一個麻
布商和紡織廠主的家庭，是位訓練有素的法律家，並且擔任市參議員。
1869 年，韋伯一家人移住柏林。該地不久即成為俾斯麥帝國的興盛首
都。在柏林，老韋伯是一位成功的政壇人物，活躍於柏林市議會、普
魯士邦議會和帝國新國會，屬於漢諾威(Hanover)貴族班尼格森
(Rudolf von Bennigsen)所領導的右翼自由黨。韋伯一家定居在柏林
西郊的夏洛騰堡(Charlottenburg)，所毗鄰者皆為學界與政界知名之
士。在父親宅第中，小韋伯認識了狄爾泰(Wilhelm Dilthey)、莫姆森
(Theodor Mommsen)、史密德(Heinrich Julian Schmidt)、茲貝
爾(Heinrich von Sybel)、崔采克(Heinrich von Treitschke)和卡
普(Friedrich Kapp)這些〔當時學術界和思想界最重要的〕人物。

韋伯的母親海倫娜韋伯(Helene Fallenstein Weber)信仰基督
新教，開明而有教養。她的家庭是屠林根的老家族，出過不少教師和
小官吏。不過她的父親卻是位頗有資產的官員，1848 年革命前夕，退
隱於在海德堡(Heidelberg)的莊園。著名的自由派歷史學家葛偉努斯
(Georg Gottfried Gervinus)與她家私交甚篤，曾教導她一些人文學
科的課業。一直到 1919 年海倫娜韋伯過世為止，韋伯與他母親保持著
篇幅甚長、親密而往往博雅的書信往來。在柏林，海倫娜韋伯成為一
位負擔沉重的家庭主婦，全心全意的照料她忙碌的政治家丈夫、六個
小孩以及持續不斷的交際圈。她的孩子中有兩個早夭。柏林勞工階級

的悲慘境遇，給她深刻的刺激。她的丈夫却旣不了解、也不接受她的宗教上的與人道的關懷。他可能根本不曾進入她的情感生活，而他們對許多社會問題意見的分歧，乃是不爭的事實。就這樣，在韋伯幼年及少年期的成長過程中，他雙親間的關係日益疏隔。

家庭來往的知識界友朋和四處旅遊，使得早熟的韋伯對學校千篇一律的教育方式深爲不滿。他在四歲時曾罹患過髓膜炎，是個身體孱弱的孩子；酷嗜書本而不喜運動，他在少年時期廣泛地閱讀，並發展出自身在智識上的興趣。十三歲時他就寫過歷史論文。其中一篇題爲〈有關德國歷史的發展過程，特別著重德皇與敎皇的地位〉；另外一篇則〈獻給微不足道的自我，以及雙親和手足們〉❶。十五歲時，他便像大學生一般讀書，廣泛地摘寫札記。似乎從早年開始，他就致力於持平適中而有限定的論斷和敍述。他曾對其同窗忽略了司各脫(Walter Scott)的歷史小說而只顧耽讀當代無聊作品的低劣口味，加以批評，但他隨即小心翼翼地補充道：「我採取這種立場，看起來或許相當傲慢，因爲我到底是班上年歲最小的學生之一；不過，此一情況是如此的刺眼，現在我用這種方式說出，倒不必害怕我所說的不是實情。例外的情況當然總是會有的」❷。韋伯對於他的老師似乎也缺乏衷心的尊崇。雖說如此，由於在考試期間，他十分樂意把自己所知道的與同學們分享，他們認爲韋伯不但討人喜歡，而且多少有幾分才氣。

「在俾斯麥"權術政治"(Realpolitik)的時代身爲政治家的兒子」，少年韋伯認爲西塞羅(Cicero)在文學上所受到的普遍推崇，是沒有根據的欺人之談。在他眼裡，西塞羅——尤其是他在關於卡蒂藍(Catiline)的頭一個演說中所表現的❸——只不過是個擅於措詞的文人、一個低劣的政治家、一個沒有責任感的演講者。他試著將自己比作西塞

羅，自問這些高談闊論的演說能有什麼有用的作用？他覺得西塞羅應
該「除掉」卡蒂藍，用武力消滅掉這場可怕的陰謀。在他寫給一位表兄
討論這些問題的信中，經過詳細的論證後，他結語道：「簡言之，我發
覺此一演說，立論非常薄弱而且沒有意義；他的整個政策就目標而言
游移不定。我認為西塞羅根本沒有足夠的決斷與精力，也缺乏技巧，
更談不到有伺機而動的能力」❹。就讀柏林大學的這位表兄，在回信中
暗示，年少的韋伯只不過是拾他讀過的書的牙慧。為了替自己辯護，
韋伯尖銳但保持風度地反駁說：

　　你所寫來的信，似乎認為我抄襲某些書籍，或者至少是說我
剽取所讀過書籍的要點，以為己有。簡言之，這就是你長篇大論
的要旨所在。你小心翼翼盡可能不著痕跡的提出這一點，只因為
你以為我會介意一個我知道並不合於實情的意見。雖然我動用了
我所知道的全部知識，我還是無法承認我被任何一本書或老師的
任何言辭牽著鼻子走。……當然，……一般而言，我們年輕的一
輩，自你們年長的一輩(我認為你是其中之一)所積累的智慧中獲
益匪淺。……我承認一切看法皆可能間接源自書本，因為書本除
了就人所無法了解的事物，對人有所啟發和指導，還有何用？有
可能我對於書本中的說法和演繹異常敏感。關於這點，相信你比
我有更好的判斷，因為就某些方面而言，了解他人要比了解自己
來得容易。至於我論述的內容——或許完全不正確——決非直接
抄自任何一本書。至於其他，我並不介意你的批評，因為我最近
才發現，莫姆森的書裡面也說過類似的看法。❺

　　韋伯的母親在兒子不知情的情況下，閱讀兒子的通信。她極擔心

自己與兒子在思想上日益隔閡。像韋伯這樣一個認真而聰明的成長期少年，既然意識到雙親之間有問題存在，觀察到了一個維多利亞式的父權家庭裡面所特有的障眼手法，自然會學到不能從表面來看人說的話和做的行動。他逐漸認為，如果要了解真相，必須要靠直接的第一手知識。所以，當他被送去參加"堅信禮"的課程時，他把希伯萊文學到能夠讀原文的舊約聖經的程度。

韋伯夫人為兒子對宗教的淡漠而憂心忡忡，她寫道：

> 瑪克斯堅信禮的時間愈接近，我愈看不出這段成長的階段對他有什麼較深的影響，好讓他去把他要在聖壇前當成自身的信念而宣告的東西拿來思考。前幾天，當我們單獨相處時，我試著想了解他對基督教意識的主要問題的想法與感受。他似乎很驚訝，我會假定所有有思想的人，都會因為堅信禮課程，而對自己弄清楚諸如對永生的信仰、神意引導我人的命運等這類問題。對於這些在我來說是最重要的信念——其形式一點都不重要——我的內心深處有最溫馨的感受……可是我卻沒有辦法把我的信仰，向我的親生兒子表達出來，對他產生任何影響。❻

帶著這一份深厚而屬於個人的敬虔心緒，海倫娜韋伯為其表面家庭生活的俗世傾向所苦。雖然如此，她依然以愛心承受她丈夫造成的那種自滿、自以為在道德上優越、以及父權式的氣氛。成長期的韋伯，在嚴肅的問題上，愈來愈無法和他的母親溝通。這倒不是因為他開始受父親影響；近代知識生活的現世氣氛，使他既遠離父親的庸俗，也推開了母親的敬虔心態。

韋伯對長輩尊重，但他反抗他們的權威。不過，他並沒有參加同學們「輕浮」的活動、學校的刻板生活、和老師們在思想上的空洞無聊；他只是遁入自己的世界。這樣的一個孩子，自然不會接受父親的指令。父親如何毫不體貼地利用妻子，沒有逃過這個十七歲孩子銳利的眼光。有一次，當韋伯和父親在義大利旅行時，因為沒有足夠地表現出典型觀光客應該有的興致，遭父親責罵。韋伯的反應是乾脆明言他打算立刻獨自回家。

韋伯在堅信禮中得到的經文是：「主就是那靈：主的靈在那裡，那裡就得以自由」❼。韋伯的遺孀在她寫的傳記中如此說：「經文中再沒有別的句子，更好地表達了支配這個孩子一生的律則」❽。

二

1882 年春天，韋伯結束了大學前的求學階段。由於秉賦優異，他並沒有必要「過份用功」。不過，他的老師們卻指出，他缺乏持之有恆的用功，並懷疑他在「精神上的成熟」。像許多十九世紀的思想家一樣，韋伯給他中學老師留下的印象相當惡劣。這位年僅十七歲、肩膀下垂而身材瘦長的年輕人，仍然缺乏對權威的適當尊重。

韋伯進入海德堡大學，箕裘乃父，攻讀法律。他也研習包括文學、經濟學和哲學在內的人文學科；在當時的海德堡，這些科目的教師，都是卓越的學者。靠著父親的關係，他接觸到一些圈子，其中包括他成為他父親所屬的決鬥兄弟會(dueling fraternity)的預備會員。至於母親這一方面的關係，他的一位表兄是斯特拉斯堡(Strassburg)歷史學家鮑姆加騰(Hermann Baumgarten)的兒子，正在海德堡讀神學；經由他的引介，韋伯參與了當時神學與哲學方面的爭論。

　　韋伯每天早起，先上一堂邏輯課。然後他在擊劍房「晃蕩」一個小時。聽課的時候，他「用心聽講」，十二點半「花一馬克」吃午餐，偶而也會叫杯四分之一公升的葡萄酒或啤酒。時常，在午後他會玩兩個鐘頭「認真的紙牌戲」。而後，他回到自己的房間，整理聽課筆記，並且閱讀諸如史特勞斯（David Friedrich Strauss）的《舊信仰與新信仰》（*Der Alte und der Neue Glaube*）等類的書籍。「有時在下午，我會與朋友上山散步；傍晚則再度於餐館會面，花上八十芬尼吃頓豐盛的晚餐。我讀羅宰（Rudolf Hermann Lotze）的《小宇宙》（*Mikrokosmos*），進而我們熱烈地討論它」❾。有些時候，教授邀請他到家裡玩，這讓韋伯有機會進行觀察，日後向他們這群朋友模仿他們所熟知的人物的特徵。

　　第二學期開始，韋伯熱心地加入決鬥兄弟會的社交生活，學習著在狂飲和鬥劍中不落下風。不久，他的臉上留下了〔當時學生臉上〕常見的傷疤。他開始欠債，而且在海德堡求學期間一直如此。他在這段期間學到的許多學生歌曲或愛國歌曲，一生都留在他的記憶裡。當年清瘦的青年，逐漸成熟為一個剛強、有著寬闊肩膀而相當壯實的成年人。當他去探望在柏林的母親時，他已經是一個具備了德意志帝國外在特徵的大男人了；他的外表使他母親震驚，竟然在他臉上摑了一個巴掌❿。

　　回顧在海德堡度過的歲月，韋伯寫道：「決鬥兄弟會在桀傲不遜的侵略性方面的一般訓練，以及身為預備軍官，無疑地給予我相當深沉的影響。一掃我在成長時期害羞與缺乏安全感的氣質。」⓫

　　在海德堡讀了三個學期後，十九歲的韋伯前往斯特拉斯堡服役。由於除了鬥劍之外，他從未有過任何體力上的訓練，所以服役及軍事操練令他難以適應。而在體力緊張外，他更深爲軍營訓練的無聊與下級長官的無理找碴所苦。他不願放棄在知性方面的興趣：

當我返家，通常約莫於九點上床睡覺。可是我無法入睡，因爲我的眼睛並不感覺疲倦，而人裡面知性的一面，則尚沒有發揮功能。這種緩緩墜入麻木僵化的無底暗淵中的感覺，從早上開始，隨著一天的過去，益形增強；這實在是最不愉快的一件事。❷

韋伯不得不在晚上借酒澆愁，翌日則帶著宿醉參加例行軍事訓練，來麻痺此一感覺。這時候，他覺得「時光在飛逝，因爲腦際不曾有一點思想的活動」❸。雖然後來他的耐力逐漸增強，相當成功地應付了大多數體能訓練的要求，可是始終他在體操方面顯得笨拙。有一次，一位士官用柏林的土語對他咆哮：「喂！你看來像一隻在槓子上擺臀盪腰的大酒桶」❹。爲了彌補這項不足，他在行軍耐力與踢正步兩方面力求表現。但他的內心無時無刻不在抗拒：

不知道有多少時間，都浪費在馴服能夠思想的人，把他們變成機器，對命令的服從像機器一般精確不苟。……叫一年役志願兵從事各種毫無意義的活動，這些活動是什麼呢？什麼也不是，只是用四十五分鐘或一個小時站著四處張望，這就是所謂的"軍事訓練"。據說這樣做目的在於培養耐性，天哪！好像說經過三個月每天多少小時的操槍教練，吞下最卑賤的惡棍數不清的侮辱之後，還有人有缺乏耐性的嫌疑！一年兵在服役期間不得有用腦筋的機會，這乃是一個原則……。❺

不過，韋伯十分客觀：他承認頭腦停止運作的時候，身體運作更爲精確。當他得到軍官官階後，他很快便知道去看軍旅生活中比較愉快的一面。他頗受上級長官的器重，並且在與同儕的軍官們聚餐之際，吹誇一些荒誕不經的故事和顯露他敏銳的幽默感；更且，作爲一位有統御能力的指揮官，他贏得了屬下的尊敬。

1884 年，他結束了軍旅生活。時年二十的韋伯，在柏林和哥丁根（Göttingen）重拾大學課業。兩年後，他在哥丁根參加第一次法學考試。但是 1885 年夏季和 1887 年，他兩度回到斯特拉斯堡接受軍事訓練。1888 年他參與在坡森（Posen）所舉行的軍事演習。在坡森，他身歷其境地感受到了德意志和斯拉夫兩個世界間邊界的氣氛；對他而言，這似乎也是個「文化上的」邊陲地帶。在他寫給母親的一封信中，談到了禪寧（William Ellery Channing），可以表現他這段時期的思想。

禪寧讓他留下深刻的印象，不過韋伯不願接受禪寧的倫理絕對主義及和平主義（pacifism）。「我就是看不出來，將職業軍人和殺人兇手視爲一類，公然加以誣蔑，會導致任何道德上的提昇。戰爭絕不會因此而變得比較人道。」❶❻出於他的本色，韋伯並不從神學上去爭論"山上訓詞"（the Sermon on the Mount）；他找出禪寧的看法在社會與歷史方面所處的環境，由而與禪寧保持距離；他用這種方法來對禪寧的立場作了解，並且把它「相對化」。「禪寧對於（戰爭及逃兵）這類事情顯然毫無了解。他心裡面想到的軍隊的情況，是民主政體的美國聯邦政府對墨西哥等國進行掠奪性戰爭時所用的美式傭兵的狀況」❶❼。這些論點，具體而微地顯示了韋伯日後在〈政治作爲一種志業〉的最後一節、以及〈宗教拒世的階段與方向〉❶❽有關宗教和政治的討論中所採取的立場。

在斯特拉斯堡，韋伯主要的社交經驗仍然侷限在家族圈內，這可以說是他生活方式的特色。他母親有兩個姐姐都嫁給斯特拉斯堡的教授，韋伯在她們的家裡，享受到友誼、睿智的談話、以及深厚的感情經驗。鮑姆加騰家族中，有些人特別耽於神祕和宗教的經驗；年輕的韋伯懷著深刻的同情，分享這些經驗所激發的緊張情緒。他學著去欣賞並且同情他們各自不同的價值觀，幾乎變成每一個有關的人的心腹。他稱自己為「見過世面的人」(Ich Weltmensch)，努力地為捲入問題的人個別找到可行的解決方法。在韋伯而言，這樣做其實就是超越倫理上的絕對主義：「在我看來，如果我們不是一頭逕問(鮑姆加騰家的人往往如此，此刻也不例外)『在道德上誰是誰非？』，事情便不會如此嚴重。其實應該問的是：『面對已經存在的衝突，我要如何在對所有的人造成最小的外在內在傷害的情況下，解決這個衝突？』」⑲。韋伯這樣子提出來的觀點，是一種實際的觀點，把我們的注意力的焦點，集中在各種決定的後果上，而不是一味堅持個人捫心求證自己強烈的誠意。他早年在斯特拉斯堡的書信和經驗，明白地預示了後來他在責任倫理和心志倫理之間所作的區分。

學業完成之後，韋伯在柏林的法院任職，與雙親住在一起。八〇年代早期，他追隨當代著名的法學家讀書，在他們的課堂上當一位用功的學生。在這些法學家中，葛奈斯特(Rudolf von Gneist)是他景仰的；此人的課導引他注意到當時的政治問題。「我發現他的講課是真正的傑作……他率直討論時下政治問題的方式、他不帶宣傳氣味而表達出來的強烈自由主義觀點，著實令我吃驚。崔采克在討論國家與教會的課上，就顯得是在作宣傳。」⑳

韋伯把全部心力，放在一個經濟史和法律史重疊的領域上。他的博士論文(1889年)以中世紀的貿易公司史為主題，參考了數百件義大利及西班牙的資料；為此，他還學習這兩種語文。1890年，他通過第二階段的法律考試。1891年，他以一篇處理馬克思(Karl Marx)曾稱為"羅馬人的祕密歷史"的論文──〈羅馬農業史〉(Die römische Agrargeschichte in ihrer Bedeutung für das Staats und Privatrecht)──在柏林取得商業法、日耳曼法和羅馬法的任教資格(Habilitation)。在這個平淡的標題之下，韋伯實際是從社會、經濟和文化幾個方面，分析古代社會；日後，韋伯曾經數度回來探討這個問題。在博士論文的口試中，韋伯必須要答覆莫姆森所提出來的某些問題。兩個人的討論沒有達成結論，但在討論結束時，這位傑出的歷史學家說，他還沒有遇到過比「這位得到極高評價的瑪克斯韋伯」更能繼承他的人❷。

三

1892年春，老韋伯的一位姪孫女，到柏林來接受專門職業教育。瑪麗安娜施尼特額(Marianne Schnitger)時年二十二，父親是位醫生；她曾在漢諾威市入一所女子儀範學校(finishing school)進修。一年以前，她曾拜訪過韋伯的家。這次重返柏林，她察覺自己已與韋伯墜入情網。經過一陣迷惘混亂、一些維多利亞式的誤會、一番道德上的摸索自問，韋伯與瑪麗安娜終於宣布訂婚。他們在1893年秋天結婚。

在他娶瑪麗安娜為妻之前，大約六年之久，韋伯曾愛過斯特拉斯堡一位姨母的女兒。這位女孩曾在精神病院住了相當長的一段時間。韋伯溫婉地與她斷絕關係之際，她正在逐步地復原之中。他永遠沒有忘懷自己如何給這位纖弱的女孩帶來痛苦，雖然那並非他的本意。他之所以溫和對待那些在人際關係方面犯錯誤的人，以及在個人問題上採取斯多噶式的一般態度，這或許是一個重要的原因。除開此層關係外，他和瑪麗安娜的婚事，還曾受到另一項道德困境的困擾。或許因為韋伯遲遲不敢接近瑪麗安娜，他的一位朋友曾追求瑪麗安娜，以至於韋伯必須橫插進去。這對韋伯來說，也有幾分痛苦。

瑪麗安娜過門之後，韋伯在柏林過著年輕學者少年得志的生活。其時著名的經濟學教師葛施米德(Levin Goldschmidt)生病，他的職位遂由韋伯暫代。韋伯每星期得花十九個小時在講台與討論課上。他也參加了國家律師檢定考試；除此之外，他又給自己安排許多沉重的工作。他積極地為政府機構作諮詢工作，並且為民間改革團體進行特別研究，主題之一為證券交易所，另外一項研究是關於德國東部的莊園。

1894 年秋，他接受了福萊堡(Freiburg)大學經濟學正教授的教職。在該地他結識敏斯特堡(Hugo Münsterberg)、瑙曼(Friedrich Naumann)和里克特(Heinrich Rickert)。由於工作繁重，他每每挑燈至更深人靜。當瑪麗安娜勸他休息時，他總是大聲地說：「我若不工作到凌晨一點，就不可能算是一個教授」❷。

1895 年，韋伯一家赴蘇格蘭及愛爾蘭西海岸一遊。回到福萊堡之後，他在大學發表他的就職演說，題目是〈民族國家與經濟政策〉(Der Nationalstaat und die Volkswirtschaftpolitik)，其中他表白了對帝國"權力政治"和霍亨索倫王朝(The House of Hohenzollern)的信念。這篇演說引起相當大的騷動。他寫道：「我的觀點之殘酷，已引起驚恐。但是天主教徒最滿意，因為我給予"倫理文化"(ethical culture)狠狠一擊」❷。

1896 年，韋伯接受了海德堡大學的一個講座席位，接替退休的著名學者、"歷史學派"(the historical school)領袖之一的克尼斯(Karl Knies)。也因此他成為許多昔日師長——諸如費舍(Kuno Fischer)、貝柯(Immanuel Bekker)和其他仍然對海德堡的思想和社交生活有決定影響的人——的同事。他的朋友包括耶里內克(Georg Jellinek)、韓策爾(Paul Hensel)、藝術史家諾依曼(Karl Neumann)和宗教學家托洛爾區(Ernst Troeltsch)。托洛爾區是韋伯最貼心的朋友和學術上的知己之一，曾在韋伯家住過一段日子。

四

韋伯的父親死於 1897 年。去世前不久，父子倆曾經發生緊張的爭執，韋伯激烈地護衛母親，反抗在他認為是父親專擅的管制。後來，韋伯自覺他對父親所表現的敵意，是一項永遠無法彌補的罪行 ❷。那年夏季，韋伯夫婦遊西班牙。回程途中，韋伯發燒不退，精神亦覺不適。學期開始時，他似乎已有起色，但到秋季班快結束時，因著緊張、自責、疲憊與焦慮，他終於倒了下來。由於他的病基本上是在精神方面，於是醫生指示他洗冷水浴、多旅行、多運動。可是，韋伯依然因為內在的緊張而飽受失眠的煎熬。

在以後的歲月裡，他斷斷續續地陷入嚴重的精神抑鬱狀態之中，夾雜著一陣一陣發狂一般的激烈學術工作和頻繁的旅行。事實上，從這時開始，他的生活方式似乎就在精神崩潰、旅遊和工作之間移動。憑著一份深沉的幽默感和凜然無懼地奉行蘇格拉底的格言，他支撐了下來。

　　一心想找出逆境的正面價值，也爲了安慰妻子，韋伯這樣寫道：

　　　這樣一種疾病卻也有它的補償。它將生命中人性的一面重新
　　展現在我面前，而這正是母親以往在我身上找不到的。現在我對
　　這一點的了解程度，是我以前從來想像不到的。我可以借用柏克
　　曼(John Gabriel Borkman)的話說：「一隻冰冷的手使我得到解
　　放」❷。過去數年，我病態的性情表現在我痙攣地抓住學術研究工
　　作，好像這是一道護身符，但是我卻不曉得我要用學術工作祛除
　　什麼東西。回顧既往，這已十分明白。以後，不管生病或健康，
　　我知道我將再也不是從前那個樣子了。我已經不再有需要去感覺
　　到自己被繁重的工作所壓倒。現在，我最大的希望，是過一種充
　　滿人性的生活，並且盡我所能使我的寶貝快樂。我不認爲這樣子
　　一來，我的成就會比從前我心中的機械勞動所生產的少。當然，
　　這都要看我的狀況，而要眞正、永久地改善我的狀況，畢竟需要
　　很長的時間和很多的休息。❷

　　韋伯一再試著繼續他的教書事業。然而，在一次這樣的努力當中，
他的雙臂和背部突然暫時麻痺，不過他仍勉強自己教完該學期的課程。
他感到身心異常疲憊，頭腦覺得倦怠；每一次用腦筋的事，尤其是講
話，都讓他覺得元氣大傷。儘管他偶爾也會憤怒和不耐，但他把自己
的狀況看成他命運的一部分。他拒絕所有的「好言相勸」。打從青年期
以來，他的一切都是爲著思考的生涯而準備的。但如今，每一項智識
性的活動，都變成他的毒藥。他不曾培養起任何藝術方面的能力，而
任何一種體力活動，都令他覺得無趣。他的妻子勸他培養一種技藝或

者嗜好，可是卻遭到他的嘲笑。有時他會坐上好幾個鐘頭，空茫地向前凝視，無意識地挖自己的指甲，自稱像這樣什麼事也不做，他才覺得舒服。當他想要看自己的演講稿時，那些字總是一團混亂地在他眼前浮游。有一天，他在樹林中漫步，居然失去控制，公然號啕大哭。家裡飼養的一隻貓的咪嗚聲，竟使他狂怒不可遏。這些病徵都是在1898 及 1899 年間出現的。學校當局特准他全薪休假。韋伯在 1908 年給朋友佛茨勒（Karl Vossler）的一封信中寫道：「逆境教人禱告——一定如此嗎？就我個人經驗而言，我無法苟同。當然，我同意你的看法，情況經常是如此的——就人的尊嚴來說，經常得過了份。」❷

1899 年秋天，韋伯夫婦到威尼斯「度假」。回到海德堡之後，韋伯再度拾起一小部分教學工作，但不久又崩潰了，情況比以往都來得嚴重。耶誕節期間，他請求辭職，不過學校給了他更長的假期，薪水照發。「無論讀書、寫字、說話、走路、或睡覺，他沒有不感到痛楚的；他所有的精神機能和部分軀體機能，都拒絕運作」❷。

1900 年 7 月❷，他進入一所小型的精神病院，單獨在那裡住了幾個星期。韋伯一位年紀尚輕的表弟❸，也因精神異常被送到這家醫院。那年冬天，韋伯的妻子接受醫生的建議，陪伴這兩個人到科西嘉島（Corsica）的亞佳丘（Ajaccio）旅行。翌年春，他們到達羅馬；當地的古代廢墟，重新燃起韋伯歷史方面的興趣。然而身旁那位罹患精神病的年輕人，卻令他倍感沮喪。這位年輕人隨即被安排送回家去。數年後，這個青年自殺了。韋伯給他雙親的弔唁信，使我們得以略窺他在對自殺的態度上不落凡俗：

　　他〔指他的這位表弟〕被一具無法治癒的病體所束縛，然而，或許正因爲他的病，他卻發展出一種敏銳的感情、一種對自我的清明、以及一種深深潛藏著的、驕傲而高貴的内在自我；即使在健康的人身上，我們也絕難見到這些。祇有那些像我們一樣，曾經與他十分接近，而又學著去愛他，同時對該病有親身體會的人，才有這種了解與判斷。……他的未來既然已無法改變，他選擇這個時刻，在你們之前去到那個未知的世界，當然是對的。否則你們將不得不把他一個人留在世上，讓他無助而孤零地走下那黑暗的命運。❸

韋伯對自殺的這種評價，和近代斯多噶型的思想家如蒙田(Michel Montaigne)、休姆(David Hume)和尼采(Friedrich Nietzsche)一致，認爲自殺乃是一種對個人自由所做的最後而頑固的肯定。不過，他同時也認爲救世宗教不認可「自願的死」(voluntary death)，僅有哲學家才把它神聖化❹。

在義大利的壯麗景色及歷史偉蹟的影響之下，韋伯徐緩地康復。韋伯夫婦也在瑞士待過一段時間，他五十七歲的母親和弟弟阿爾弗烈德(Alfred Weber)曾來探望他們。母親來到後不久，韋伯開始能夠看書，看的是一本有關藝術史的書籍。他說：「天曉得這種情況我能維持多久？除了我本行以外的任何書都成」。經過三年半斷斷續續的病痛折磨，1902 年，韋伯自覺可以重返海德堡，做一些輕鬆的工作。慢慢地，他也開始閱讀專業期刊，以及像齊默(Georg Simmel)《錢的哲學》(*Philosophie des Geldes*)一類的書。隨後，彷彿爲了補償數年來他在智識上的闕如，他投入一片無所不包的浩瀚文獻書籍中，包括藝術史、經濟學、政治學，外加修道院的經濟史。

不過，他也曾數度遭遇挫折。他仍然無法完全恢復教書的工作。他要求學校解除他正教授的職務，改聘為有名無實的名義教授。此一請求最初被否決，然而經他再三堅持，終於被改聘為講師。他曾請求擔任博士候選人的主考官，但未獲准。過去四年半，他沒有出版過任何東西，現在他寫出了一篇書評。一個嶄新的著作階段終於開始了，他首先探討的是社會科學的方法問題。

韋伯生病期間，學校給他的薪水照發；拿了錢，卻沒有做足夠的工作，這點給他造成很大的心理負擔，耿耿於懷。他認為，祇有工作中的人，才算是一個完全的人（a full man）；於是他強迫自己工作。然而，僅過了一個夏季，他又單獨重返義大利、荷蘭和比利時。偶爾，他會因自己的精神狀況、對自己能力不足的失望、與海德堡教授團的摩擦、以及祖國的政治情況，而興起永遠不再返回德國的念頭。不過，就在 1903 這一年，他開始與宋巴特（Werner Sombart）參與《社會科學與社會政策文庫》（*Archiv für Sozialwissenschaft und Sozialpolitik*）❸的編輯工作；該刊物在遭納粹停刊以前，可能是德國執牛耳的社會科學期刊。這個編輯工作，使韋伯有機會再度與眾多學者和政治圈內人物聯繫，並且擴大了他自身工作的興趣焦點。迨至 1904 年，他的寫作工作恢復正常，而且數量扶搖直上。他發表的文章主題包括了普魯士容克貴族莊園（Junker estates）的社會及經濟問題、社會科學的客觀性、以及《基督新教倫理與資本主義精神》〔以下簡稱《新教倫理》〕（*Die Protestantische Ethik und der Geist des Kapitalismus*）的第一部分。

敏斯特堡這位韋伯在福萊堡大學時代的同事，1904 年幫忙籌組「人文學科及自然科學會議」（Congress of Arts and Sciences），作爲在美國聖路易(St. Louis)舉行的萬國博覽會節目系列的一部分。他邀請韋伯在會議上宣讀一篇論文(同時被邀的還有宋巴特、托洛爾區和其他許多人)。是年 8 月，韋伯偕妻子首途前往美國。

五

美國讓韋伯產生了濃厚的興趣，但是他仍保持冷靜旁觀的態度。他充分擁有吉朋(Edward Gibbon)用來形容用心在國外遊歷的人所具備的"美德"，亦即一種「近乎缺點的美德；開放的性格，使他怡然溶入從宮廷到茅舍的各種圈子；心境的順暢交匯，讓他無論處在哪一群人、在哪一種情況下，皆能自娛娛人」[34]。因此，韋伯對那些很快產生偏見的同僚，感到不耐及憤怒；他們在紐約停留一天半後，即開始醜詆美國的事物。

韋伯希望能懷著同情的心來了解這個新大陸，而同時卻不放棄日後作周延判斷的能力。他喜歡在布魯克林大橋(Brooklyn Bridge)中央，觀覽曼哈坦下城尖峰時刻的景象；川流不息的車輛和喧囂，交織成一幅萬象畫面；這一切使他著迷。至於他視作"資本之堡壘"(fortresses of capital)的摩天大樓，則令他想起「舊圖片上面波隆那(Bologna)和佛羅倫斯(Florence)的那些高塔」[35]。他拿這些資本主義高聳入雲的龐然巨物，與美國大學教授狹小的住宅，作了一個對比：

> 在這堆龐然巨物之間，不論居住或飲食，任何個人主義的欲望都是一件昂貴的東西。哥倫比亞大學德文系教授赫維(W.A. Hervey)的住宅，不折不扣是一棟娃娃屋。房間都很小，盥洗設備

和廁所在同一個房間裡(大多數情形都是如此)，不可能舉行超過四個來賓的宴會(這倒值得羨慕)，除此之外，進城的車程需時一個小時……。㊱

　　一行人結束在紐約的訪問後，前往尼加拉瀑布(Niagara Falls)遊覽。他們參觀了一個小鎮，而後轉往芝加哥。韋伯對芝加哥的觀感是「不可思議」。他注意到它的治安混亂，暴力充斥，湖濱高級住宅區與貧民窟的天壤之別，牲畜屠宰場內「臭氣沖天，骯髒不潔，血汙滿地，毛皮四散」的景況，以及「令人瘋狂」的人種大混合：

　　希臘人以五分錢的代價替美國佬(Yankees)擦鞋，德國人充當他的侍者，愛爾蘭人替他管理政治，而義大利人則為他挖臭水溝。除了少數高級住宅區外，偌大一座比倫敦更大的巨城，就像一個剝了皮的人，它的五臟內腑在大家眼前運轉。㊲

　　美國資本主義下浪費的程度，尤其是對生命的浪費，一次又一次給韋伯留下了深刻的印象。他注意到當時那些專門揭發社會腐化面的人正大肆宣揚的同樣情形。在寫給母親的一封信中，他如此說：

　　一天工作之後，工人時常要花幾個小時才能抵家。電車公司破產已有數年。按照通例，業務由債權人的律師接管。但他並不急於清算帳目；在此情形下，他不會採購新的電車。舊車動輒故障，每年約有四百個人因此喪生或殘廢。根據法律，公司須賠償每位死者的遺孀或子嗣約五千美元，殘廢事件須付給受害者本人一萬元。只要公司未採取某些預防措施，它就得付這些賠償。但是公司已經計算過，每年四百件意外事件的賠償費，總數較採取必要預防措施所花費的爲少，因此公司就不肯採取這些預防措施。
❸

在聖路易，韋伯以「德國農業狀況」爲題，發表演說，特別把重點
放在農村和政治問題上，結果非常成功。這是他六年半以來的首次「演
講」。他的許多同僚都出席了此一集會，並且據當時也在場的他的妻子
說，這次演講頗獲好評。韋伯夫婦爲此欣喜異常，因爲這似乎意味著
他又能從事他本行的工作了。他們一路旅行，越過俄克拉荷馬州，到
過紐奧良和塔斯凱奇學院(the Tuskegee Institution)❸；也拜望了
在北卡羅萊納州和維吉尼亞州的遠房親戚；然後，很快地到費城、華
府、巴的摩爾和波士頓一遊。在紐約，爲了撰寫《新教倫理》，他到哥
倫比亞大學圖書館找資料。

　　在〔我們所遇到的〕美國人中間，有一位婦人❹擔任工業督察
員的工作，是最了不起的人物。從這位熱情洋溢的社會主義者，
你可以獲知許多這個世界最罪惡的事。在各州分權的制度下，社
會立法完全無法進行；許多勞工領袖貪污腐化，先鼓動罷工，然
後迫使廠商賄賂他們來擺平工人的罷工。(我有一封介紹信，讓我
去拜訪一個這樣的惡棍)……不過，〔美國人〕是一個了不起的民
族。祇有黑人問題和驚人的外來移民問題，形成一片巨大的烏雲。
❹

美國旅遊期間，韋伯似乎對勞工問題、外來移民問題和政治管理
——特別是地方自治政府———一切"資本主義精神"的表現、印地安人
及其行政管理的問題、南方的惡劣情勢以及黑人問題，特別感興趣。

談到美國的黑人，韋伯這樣寫著：「我曾與一百名左右的屬於社會各階層和政黨的南方白人談過，這些人（黑人）未來的境遇似乎是絕然無望的」❷。

他在 1904 年 9 月到達美國，耶誕節前不久離開，返回德國。

美國對韋伯而言，或許就像英國之於前幾代的德國自由主義者一樣，都代表一個新社會的模型。美國的新教教派得到充分的發展機會，造成俗世性的、公民性的、"志願團體"的蓬勃滋長。在這裡，由各州組成的政治聯邦，在「自願」的基礎上，融合各種巨大的差異於一爐。

韋伯絕不像那些德國公務人員一般妄自尊大，一方面以他們的"清廉政府"爲傲，同時還輕蔑地指出美國政治的"藏汙納垢"。卡普這位歸國定居的德裔美國人，讓韋伯深切地了解這種態度。但是韋伯從更寬廣的角度來看事情。他相信政治不能只當作一件道德事業來判斷；他的態度與 1830 年代的希爾斯菲德(Charles Sealsfield)倒有幾分近似。當時，希爾斯菲德用史詩般的萬象景觀，來呈現一個建立帝國的民族的誕生；這個國家注定要「躋身於世界最強大的國家之列」。希爾斯菲德問道：「我們的自由的一個必要、絕對的條件，難道不是任由公民的美德與惡行，因爲它們被允許自由滋長，而滋長得更繁茂嗎?」經過親眼目睹，韋伯大有可能同意：「吸入密西西比河和紅河沼澤地散發的臭氣的嘴巴，不適於咀嚼葡萄乾；而能砍倒巨樹，把沼澤墾成良田的手，無法戴小孩的手套。我們的國家，是一塊充滿對比的土地」❸。

韋伯在美國的經歷，主要焦點放在官僚制度在民主政治中所扮演的角色。他發現，除非我們要的是一種"沒有領袖的民主"❹ 和百議紛紜的混亂狀況，近代"大衆民主"不能缺少"機器政治"(machine politics)。可是所謂"機器政治"，就是讓專業人員、讓紀律嚴明的黨組織

和它有效率的宣傳，來經營政治。這樣的民主，也可能導致凱撒式的
護民官掌權 ❹，不論它是以強人型的總統或市長的面貌出現。這種過
程的運作，在傾向上所取的方向，是日增的合理性的效率，以及各種
官僚機器：政黨的、市政的和聯邦的。

　　不過，韋伯是從一個辯證的角度，來看此一"建構機器"(machine-
building)的過程：民主政府必須反對官僚體制，因為後者會逐漸讓官
吏形成一個封閉而排外的身份團體，其成員的專業訓練、考試證書和
確保衣食無虞的終身職，使他們遠離一般民眾。但是，行政功能包羅
的範圍日廣，國土已沒有新的邊疆可以開發，機會也逐漸減少，使得
浪費公帑、行事違法、以及缺乏專業效能的政黨獵官制度(spoils sys-
tem)❹，愈來愈不可行，也愈來愈不民主。因此，民主必須要助長理
性所要求、但為民主情緒所憎恨的事物。在他的著作裡，韋伯屢次提
到美國工人反對公務員制度改革；他們所持的理由是：他們寧可要一
批他們可以趕下台、可以鄙視的腐敗政客，而不願受一批蔑視他們並
且趕不走的專家官吏的治理。在強化德國總統權力、以制衡帝國議會
(Reichstag)這件事上，韋伯扮演了重要角色。我們應該把這件事和他
在美國的體驗放在一起來看。在自由的社團裡，個人必須在平等的同
儕面前證明自己的能力；這種社團裡，沒有權威的指揮，而是靠民主
的決定、良好的判斷和負責任的言行來培養訓練出公民；〔韋伯在美國
的經驗中〕最令韋伯動容的，是這種社團所培育出來的一種具有恢宏幹
材的人。

　　1918 年，韋伯在一封信中向一位同僚建議，德國應該以美國的"俱
樂部型態"(club pattern)為借鏡，作為「再教育」德國人的一種方式。
他寫道：因為「除了在教會形式下殘存之外，權威主義(authorita-

rianism)現在已完全失敗」❼。韋伯看出了"志願社團"與自由人的人格
結構間的關連。他對新教教派所做的研究，也印證此一層關係。他深
信，和權威性制度下命令與禁制的方法比起來，一套使個人始終受到
壓力必須去證明自己的自動淘汰人的方式，就「鍛練」人這個目的而言，
效果要深得太多。權威主義徒具外在約束力量，卻無法達到個人內心
深處，一旦權威主義的外殼被相反的力量擊破，當事人便完全沒有能
力自制自主。

六

韋伯返回德國後，在海德堡重新開始他的寫作工作。他完成《新教
倫理》的第二部分，在寫給里克特的一封信內稱之為：「新教的禁慾主
義作為近代志業文明(Berufskultur)的基石——一種對近代經濟的
"精神論的"(spiritualist)建構」❽。

第一次俄國革命❾，帶給他的學術工作一個新的方向；每天起床
前，他在床上讀俄文，為的是從俄國報紙上知道事情的最新發展。然
後「像寫日誌一樣，用筆將它們記下來」。1906年，他發表了兩篇論述
俄國的論文，一篇為〈俄國資產階級民主政治的狀況〉(Zur Lage der
bürgerlichen Demokratie in Russland)，另一篇為〈論俄國向虛偽
立憲制的轉變〉(Russlands Übergang zum Scheinkonstitutio-
nalismus)。

著名社會科學家如史摩勒(Gustav von Schmoller)、布倫塔諾
(Lujo Brentano)都曾鼓勵他再任教授之職，但韋伯自覺無力勝任。
有一大段時期，他一心只想好好寫作。可是，受到普遍推崇的他，總

不免介入學院政治；他在學術界甄選新人時擔任評審工作，或是試圖
爲若干後進的年輕學者如齊默、米赫爾斯（Robert Michels）找尋機
會；這批人或是因爲反猶太主義（anti-Semitism）、或是因爲衆人對信
奉社會主義的靑年講師存有偏見，以致阻絕或妨礙了他們在事業上的
發展。米赫爾斯的案子，特別令韋伯憤怒。米赫爾斯是科隆（Cologne）
一個古老顯赫的商人家族出身，因爲他是社會民主黨，當時德國大學
都不肯用他。韋伯指出：「若將我們這種情形與義大利、法國、甚至目
前俄國的情況相互比較，我不得不認爲它是一個文明國家的恥辱」[50]。
對於排斥米赫爾斯，某位教授指出，除了政治理由外，還有一個原因
是：米赫爾斯沒有讓他小孩受洗。韋伯針對此一問題，在《法蘭克福時
報》（*Frankfurter Zeitung*）寫了一篇署題〈所謂學術自由〉(Die
Sogenannte ‘Lehrfreiheit’)的文章，其中他說道：

> 祇要這種觀念佔優勢，我看不出我們可以佯裝有所謂學術自
> 由這樣一件東西。……並且，祇要宗教團體寬容並且公開允許聖
> 禮儀式被人用來作爲拓展事業的手段，像大學兄弟會或後備軍官
> 團的成員身份一樣，那麼它們理應承受它們常常抱怨的輕蔑和鄙
> 視。[51]

　　1908 年，韋伯在西發里亞（Westphalia）祖父的亞麻工廠進行工
業心理方面的調查研究。他的希望是能發起一系列這類的研究；他有
關方法論的筆記，即是就影響產業勞工生產力的生理和心理因素所作
的因果分析。同年，他寫出一篇長篇論文，發表在一本百科全書上，
標題平實但易生誤解——〈古代農業制度〉（Agrarverhältnisse im
Altertum）——因爲它處理的其實是古代社會的整個社會結構。

1909 年，佛洛依德(Sigmund Freud)的一位弟子❺，在海德堡的知識圈子裡出現。他以一套新的心理健康的生活規範爲名，貶斥傳統維多利亞式的想法中夫妻間的忠實及在道德上合理的嫉妒。韋伯的友人中間，有人因爲把這套說法付諸實行，陷入了悲劇性的糾纏和道德上的難局中。韋伯對他們充滿了同情。在他看來，精神醫學上有價值但仍不精確的一些慧見，和一套庸俗地以"健康的神經"爲尚的倫理，混淆在一起了；對於這種混淆，韋伯的反應很強烈。他不願意把健康的神經當成一種絕對的價值，也不願意以壓抑對神經造成的傷害爲單位，來計算壓抑有多少道德上的價值。韋伯認爲佛洛依德的治療方法，是新裝之下的舊日告解式(confession)，不過臨床醫師取代了昔日的精神導師。他覺得，在精神病醫師的科學性討論的外表底下，隱藏了一套倫理；而就這一點來說，應該只管手段的專業科學家，實際上卻在篡奪普通人自己作價值判斷的權利。韋伯因此相信，在這種他覺得並沒有基礎的臨床理論的外表包裝之下，實際存在的是一套「放蕩」的生活方式。我們很容易看出，韋伯不能接受這樣的一套理論，因爲這種理論在原則上便攻擊禁慾主義，只從實用角度來設想目的，由而解除了英雄倫理(heroic ethic)對個人的要求。韋伯本人的良知極端地嚴肅，他常常以寬容的心去原諒別人，但對自己的要求卻十分嚴格。他相信，許多追隨佛洛依德的人，一心不過是想替在他看來不過是道德淪喪的行爲找理由罷了。

不過，我們必須注意到，韋伯雖然不願意見到佛洛依德的弟子們，以這種干涉到個人的方式，來應用他們的理論，但對他來說，

毫無疑問，在我們解釋文化史——特別是宗教史、習俗及風

尚的歷史——中的許多現象時，佛洛依德的觀念可以成爲一個非
常重要的源頭——雖然，從一個文化史學者的角度來看，這套觀
念的意義，絕對沒有普遍到佛洛依德和他的弟子們在興奮和歡喜
於有所發現之際——這是完全可以了解的——所設想的那個程
度。先決條件，是去建立起一套精密的決疑術(casuistry)❸，其幅
度之廣和確定程度之高，在今天並未存在——儘管有人說已經實
現了——但在未來二、三十年間，或可得見。❺

　　從 1906 年到 1910 年在海德堡的這段歲月裡，韋伯常與一些傑出
的同僚，如他的弟弟阿爾弗烈德韋伯、克雷伯斯(Georg Klebs)、葛
特漢(Eberhard Gothein)、溫德爾班(Wilhelm Windelband)、耶里
內克、托洛爾區、諾依曼、拉斯克(Emil Lask)、龔朶夫(Friedrich
Gundolf)和薩爾茲(Arthur Salz)等人，進行激烈的學術性討論。每逢
假期或其他空閒時期，許多朋友從外地到海德堡來拜望韋伯一家人。
其中有米赫爾斯、宋巴特、哲學家韓策爾、敏斯特堡、佟尼思(Fer-
dinand Tönnies)、佛茨勒、以及最重要的齊默。年輕學者來尋求韋伯
薰陶的，有杭尼希斯漢(Paul Honigsheim)、略文斯坦(Karl Löwen-
stein)和盧卡奇(Georg Lukács)。這個圈子中，也包括非學術界的人
士，其中有幾位傑出的藝術家，如音樂家托伯勒(Mina Tobler)(韋伯
研究印度教與佛教的著作，便是獻給這位女士)、退休女伶施密隆寶
(Kläre Schmid-Romberg)和她的身爲詩人、哲學家兼藝術鑑賞家的
丈夫。雅士培(Karl Jaspers)是一位精神病學者，後來轉爲哲學家，
利用祁克果(Søren　Kierkegaard)的作品建立他的存在主義哲學
(Existentialism)；戈魯里(Hans Gruhle)則是一位對最新的現代藝

術有濃厚興趣的精神病學家；他們兩人也屬於這個圈子。在海德堡這些聚會中，思想界和藝術界三代精英共聚一堂，進行活躍的討論溝通。

1908年，韋伯積極地為社會政策學會（Verein für Sozial-politik）的研究計畫工作❺。他秉持著尚公無私的態度，不畏煩難地設法克服這類組織常見的困難。學會會議中討論的水平之決定、未來工作範圍之規劃，都是以他為主促成的。他鼓勵從事集體研究計畫，例如一項從運動聯盟到宗教派系與政黨等志願社團的調查研究。他提議以問卷方式對新聞界做一次有系統的研究，並且指導、推動工業心理學的研究。在此之外，他負責替出版家齊貝克（Paul Siebeck）籌編一系列包括各種主題的社會科學的研究叢書。這個計畫本擬以二年為期，但事實上在他死後仍然賡續未停；他自己那本逝世後才出版的《經濟與社會》（Wirtschaft und Gesellschaft），即為此系列叢書中的一冊。

韋伯的榮譽感極為嚴格，又有見義勇為的騎士精神，再加上他具有後備軍人的身分，使他在某些情況下，必須要捲入法律訴訟和"名譽事件"。個性使然，韋伯處事每每發之於衝動和義憤。但是，一旦他所發動的力量在道德上擊潰了對手，他的憤怒會平息，內心充滿著慈悲和同情；而若他意識到在有過失的人之外的其他人，為他的行動所累，他的反應更是如此。對這類事情的感覺不若韋伯強烈的親近朋友們，會認為他吹毛求疵、缺乏輕重節制，就像一個大有可能因自己的行動惹來麻煩的唐吉訶德。也有人推他為德國的一代師表，憑著他的道德權威，他超越了那些一心求昇遷發達的庸懦俗人。韋伯的唐吉訶德面，在他於1917年對他的朋友霍依斯（Theodor Heuss）所說的一段話中表現得很清楚：「一旦戰爭結束，我將羞辱德皇，直到他控告我，到那時，那批該負責任的政治家畢洛（Bernhard von Bülow）、提比茲

(Alfred von Tirpitz)和貝特曼豪威克(Theobald von Bethmann-Hollweg)，將被迫在法庭上宣誓後作證」❺。

　　第一次世界大戰爆發之時，韋伯年五十。「戰爭誠然恐怖醜惡，但這是一場偉大而奇妙的戰爭」❺。他想要帶領士卒上戰場，可是因年紀加上身體情況無法如願，令他很難過。不過，由於他是後備軍官，他被任命爲職掌紀律兼軍需的軍官，官拜上尉，負責設立並管理海德堡地區的九所醫院。在這個職位上，他從內部親身見識到了官僚制度(bureaucracy)——這是他社會學的中心概念之一。不過，他所掌管的這套社會機構，是一種由素人(dilettantes)而非專業人才組成的機構；韋伯努力將它轉化爲一個有秩序的官僚組織，並目睹此項轉變。他的職位從 1914 年 8 月持續到 1915 年秋，隨後在一次改組中被裁撤，韋伯光榮離職。至於戰時他在政治上的挫敗，我們稍後就要討論。

　　爲了與亞飛(Edgar Jaffé)磋商有關比利時佔領區的行政管理事宜，他到布魯塞爾(Brussels)短期停留一陣子❺。之後他赴柏林，以預言災難的先知自居，撰寫備忘錄，與政治當局接觸，並且對帝國擴張論者的野心鬥爭。歸根究底，他揭發了主戰派的行徑其實是軍火販子與農業資本家的一場賭博。接著他以政府代表的身分，從柏林到維也納和布達佩斯，與工業家就關稅問題進行非官式的磋商。

　　到了 1916 年秋，韋伯已經回到海德堡，研究希伯萊先知，並且繼續撰寫《經濟與社會》的若干章節。1917 年夏，他赴西發里亞他妻子的故鄉度假，其間閱讀蓋歐克(Stefan George)的詩集和龔朵夫討論歌德的書。1917 及 1918 年多在海德堡，一些主張社會主義與反戰的學生，經常到他家參加例行的星期日公開討論會。年輕的共產主義者托勒(Ernst Toller)，也是其中之一，時常朗誦他的詩。後來，當托勒被捕時，韋伯在軍事法庭上極力為他辯護，最後使他獲釋，然而韋伯卻無法阻止大學開除這些學生。

1918 年 4 月，韋伯前往維也納，在維也納大學講課一個學期。這是他十九年來首次在大學開課。他以"對唯物史觀的正面批判"(A Positive Critique of the Materialist Conception of History)為題，提出了他關於世界各宗教以及政治的社會學 ❺。他的課在大學裡轟動一時，教授、政府官員、和政界人士都前來聽講，故而他不得不在最大的講堂上課。可是，為了教這門課，他又被無法遏抑的焦慮所困，得服用鎮靜劑才能入睡。維也納大學有意給他一個終身職位，他卻沒有接受。

1918年，韋伯從保皇派變成共和派的擁護者。正如邁耐克(Friedrich Meinecke)所言：「我們從發自感情的保皇派，轉變成發自理性的共和派」。他不願在新政權內接受任何政治職位；柏林、哥丁根、波昂和慕尼黑各大學都表示願意聘請他。他接受了慕尼黑大學之聘，1919 年夏天接替布倫塔諾的位子。在慕尼黑，他經歷巴伐利亞(Bavaria)專政及其崩潰所引發的風暴。他的最後一門課是應學生之請而講，其內容後來成書出版為《經濟通史》(*Wirtschaftsgeschichte*)。仲夏，他病倒了，在病況已入末期時，醫生始診斷出他得的是肺炎。1920 年 6 月 14 日，韋伯離開人世。

七

韋伯是屬於通才(universal scholar)的一代，他所表現的學術風貌，有其明確的社會學的條件。條件之一是人文中學(gymnasium)的教育。以韋伯爲例，經過這種教育的培養之後，印歐語系的各種語言，都不過是同一套語言工具中的各種方言罷了。希伯萊文和俄文的閱讀能力，是他順帶培養出來的。家庭背景在知性上的誘導，使他甚早起步，而且也使他能夠學習多種不常集於一人之身的科目。當他通過法律考試的時候，他已經是一位訓練紮實的經濟學家、史學家和哲學家了。透過斯特拉斯堡親戚的關係，他曾參與當時的神學爭論，這使他對神學文獻相當熟悉，能夠熟練地使用它們。

顯然，若沒有某種充分的餘裕，韋伯是無法完成數量龐巨的作品的。在物質方面，首先，以他在德國大學任職的學者地位，才有此可能。這種德國式的安排，使德國大學的"私講師"(docent)有時間從事研究工作，而處在同一階段的美國年輕大學教員，卻必須負荷沉重的教學工作。除此之外，德國也沒有急於出版著作的壓力；《經濟與社會》一書中許多長度像書一樣的篇章，雖寫於一次大戰前，卻直到1920年後才出版，即爲明證。韋伯在中年時期，曾繼承一筆爲數充裕的財產，這使他不虞金錢的匱乏。

既然在相對的意義之下，比較不見要求知識必須"實際"和立即"可用"的壓力，再加上濃烈的人文主義氣氛的襯托，學者遂得鑽研與當下的實際需要無甚關係的題目。在社會科學裡面，情形更是如此，因爲在馬克思主義的衝擊之下，學者必須研究的問題不是狹隘的、"實際"的題目，而是把資本主義當成一個橫亙一整個歷史時代的結構來探討。在這方面，大學不受地方壓力的干擾，是很重要的。

從1870到1914年，德國享受了長時期的和平，加上社會普遍繁榮，全然改變了德國的學術環境。爲五斗米折腰的小資產階級教授們，如今全爲一批擁有巨大宅第和女僕的上層階級學院派教授所取代。此一轉變，促成了學術性沙龍的出現。韋伯就是從這個角度，來看美國大學教授的住宅的。

德國的思想傳統和積累下來的學術，特別是在史學、古典文學、心理學、神學、比較文學、語言學和哲學方面，使十九世紀晚期的德國學者，站在一個優越的基礎上，來展開他的工作。當時，一方面有黑格爾(G. W. F. Hegel)和蘭克(Leopold von Ranke)傳統下的學院派學者，對理念做保守性的詮釋；另一方面，則有非學院的社會主義者考茨基(Karl Kautsky)、柏恩斯坦(Eduard Bernstein)和梅林(Franz Mehring)，從事激進的學術研究；這兩派學術工作的衝突，構成一種獨特而富挑戰性的思想學術上的緊張關係。

有好幾項矛盾的因素，在緊張的狀態中對峙；韋伯的一生和學術見解，正是由它們所構成的。如果像他自己所說：「人不是一本打開的書」，我們自然不應期望他的多面生活，可以用一個簡單的指標來貫穿說明。要了解他，我們必須對一系列非理性而近乎弔詭的矛盾有所掌握。

韋伯個人雖然沒有宗教信仰——套句他的話說：「欠缺宗教共鳴」(religiously unmusical)——可是他卻花費了許多學術上的精力，探索宗教對人類行為和生活的影響。就這方面而言，在此再次指出，他的母親和她的家族，有強烈的宗教敬虔，以及韋伯在早期學生時代，曾與經歷過不尋常的宗教和心靈狀態的朋友及親戚親密相處，或許並非毫不相關；這些經驗，深深鐫刻在他的心裡。不消說，他藐視一般傳統的"教會"式的基督教，不過對於因為政治悲劇或個人絕望而犧牲自己的理知、避入宗教祭壇尋求慰藉的人，他表現出憐憫與寬宏。

在韋伯的許多朋友看來，韋伯對於工作嚴肅的奉獻、舉止儀態中

明顯的情操與尊嚴、以及他的言談所具有的力量與洞見，都是表現出
宗教傾向的現象。但是，若我們沒有領會到他對宗教問題的看法是如
何地清醒實際(disenchanted)，我們便幾乎無法了解他的思想。韋伯
對母親的感情，以及眞正對宗敎無所求的態度，使他永遠不會像尼采
那般，對神發出普羅米修斯(Prometheus)式的褻瀆。尼采這位十九世
紀最偉大的無神論者，在韋伯看來，最終乃是「布爾喬亞庸俗主義難堪
的殘留物」而已❻。

　　韋伯屬於最後一代的"政治教授"(political professor)，這種教
授，在對學術做出超然的貢獻之餘，身爲中產階級思想上的前鋒，同
時還是政治上的領導人物。儘管如此，爲了學術的"客觀性"以及學生
的自主，韋伯反對"崔采克們"，因爲他們以與世隔離的學術講堂，作
爲政治宣傳的論壇。韋伯雖然殷切關懷德國政策的動向，但理論上，
他把他的教授與學者的角色，與政治評論家的角色，作了嚴格的劃分。
不過，當他的朋友布倫塔諾在慕尼黑勸他接受一個職位時，他答覆說，
如果他要接受任何一個學校的聘約，「我必須問，如果目前在柏林有一
個持有我這種看法的人，來對抗該處瀰漫的徹底的機會主義，豈不是
更好?」❻

　　終其一生，韋伯是個民族主義者(nationalist)，他期望他的民族
能夠成爲一個主人民族(Herrenvolk)；不過，他同時也爲個人自由而
戰；他並且以分析性的超然態度，指出民族主義(nationalism)和種
族主義(racism)的觀念，都是作爲合理化工具的意識型態，由統治階
級及他們所僱的政治評論家所用，以把他們的控制和安排，灌輸給社
會中處境較弱的成員。韋伯極爲讚揚德國崩潰期間勞工領袖實事求是
的行爲，然而他又痛責這同一批人藉著教條上的演練以收服群衆，訓

練群眾去相信革命將會帶來一個天堂。他以身為普魯士軍官為榮，可是卻又公然宣稱，他的最高統帥德皇，所有的德國人都應引以為恥。他雖然是普魯士軍官和一個兄弟會的成員，但他並不介意下榻的布魯塞爾旅館上空，飄揚著一面鮮紅的共產國際旗幟。他雖然是德意志帝國自覺的男性氣概的典型，不過他卻依然鼓勵起用第一位婦女勞工官員，並且對二十世紀初婦女解放運動的成員，發表重要的演說。

　　韋伯似乎是一位卓越的大學老師，但是幾乎有二十年時間，他的健康狀況不容許他授課。他雖然是一位學者，置身於大學講座上卻覺得不安，只有在政治講壇上才真正得其所。由於堅持精確和持平，他的文章通篇充滿了〔目的在於補充、說明、或限定的〕子句與條件，極其學究與艱澀之能事。可是，有時他會感到自己好比古代猶太（Judea）的群眾領袖（demagogues），向著街道上的熙攘群眾大聲疾呼。

　　與韋伯接觸過的人，對韋伯褒貶不一。在海德堡，許多同僚認為他是一個難以相處的人；由於他良心的要求甚嚴，又講求榮譽方面的一絲不苟，他是一個會攪局的麻煩人。或許有人認為他總是臆想自己有病。然而，在許多朋友與弟子的眼裡，他的才學仰之彌高巍然聳立。一位維也納的新聞記者，用這樣的老套字句來形容他：

　　高大而且滿臉絡腮鬍子，這位學者看似一位文藝復興時代的德國石匠；不過他的兩眼缺少藝術家那素樸天真與感官性的愉悅。他的凝視來自內心的最深處，發自隱僻的通道，投向最遙遠的地方。他的談吐與外表相稱，無比地稜角分明。在這方面，我們看到的是一種近乎古希臘的看事情的方式。他的用字遣詞簡潔，在它們寧靜的簡單之中，我們想起碩大無朋不曾修飾的石塊。㉒

　　一位在慕尼黑的弟子，個人與韋伯並不接近，只是遠遠地崇拜著他。這位學生將他比作杜瑞（Albrecht Dürer）所雕刻的武士：無懼無好，在死亡與魔鬼之間勇往前進❻。雅士培則把他看作一種新型的人，能夠不必訴諸幻覺，便將自身內部極度的緊張、以及外在生活的諸般矛盾，綜合在一個統一的狀態中，保持精神上的寧靜。韋伯「浪費在政治事務上」而不是用來「使自己更超然」的每一天，在雅士培看來，都是令人惋惜的損失❻。

　　韋伯著作的讀者，可以強烈地感覺到其中瀰漫著一種以客觀為尚的精神；但是儘管有這種客觀性，這些著作中的某些段落，仍然含有韋伯在自己眼中的形象。最明顯的段落，見諸他對某些希伯萊先知的描述 ❻。當戰爭的過程和德國的潰敗正如韋伯二十年來所預期的發生了，而德國人要為戰爭所帶來的一切災禍，單獨承挑起所有的罪名，韋伯覺得德國民族成了賤民（a pariah people）❻。1916 和 1917 年，在研究古代猶太教（Judaism）的過程中，他發現古代猶太人和現代德國人的處境頗相類似，不禁深自喟然。他覺得相似的，不僅是客觀的（public）和歷史的處境；在許多先知──特別是耶利米（Jeremiah）──的人格中，在他們不穩定與無法克制的心理狀態上，韋伯看到了許多與他自己相像的特質。

　　這種方式，對於從孩提時代起就無法直接表露自己的韋伯來說，或許是表達他的自我形象的唯一方式。因此，當他在作品中把對象化為客觀的存在時，他個人最深藏的一面既獲得顯現、同時也被隱藏起來。他對預言災難與毀滅的先知作詮釋，由而他在內心及世間的經驗也得到了說明。

　　韋伯這種把自己心目中的自我形象溶入歷史人物的作法，承襲的乃是十九世紀特有的一股廣闊的人文主義、歷史主義和浪漫主義的傳統。十九世紀的傑出知識份子甚至政治家，常常利用歷史人物的裝束，來塑造自己的形象。拿破崙模仿亞歷山大大帝；大動亂時代的革命共和派，則透過普魯塔克(Plutarch)的《名人傳》來看自己。在德國，這種取徑幻像的傾向，在整個自由主義時代仍甚盛行。某些德國最優秀的青年如黎柏爾(Francis Lieber)，曾離開祖國去幫助希臘人從土耳其的統治下解放。可是巴爾幹山區窮鄙的馬販子，粉碎了古希臘大理石般純潔高貴的形象。個人的生活，靠這種幻覺中的歷史感獲得了背景，對無力的德國教授們來說，在思考宇宙性的觀念之餘，庸俗的氣氛嚴密地限制住了規律的日常生活，其平庸陳腐，或唯有賴這種歷史感，才能獲得補償。

倘使年齡漸長的韋伯，在人文主義的幻覺傳統之下，把自己與耶利米認同，他依然非常清楚，自己其實不是什麼先知。當一群景仰他的年輕知識份子力促他說明他的信念時，他拒絕了他們的請求，指出這種表白，是屬於親密朋儕圈內的事，而非屬於在公衆間爲之的事。唯有先知、藝術家和聖者，能夠向公衆表露他們的靈魂 ❻。在韋伯眼裡，現代社會是沒有神的(godless)，尤其沒有先知和聖者的立足之地。他僅提出以賽亞(Isaiah)的建議：「有人從西珥不住的問我：守望的啊！黑夜還有多久才過去呢？守望的啊！黑夜還有多久才過去呢？守望的人回答說：黎明來到了，可是黑夜卻還沒有過去！你們如果再想問些什麼，回頭再來吧」❻。

八

如果我們要對韋伯的生平有一整體的了解，我們的探討必須及於他內心的緊張，和一再出現的精神不安。可以提出的解釋有好幾種：在這些解釋之間，我們可以找到一種說明。

韋伯可能因為遺傳而在體質上就有問題；毫無疑問地，這種體質上的問題，散見於他的家族中。這個解釋是最簡單的一種，其證據非常容易找到。韋伯的妻子是他的遠房親戚，她的一些男性親戚是在精神病院中結束生命的。再有者，韋伯的一個表弟進過精神病院，而韋伯本人在最嚴重的精神崩潰時，也曾被送到該處。

如果我們想把韋伯的問題看成純粹官能性的，那麼在證據上，我們可以在兩個不同的方向中擇一來探討。我們可以以他最親近的人──父親、母親、愛人、妻子──為著眼點，在他的私人關係中，找出他的困擾；我們也可以把著眼點放在他的社會關係上。

關於韋伯的私人關係，我們當記得他是一個沉默、警覺、聰明超過其年齡的男孩；父母之間日益惡化的關係所造成的壓力，一定曾使他憂忡。他強烈的俠士精神，部分是對父親──在這個男人眼中，妻子愛他，不過就是甘心侍奉他，受他利用和控制──那種家長式傲慢專橫態度的反應。這個情勢，在韋伯三十一歲那年的一次衝突中，達於頂點。當著母親和妻子的面，韋伯竟決定對父親作判決。如果父親不能做到兒子提出來的條件──讓母親在沒有父親陪伴的情況下「單獨」來看兒子──韋伯便將無情地和父親斷絕一切關係。我們前面提過，這次衝突後不久，父親就去世了。這件事使韋伯產生一種無法消弭的罪惡感。若有人認為這是一種非常強烈的伊底帕斯(Oedipus)的境況，確實不為過。

終其一生，韋伯與母親維持著親密的關係。她有一次稱他為「年長的女兒」(an older daughter)。爲了她三子的行爲，她熱切求取商量的對象，不是丈夫，而是長子。我們也應該注意到，韋伯在年輕的時候，曾經一度渴望在大學裡成爲一個眞正的粗獷男人。經過三個學期，他在外表上已從一個纖弱、媽媽的乖兒子，變成一個壯實的、嗜喝啤酒的、臉上有鬥劍疤痕的、口叼雪茄的帝國時代典型德國大學生。母親曾因此在他臉上摑了一掌。顯然地，這是屬於父親的兒子。這兩種分別源自父親和母親的認同模型，及其相關的價值系統，從來不曾在韋伯的內心生活中消失掉。

另一項類似的緊張，後來造成他的罪惡感，起於他和早年一位愛人的疏遠。這個女孩，是韋伯的一個表妹，他的母親和姨母都很中意。使他更爲痛苦的是，他母親滿心歡喜地看著他的一位好友追求後來成爲他妻子的瑪麗安娜。因此，在娶瑪麗安娜這件事上，韋伯爲來自兩方面的罪惡感所糾纏：他幾乎準備把他的愛人讓給好友，也幾乎準備娶一位心理有問題、精神不平衡的女人。他在寫給瑪麗安娜的求婚信中，曾討論這個情況；這封信一則示愛，一則也在表白心中的罪惡感。此外，在日後寫給妻子的信中，他總是充滿歉意，因他全力投入學術工作「在內心中的無止運轉」，對他們的婚姻造成了犧牲。

韋伯夫婦沒有子女，不過韋伯不忘在公開場合堅持他的男性氣概，每每在一種突出他身爲普魯士軍官之特殊尊嚴的方式下，逕行向別人提出決鬥的挑戰。然而，面對著普魯士的尚武精神，及其軍方官僚支持操縱兄弟會一類的教育機構，以求「馴服」上層階級的青年，使其習於這方面事業所需的紀律，韋伯在著作中卻不遲疑地公開抨擊。他那深刻的個人人道主義，"基督徒的自由"，以及在倫理方面崇高的標準，來自他對母親的認同。

　　我們可以撇開韋伯的私人關係及由此而來的困擾，而做另一個方向的探討。韋伯是一個捲入了他週遭的政治事件的知識份子。他對於公共事務的關懷，是他自願加諸己身的負擔。憑著一股超乎尋常的責任感，在內心裡，他覺得政治在呼喚他獻身。但是，他並沒有權力、也沒有地位，讓他的話對政策產生決定性的影響。這種情況，也造成了他內心的某些緊張。

　　韋伯對德國有強烈的認同，但是看起來，他的這種認同，在實際上並沒有什麼道理。普魯士容克土地貴族(Junker)、工人階級、中產階級中沒有脊椎骨的庸俗之輩（這些人渴望的，是出來一個強人專制領袖〔Caesar〕保護他們，以免社會主義工人階級的魔影、和小王朝的家長制統治威脅到他們），都是他大肆撻伐的對象。每當韋伯旅行的時候，他頭一個念頭是離開德國。他經常抱著失戀的人慣有的怨恨心情，對著他覺得是個沒有希望的國家，憤怒地說出永遠不再回來的話。身為普魯士的一名軍官，他對德皇宣誓效忠；但是德皇卻經常是他公開藐視的對象。

　　只有在很少的機會裡，我們才得窺見滋養他對國家與民族那份愛的是什麼。在聖路易萬國博覽會場上，他驕傲地觀看德國所展示的藝術品、工藝品和工業產品，感到德國人的技術、想像力和工藝技巧無人堪與倫比。當在布魯塞爾與四處流動擁護社會主義的工人交往之際，有人告訴他巴黎手藝最高明的裁縫和倫敦手藝最高明的鞋匠，一大部分是來自說德語的奧地利，他深以屬於一批只知致力於工作而罔顧自身利益的工人群中的一份子為榮。

　　這種態度，讓我們明瞭，他本身禁慾主義式的工作狂熱，牽連到他相信德國人最顯著的特徵，表現在一般百姓和工人身上的庶民風格；

他們沒有拉丁貴族門客社交上的溫文優雅，也沒有盎格魯撒克遜紳士由宗教所引發的紀律和崇尙傳統的精神。他之所以全心獻身於工作，是因爲他認識到這是盡他作爲德國人應盡的責任。1918 年 11 月底，他曾寫道：「我們已經看到〔這個民族〕所有的缺點了，但如果願意，我們也可以看到它了不起的效率、單純、實際，它追求──不是獲得──"日常生活之美"的能力，和其他民族的迷醉及作戲正成對比」⓺。

　　正如他與父親的關係是罪惡感的一個來源，韋伯生活在德國皇帝的統治下，也使他產生強烈的罪惡感：

　　　因爲我們代表那個人的那個政權，作爲一個民族，我們現在被外國（義大利、美國、全世界！）鄙視的程度──要緊的是，這種鄙視完全有道理──對我們來說，已經是最重要的、具有"世界政治"意義的一個權力因素了。任何人只要讀幾個月的外國報紙，一定會注意到這個情況。我們被"孤立"，因爲那個人用那種方式來統治我們，而我們居然忍受還裝作沒事。在任何意義下心存民主以及民族政治的理想的個人或政黨，都不能替這個政權負責任；這個政權的繼續存在，比任何一種殖民地問題，都更危害我們的整個國際地位⓻。

　　顯然，韋伯的一生，說明了一個人對政治權威的態度，可能是以他與家庭管敎的關係爲典範的。我們所要補充的，是盧梭（Jean-Jacques Rousseau）的一段話：在家庭裡，父親對孩子有愛，報償他對兒子的撫育照料；而在國家裡，統治者統治的快樂，塡補了他對人民所缺乏的愛心⓼。

II

韋伯的政治關懷

韋伯的生平和學術，都和他的政治關懷有著密切而直接的關係；為了掌握他的思想的背景，我們必須對他在政治上的意見和活動略有認識。這篇簡短的文字，在這方面或可對讀者有一些助益。

這篇文章，譯自H. H. Gerth & C. Wright Mills, trans. & ed., *From Max Weber: Essays in Sociology* (New York, 1946)，pp.32-44。和前篇〈韋伯小傳〉一樣，這也是Gerth和Mills為他們編譯的韋伯選集所撰導論的一部分。

本文的翻譯，是由簡惠美完成初稿，次經康樂校訂，最後由錢永祥校改定稿。在定稿過程中，我們參考了《韋伯傳》，對原文作了一些修正和改動。文中所引《韋伯傳》之處，我們用的是英文版的頁數。

　　從很多方面來說，韋伯的生平與思想，乃是政治事件與政治關懷的表現。他的政治立場，需要透過私人背景與公開的事件兩方面來了解；要掌握他的這些立場，我們必須同時掌握住韋伯其人及韋伯這個知識份子。我們已看到，韋伯在極年輕的時候，如何認為西塞羅在面對將來臨的政治陰謀時，表現行徑的可笑。以後果來評價政治與宏論，以人的行動產生的所意圖的或非在意中的結果，來衡量他們的動機，始終是韋伯政治思考的不變原則。就這個基本的意義來說，作為學者的韋伯，通常都是從實際從政者的角度來為文論著的。

　　他的早期政治立場，乃是他父親所信守的國家自由主義(National Liberalism)。在幾個有力的領導者之領導下，這個政黨在八〇年代逐漸地傾向俾斯麥。在這件事上，他們是妥協的自由主義者：他們「既不想追隨也不想反抗俾斯麥，只是想要去影響他」❶。他們容許俾斯麥發動文化鬥爭(Kulturkampf)❷打擊天主教徒，容許他鎮壓社會主義勞工。透過這些政策的施行，和自由主義派及左派陣營內的嚴重決裂❸，俾斯麥便可以挑撥這些政黨互鬥而坐收漁利。

　　韋伯在二十歲的時候，雖然認同於國家自由主義的主張，但他卻很小心地不使自己明確地投入任何特定的政黨。他警覺地注意作為一個整體的政治過程，汲汲地探索彼此競爭的領導者的可能動機。他並不是個"年輕的熱心份子"。當國家自由主義者幫助俾斯麥通過旨在對付社會主義者的緊急處分令時 ❹，韋伯的評論，典型地表現了此一超然的立場：

　　　若有人想要為這條法令作辯護，就必須採取以下這個(也許並不完全錯誤)觀點：如果沒有這個緊急處分令，許多公共生活的成就——如言論、集會、結社的自由——便不免會受到很大的限制。畢竟，社會民主黨人，按他們騷動的方式來看，的確準備大幅度地犧牲公共生活的某些基本制度。……私下，我有時候會認爲，讓所有的人有普遍、平等的權利，應該有最高的優先性。我會認爲，歸根究底來説，讓所有的人都三緘其口，勝過只箝制其中某些人。實際上，最根本的錯誤還是在俾斯麥凱撒式（Caesarism）的希臘禮物❺——普選制度：這才是權利均等（就此一名詞最眞正的意義而言）的眞正劊子手。❻

　　這一段話中表現出來的韋伯對於俾斯麥的評價，以後沒有改變。俾斯麥致力尋求德意志之統一、與將此一新誕生的國家推上列強地位的政治才華，韋伯承認並且傾慕。但是，韋伯絕非毫無保留地臣服於他；他並不將俾斯麥英雄化；而事實上，韋伯對於德國中產階級對俾斯麥進行（本質上是非政治性的）英雄崇拜一事，唯一的反應是不齒。韋伯對於俾斯麥的基本批評，在於他不能容忍具有獨立思考的政治領袖，而只是讓自己被溫馴而服從的官僚所包圍。「俾斯麥完全摧毀了我們之間的獨立意見，這當然是我們所處現狀的問題的主要原因、或主要原因之一。但是，難道我們應該負的責任會比他少嗎？」❼

　　思想自由的獲取與維持，顯然是韋伯意識到的最高價值之一。他毫無保留地拒絕俾斯麥的文化鬥爭，一如他反對目的在於將波蘭人德國化、另外又曾激怒了亞爾薩斯民眾（the Alsatians）的普魯士語言政策❽。不過，他又認爲進步份子（the progressives）是「沒有結果的」，尤其是他們那種沒有原則爲反對而反對的預算政策❾。「想到有一天會讓這些人來接替俾斯麥的位置，就令人不寒而慄」。德皇威廉二世登位後,攤明了他想獨攬政權,韋伯對於未來深感憂慮。「這一套波蘭吉─波拿巴式(Boulangist-Bonapartist)的作風,現在已經不是時候了」❿。

韋伯由國家自由主義──它越來越受大企業的控制──的立場轉向較為前進的"社會自由主義"(social liberalism)的最初徵兆,是在1887年他二十三歲時。當時,他似乎覺得國家對於那最貧弱的社會階層──大都市裡的無產階級:這類人在柏林的發展過程中,生活在早期資本主義的典型悲慘狀況裡──有某種義務。但是,這種社會責任感,畢竟不脫家長慈愛專制的氣息,因此,韋伯把票投給保守派,雖然他並未加入保守黨。

1890年代初期,在一個改革社團──其中包括一批"講壇社會主義者"(Kathedersozialisten)⓫──的提議下,韋伯對德國易北河東岸地區的容克土地貴族⓬經濟(the Junker economy)作了詳盡的研究。這是他關於經濟方面的首批論著,為他確立了農業問題專家的聲譽。他想找出東部地區德國人口被波蘭及俄國移民所取代的經濟及社會因素。他證明了,德國東部這片原本人口稠密而間有貴族領地雜陳的農業區,之所以人口不斷減少,原因在於容克資本主義的莊園和房地產利益。韋伯將官方調查的統計打散成許多小單位,從而顯示出,凡是有大的限嗣繼承之莊園所在的地方,人口即有不可抗拒的減少趨勢。同時,由於波蘭季節性勞工的生活水準低,且易於被剝削,農業資本家便大量地引進他們,取代了德籍的農業人口。

對這個過程的了解,使韋伯開始在政治上反對普魯士的統治階級,這也就是反對這個藉著普魯士一套虛偽的憲政安排,而支配了整個德國的階級。他反對這些地主,是由於他相信,他們的利益與國家的利益是相違背的。「我們希望把小農釘牢在祖國的土地上,但是要用心理的鎖鍊，而不能用法律的鎖鍊。我要公開地說：我們希望能利用他們對土地的飢渴，來把他們綁在家園上。如果為了德意志的未來，我們必須把一整代人硬塞進土地裡去，我們就應該肩負起這個責任。」[13]

在1890年代初期，韋伯儘量利用因果上的多元觀點所指出的無限繁雜性，來反駁歷史唯物論。例如，基於許多歷史因素，他認為農場工人的工資並不遵循任何經濟律則，更不用說有什麼"鐵律"了。他在1894年福萊堡的演講裡指出：民族方面與種族方面的差異，在生存競爭的鬥爭裡，比經濟方面與階級方面的因素，更有因果上的重要性。後來，他在政治上以及思想上與馬克思知識體系的關係，則與此相當不同而且更為複雜。

韋伯在三十歲時的政治心態，可以由下面這段在福萊堡的就職演說的話中，見其端倪：

> 大體上，我們現今在經濟、社會和政治上努力的成果，將會嘉惠未來的子孫，而非活著的這一代。如果我們的工作能有而且將有任何意義的話，那也只能企求於造福給未來，也就是說我們的繼承者。然而，對幸福的樂觀期望，不可能是任何經濟決策的基礎。在進入人類歷史未知的未來的門上寫著：「放棄一切希望」(lasciate ogni speranza)[14]。未來不是一場人類和平與幸福的夢境。問題不在於將來人類會怎麼想，而是他們將會是什麼樣的人。當我們思及這一代消逝後的情況，這是我們得先關心的問題。實際上，這個問題正是所有經濟和政治努力的根源所在。我們追求的並不是人類未來的幸福；我們只是切望在後代的身上培養起一些特質，這些特質可以讓我們感覺到，我們人性中的偉大與高貴

正在這裡。……總而言之，經濟發展的過程，即權力的鬥爭。"國
家理由"⑮是我們的價值終極判準，也是我們的經濟思考的判準
……⑯。

準此，九〇年代中期的韋伯，是個帝國主義者，他視民族國家的
權力利害爲終極的價值，使用的語言則是社會達爾文主義的語彙。他
警告說，〔一個階級的〕經濟力量與整個國家政治領導的需要，並非總
是一致的。他稱自己是個"經濟的國家主義者"，以是否合乎國家政治
利益爲判準，來評量各個階級。至於殖民地的取得、德皇黷武的演說、
以及帝國的光彩——對於這些，韋伯除了內行人的蔑視外，別無其他
感覺，因爲他深知這些都是毫無希望的無聊事。

如果政治權力由經濟上正在下落的階級所掌握，不僅危險，
而且長遠來說也是與國家利益不相合的。而如果正在取得經濟力
量以及因此取得政治權威的階級，在他們對國家的領導中，缺乏
政治上的成熟，那就更危險了。此刻，德國正受到這兩種情況的
威脅；實際上，我們處境當前的危險，關鍵便是在這兩方面⑰。

這個「危險的處境」是什麼呢？德國的外交政策此時正在重擬：俾
斯麥與俄國的同盟並未續約，與英國建立同盟的機會也未把握住，於
是就形成了一種毫無計劃的游移的政策。這樣一套政策，掩飾在空洞
的吹擂和德皇的虛張聲勢之下，導致德國在政治上的孤立。德國的領
導階層既不願國家傾向西方，也不願傾向東方。德國的政策因此反覆
無常地與所有的人作對，至於一連串的挫折，則以不慚大言加以遮飾。
　　一個相當有力的說法指出，這種嚴重的狀況，乃是西部工業勢力

(western industrialism)與容克土地貴族的農業勢力(Junker agrarianism)妥協的結果。國家自由主義者，當然是帝國主義者、大日耳曼主義者和反英派；他們的驕傲被刺傷了，希望能「讓英國人瞧瞧」德國人也會建造船隻。他們推動海軍計劃，並且由提比茲藉著近代史上一次最巧妙的宣傳運動，終於讓人們接受這個計劃 ⑱。爲了贏得容克土地貴族的支持，他們在 1902 年採取關稅保護政策，以抵制美國與俄國的穀物進口。這些容克貴族並不關心恐怖艦隊(graessliche Flotte)，同時，由於生性土棲，他們對海外帝國，以及隨之而來的貿易及殖民地，也無甚興趣。他們眼界狹小，在政治上則較傾向俄國的沙皇政體，對於西部工業熱衷於假借國家使命(national task)之名進行的海軍建設，他們抱著猜忌的態度。

　　然而，容克土地貴族和工業家，都畏懼正在崛起中的社會民主黨的群眾組織、畏懼要求民主的吼聲、畏懼普魯士的階級投票制度所受到的攻擊。工業的國家自由黨與農業的土地貴族保守黨之間階級利益的妥協，便是對抗民主及社會主義的勞工黨。而也由於這種妥協作祟，任何牽涉到和有實力的海權國家或陸權國家成立同盟的外交政策，皆在放棄之列。

　　東西之間在政治與經濟上的妥協，導致普魯士容克土地貴族階層(Junkerdom)與新興工業階層在社會方面融合。這類轉變的徵候，可見諸阿爾弗烈德克虜伯(Alfred Krupp)的唯一繼承人蓓兒塔克虜伯(Bertha Krupp)與貴族封波冷(von Bohlen)──帝國的職業外交官──的聯姻。德皇參加了他們的婚禮。但王室因爲接連幾起事件喪失了聲譽：陶施案(the Tausch trial)中所暴露出的政治警察的醜聞；哈登(Maximilian Harden)針對歐冷堡王子(Prince Eulenburg)而發動的長期攻擊中，所揭發出來的宮廷道德腐化情況；德皇在外交方面受到一連串屈辱；戰爭威脅和全面的軍備及海軍的競賽愈演愈烈。在這些事件及趨勢影響之下，韋伯覺得自己猶如坐在「一列奔向無底深淵的快車上，不確知下一個轉轍處軌道是否已經轉好了。」❶

　　「激進的」牧師瑙曼，與韋伯甚為友好；他接觸過社會主義的觀念，但在韋伯的影響之下，變成國家主義者。1894 年，瑙曼辦了一個「小雜誌」❷，韋伯也給他寫稿。有幾年的時間，韋伯與這些試圖組織一個小黨的教師、公務員、工匠和一些工人們──典型的小資產階級──保持連繫。他們希望能藉著在資產階級中間散播社會責任感、以及教導社會主義勞工接受國家主義，而達成全國的團結和統一❸。韋伯的母親與鮑姆加騰夫人(Ida Baumgarten)，也出力相助瑙曼的國會議員競選活動。韋伯雖然與這班人繼續保持友好的關係，但他很快就不耐煩地切斷了與這個團體的積極聯繫。

　　1897 年，韋伯在煤業鉅子封史篤姆男爵(Baron von Stumm)的薩爾(the Saar)地區作了一場演說。當時男爵正在積極活動，要求立法，以便發生罷工時可以處罰工會領袖。韋伯在演說中雖然贊同工業資本主義，認為那是維持國家力量所不可或缺的，然而他也強烈地相信「個人的自由」。他曾經是大日耳曼同盟的成員，然而「為了獲取我的自由」，也因為「我的聲音無法影響它政策的制訂」❹，韋伯在 1899 年脫離了這個組織。

　　1903 年，渡過最嚴重的一次精神崩潰後，韋伯開始攻擊保守派的浪漫主義(conservative romanticism)，因為在其背後，隱藏著王朝與普魯士土地貴族在物質方面及政治方面的階級利益。這時他正要啟程前往美國。回到德國後不久，俄國爆發第一次革命(1905)，再度引起他對政治的興趣。韋伯曾費心學過俄文，因此他能夠藉著數份俄國報紙，來了解這些事件。他也經常與俄國來的政治科學家奇司提亞科夫斯基(T. Kistiakovski)交談；此人是俄國資產階級自由主義左派的知識份子領袖之一，正在為革命效力。這番研究的成果，寫成了兩篇政治社會學的典範作品，以專刊發表在《社會科學與社會政策文庫》裡。韋伯對俄國的階級與黨派進行社會學的分析，在其他幾重思路之外，韋伯指出，如果沙皇政體在一次歐洲戰爭中崩潰，極左派在另一次革命後掌握了政權，很可能俄國的整個社會結構，都會在一個前所未聞的程度上被官僚化。

1904 年從美國回來不久，韋伯即重新開始他的學術著作。這正是德國出現政治危機的時刻，此一危機部分是由於德皇的演說以及他的非洲之行所引起的。到了 1906 年，列強協約(entent cordiale)❷已將形成，德國的外交孤立及其自俾斯麥時期的巔峰逐漸衰弱的現象，已經明朗化。作為國家象徵的德皇，已成為國際間嘲笑的對象。韋伯認為這些困境的根本原因，在於政治結構，因為在這套政治結構裡，有效率地選取負責任的政治領袖，根本沒有可能。德國的虛假憲政制度更令他憤慨，因為它使得有能力和才幹的人對政治生涯失去興趣，而寧願進入商業界或從事學術工作。

從諸如此類的觀點，韋伯逐漸接近一種"民主"的立場，雖然他的"民主"在性質上獨特而複雜。民主作為一套具有內在價值的理念——"自然法"、"人的平等"、人生而"權利均等"——並不是韋伯所相信的。他以實效(pragmatically)的眼光，來看民主的體制與觀念；不從它們"內在價值"的角度，而是從選取能做事的政治領袖這一方面的結果，來衡量民主。他覺得在現代的社會裡，這樣的領袖必須能夠形成並且控制一個龐大且有紀律的、美國人所謂的「政治機器」。唯一的選擇是：到底要一種沒有領袖的民主？還是一種由大型政黨的官僚體系之領袖來經營的民主？

對韋伯來說，普遍投票權、爭取選票的鬥爭、以及進行組織的自由，本身並沒有什麼價值，除非經過這些制度，可以造成願意擔負責任的強有力的政治家出現；他們不規避責任，也不托藉皇帝正好寵信的宮廷派系及帝國官僚，來遮飾他們的作為。

在韋伯這種批判性的檢驗之下，德國似乎沒有任何一個階層，能夠挑起眼前的重任。因此，他發出批評，首先針對全國的領袖——德皇——加以撻伐，嚴苛地嘲諷他乃是一個龜縮在神授君權之後的政治玩票者。對於官僚機器——政治上溫馴、而技術上完美——不受控制的權力，德國的政黨結構似乎無望成為一種制衡的力量。在他的揭穿之下，社會民主黨人的激烈言論，不過是一種無力的政黨新聞工作者歇斯底里的哭號，訓練群眾接受教條思想，好更容易被官僚體系操縱。同時，修正主義派的馬克思主義，認為社會將〔不用人力介入〕自動地進入天堂的境界；這種想法中所包含的烏托邦式的慰藉，在韋伯看來，不過是以馴良無力的沾沾自得，取代道德上的義憤而已。而且，他認為社會民主黨人拒絕與資產階級政黨作任何妥協，肩負起內閣的責任，乃是立憲政府無法成功地出現的原因之一。韋伯後來所作的政治分析，動機便來自他竭力想尋找一個階層，在帝國主義競爭時期裡，有能力負擔起政治領導的使命。

1911 年秋天，德國某大學一位有黷武心態的官員，發表了一場演說，痛詆和平主義的本質乃是「愚昧的」，並言及所謂「追求和平的濫情」。一位參加演講後啤酒會的將軍認為，應該稱和平主義者是「穿著長褲但褲襠沒有東西的男人，只想把人民都變成政治上的太監」❷。當福萊堡的一些教授，爲了報紙的抨擊而替這些言論辯護時，韋伯寫了一份備忘錄，批評這些教授，認爲他們的誇張不啻是"小鎭玩藝"❷。他警告說：德國一旦進入戰爭，那麼「那個頭戴皇冠的玩票者」就會干涉軍隊的領導，把一切都搞砸。有趣的是，韋伯雖然身爲一個堅定的國家主義者，相信武力乃是任何政策的最終訴求，他仍然寫下了下面這段話：「對明確特定的政治理想——不論多麼崇高——作批評，如果竟被指爲對道德力量進行破壞，則理直氣壯的抗議在所難免。在"道德"上，和平主義者無疑"高過"我們。……政治不是——也永遠不可能是——一門以道德爲根據的行業。」❷ 雖然韋伯這樣子欣賞如托爾斯泰輩的和平主義者在道德上的眞誠，我們必須記得他本人希望親身參加戰爭的意願。

在戰爭期間，韋伯反對併吞比利時，但這並不是說他沒有帝國主義的欲望。他高呼將"軍事據點"儘速推展至華沙及其北方。而且他還希望德軍能占領列日（Liége）及拿姆耳（Namur）二十年❷。

1915 年 10 月，他寫道：「每一次的勝利，都讓我們更遠離和平。這正是目前狀況的獨特性」。當奧地利居然讓義大利脫離同盟時，他幾乎控制不住自己。「過去二十五年來的整個政治家格局都崩潰了，這時候指出『我一直都這麼說』，只能帶來淒涼的滿足。現在戰爭可要一直打下去了」❷。他寫了一份給政府和德國國會議員的備忘錄，但始終留在自己的桌上沒有發出去。其中有這樣的話：「去強迫締結一個和約，讓德國軍靴的後跟踩在歐洲每個人的腳趾上——這是有違德國利益的」❷。他看出，戰事的拖延，將使美國獲得世界工業的優勢地位。重工業資本家和貴族熱烈信仰帝國主義，這使得韋伯很擔心。他著急地寫道：「我要學波蘭文，並且設法與波蘭人接觸」[30]。他請求某位副部長讓他閱讀關於波蘭的官方檔案，並讓他與波蘭的工業家接觸。儘管他請一位天主教中央黨黨員緩頰，他還是很自然地被拒絕了。到了 1916年 3 月，韋伯很厭煩「整個柏林的氣氛，在那兒，所有的才智之士，都被瀰漫在政府裡的可憎的愚蠢癱瘓掉了」[31]。

韋伯認為，第一次世界大戰，乃是各國之間經濟上與政治上的各種敵對湊在一起所造成的結果。如果這個局面裡有"罪過"的因素可言，那麼德國的罪過即在於其不切實際與無能去妥善地處理自己的事務。他責難主戰派的狂熱是白癡，並且從一開始他就感覺這必然會導致災難。他對提比茲的海軍政策、露西坦尼亞號(the Lusitania)的被擊沉、以及依賴潛水艇這種武器，尤其感到憤怒。他預料到美國會捲入戰爭，而在 1916 年 2 月寫下這種發展會導致的種種後果：

> 首先，我們半數的商船，四分之一停泊在美國的港口，四分之一停泊在義大利的港口(!)，將會被沒收而用來反擊我們；因此英國的船隻數量將會馬上增加——這是這些〔德國海軍的〕笨驢們所未曾計算到的。其次，即將有五十萬名美國壯丁要志願從軍，配上優良的裝備，來對抗我們的疲累之師；這是這些笨驢們所不相信的。第三，我們的敵人將會得到四百億現款。第四，再打三年仗；這表示我們的毀滅是確定的。第五，羅馬尼亞、希臘等國都起來反抗我們。所有的這一切，都只是為了讓提比茲大人「顯示他能做什麼」！再也沒有比這個更加愚蠢的了！[32]

1916 年 10 月，韋伯在一次進步的自由主義份子政治集會中，就歐洲列強中的德國此一論題，發表演講。在這次的演講裡，他以在國際上造成的結果爲標準，來評判政策：以德國處於四周強鄰中的地理位置而言，它應該採取一種冷靜的結盟政策，而非自大狂妄與征服的政策。在韋伯看來，俄國才是「主要的威脅」。因此，他希望與英國取得了解。在東歐所發生的事件，決定了世界歷史的走向，比較之下，西歐所產生的變化，就顯得不足道。大戰最根本的原因，在於德國遲遲才發展成一個工業化的強權國家。「而我們的國家，爲什麼會被組織成這樣一種強權國家(power-state)呢」？他問道：

> 並不是爲了虛榮，而是爲了我們對世界歷史的責任。如果世界的支配權力──歸根究底而言，這指的是未來文明性格的決定──竟然不經一戰，即由俄國官員的指令和盎格魯撒克遜"社交圈"的成規(可能攙上一點拉丁的"理性")所瓜分，後代人，特別是我們自己的後代子孫，不會認爲責任在丹麥人、瑞士人、挪威人和荷蘭人。他們會認爲責任在我們，而事實上他們完全對。因爲我們不是一個人口七百萬的國家，而是一個擁有七千萬人口的國家。❸

1918 年 11 月 3 日，基爾(Kiel)的水兵叛變。翌日，韋伯在慕尼黑發表關於德國重建問題的演說。革命派知識份子，其中包括俄國的布爾什維克黨人李維安(Max Levien)，及聽衆中的退伍軍人，不斷鼓噪打斷他的話。不久之後，一個由工人及士兵委員會所組成的革命政府，宣告成立❸。

韋伯反對有些教授在國家潰敗之際，將潰敗的原因合理化爲"背上的一刀"，反過來指責德國國內問題要負潰敗的責任。然而他也反對"革命"，稱之爲"這場血腥的狂歡會"；他認爲，因爲這場革命，敵人將會要求比原來更苛刻的和平條件。同時，他也了解，這場革命並不能導致持久的社會主義制度。

韋伯的妻子曾述及，數十年來，對普羅階級為爭取一己之人道與尊嚴的生存所進行的鬥爭，韋伯寄以極大的同情，甚至不時認真地考慮，是否該加入他們的行列，成為黨員。然而結論是否定的。他的理由，據他的夫人說，是因為「只有當一個人已準備好接受無產者的生活方式，至少要準備好放棄以無產者的勞動為基礎的有文化生活，他才能夠誠實地成為一個社會主義者，或者一個基督徒。從罹病以來，這對韋伯來說乃是不可能的。他的學術生涯完全依靠非工作得來的收入。此外，他個人仍然是個"個人主義者"」❸。

韋伯以專家的身分，隨同德國的代表團前往凡爾賽和平會議。他建議那些"被指名的戰犯"如魯登道夫(E. F. W. Ludendorff)、提比茲、卡培勒(Eduard von Capelle)、貝特曼豪威克等人，自願地將頭顱獻給敵人；他認為唯有如此，德國的軍人才能夠重獲榮譽。他寫了一封信給魯登道夫表示此意，但遭到魯登道夫率直的拒絕。韋伯這時安排了與魯登道夫本人會面，和他爭辯數小時。他以參謀本部所犯的政治錯誤，指責魯登道夫，而魯登道夫則反過來以革命之發生及新政權之成立等罪過，來指責韋伯。韋伯要魯登道夫把頭顱獻給敵人：

魯登道夫：你怎能期望我來做這樣的事？

韋　　伯：只有你犧牲自己，才能挽回國家的榮譽。

魯登道夫：這個國家倒可以跳進湖裏去自殺。真是太忘恩負義了！

韋　　伯：然而，你實在應該為國家做這最後的服務。

魯登道夫：我希望能為國家做更重要的服務。

韋　　伯：這麼說的話，你先頭的話大概也只是氣話，沒那麼嚴重。順便說一下，這不僅關係到德國人民，而且也關係到軍官團和軍官要重新恢復其榮譽。

魯登道夫：你爲什麼不去找興登堡(Paul von Hindenburg)？畢竟他才是大元帥。

韋　　伯：興登堡已經七十歲了，況且，每個小孩都知道，當時你才是德國的頭號人物。

魯登道夫：感謝老天！

談話很快地就轉到政治上；魯登道夫爲"民主"指責韋伯和法蘭克福時報。

韋　　伯：你眞相信我認爲我們目前的這種齷齪的狀況就叫民主嗎？

魯登道夫：如果你這麼說，也許我們還可以達成一致的意見。

韋　　伯：但是以前的那種齷齪狀況也不是一種君主政體。

魯登道夫：那麼，你所謂的民主是什麼？

韋　　伯：在民主體制裡，人民選取一個他們所信賴的領袖。然後，那被選出來的領袖說：「現在閉上嘴，聽我的」。於是人民和政黨都再不能干涉到他的事情。

魯登道夫：我會喜歡這樣的民主。

韋　　伯：人民到後來會作審判的。假如那領袖犯了錯──把他送上絞刑架！ ❸❻

　韋伯對於魯登道夫這個人深感失望。他寫道：「他不肯犧牲自己，

對德國來說也許是比較好的。他個人將給人很不好的印象。敵人們將
會再度發現，以一場戰爭中的犧牲爲代價，來使這類型的人脫離軍職
是很值得的。我現在明白了，爲什麼世界會起而反抗他這種人將腳跟
踩在他人的脖子上。如果他再想搞政治，一定要給他無情的打擊❸。」

　　由以上所言可知，韋伯鄙視德國的政黨生活。這種生活，就像置
身於行會嘈雜爭辯的氣氛裡，令他覺得瑣碎與窒息。在這方面，他與
冉區(Carl Jentsch)持同樣的態度❸。

　　在汲取了馬克思主義對"資產階級民主"的批判後，韋伯脫離了保
守主義、大日耳曼主義及對王室的忠誠。他之所以如此，並非因爲他
已開始相信"民有、民治、民享"的民主立憲政府的本身價值，而是因
爲他相信只有立憲的民主體制，才是解決德國內政及外交問題的唯一
途徑。1917 年 4 月他寫道：

　　　如果這場戰爭不是一次民族戰爭，如果這場戰爭管的是國體
　的形式，甚至有可能爲的是保存這個無能的皇室和這個非政治性
　的官僚體系，我不會開一鎗，也不會花一文錢去買戰爭公債。只
　要這個國家是由政治家在治理，而不是威廉二世(Wilhelm II)及
　他那類的盧妄愚人來治理，我一點都不在意國體的形式……。憲
　法和其他任何機器一樣，都是一些技術。如果君主是個政治家，
　或者他表現得有希望成爲一個政治家，我照樣也會願意去反對國
　會，支持王室❸。

　　韋伯之所以倡導立憲的民主體制，是因爲他希望帝國議會對普魯
士的(以及德國的)官僚的壓倒性力量及其心態，能成爲一個制衡的因

子。政黨在國會體制下的競爭，將促使有遠見、有強烈意志的政治領袖取得權力。他們會具備必要的專業知識，以控制官僚體系。他們將會指揮官僚體系，〔因為〕在韋伯看來，官僚系統應該只是技術性的工具，而絕對不是制定政策與在政治上能負擔責任的機構。如果能夠的話，韋伯希望最好能夠有卡理斯瑪型的領袖出現，雖然他也曉得，在近代社會裡，日趨嚴密而無可摧毀的各種制度，已大大地減低了這種"純粹個人性的因素"在社會結構裡扮演決定性角色的機會。

　　當然，去猜測韋伯會不會因為他的馬基亞維利式的態度而變成納粹，是無法有結論的。不錯，他的卡理斯瑪哲學——他對民主的懷疑論及他對民主心向的實用觀點——是有可能讓他和納粹有某些共鳴。但是，他的人道主義立場、他對於受壓迫者的關愛、對造假與謊言的憎惡、以及他對種族主義與反猶太主義的群眾煽動言行不曾稍懈的抗爭，在在都註定了，他對希特勒的"批判"之尖銳，即使不會超過他的弟弟阿爾弗烈德，也不遑多讓。

　　托洛爾區嘗認為，社會制度及歷史的意識型態結構，終極的基礎在於"最基本的性向和意願的傾向"：「這些，我們無法以語言來敍述，在此，我們只能談及種族、談及有塑造能力的歷史力量、或者談及原始的衝動」❹。在這方面，韋伯和托洛爾區非常不一樣。韋伯絕對不想在"盲目的自然"中，找到一個形而上的立足點。韋伯散見各處而一再重覆的反對種族論調的主張，可用穆勒（John Stuart Mill）的話來作個總括：「在所有用來規避考慮社會與道德力量對人心的影響之庸俗的方法裡，最庸俗的莫過於將言行與性格的差異，委之於與生俱來的本性上的不同」❶。

　　韋伯認為，一切"信仰"皆要求"理知上的犧牲"❷；我們可以說，韋伯根本上就無法作這種"犧牲"。近代法西斯主義所代表的那種猶如夢魘般的信仰，是無法迷惑像韋伯這樣熱情地獻身於理性社會科學的人的。他的著作裡所呈現的基本思想風格，是西方的實證主義——這是啓蒙運動的一項遺產。他的思想的基本意向，並非像蘭克學派那樣，想精心地建構出一個大的時代表，讓每一個時代"都和上帝同樣接近"，而是去構造思想的工具，以期產生"後見之明"，協助"先見之明"的產生。「知識乃爲了預知，而預知則爲了力量」(Savoir pour prévoir, prévoir pour pouvoir)——孔德實證哲學的這個動機，乃是韋伯觀點的基礎。雖然他出身"歷史學派"，但是對歷史及其獨特性，他絕對不採取任何求取道德教訓的態度。不顧歷史學家的敵視，他委婉地建議他們對"合於定律的規則性"(lawful regularities)作探討，以爲歷史的一門"輔助"科學。他自己則著手撰寫大規模的社會史。

都市化研究、法律史、經濟學、音樂、世界宗教——幾乎沒有一個領域他未曾觸及。他賡續了馮特(Wilhelm Wundt)、拉采爾(Friedrich Ratzel)及羅雪(Wilhelm Roscher)、史摩勒等人的百科全書式的學術傳統。

韋伯埋首於浩瀚的資料堆中，目的不是要在對人的歷史狀況的沉思裡，替無依的宗教需求尋得一處靜寂無爲的避難所，就像盧梭對自然的感情；而是要從比較性的探討中，獲得一套規則，以助他在身處的世界中，找出政治上的方向。知識多少是力量——這是一個沒有權力的人對知識的這番追求背後的動力。掌握住這種政治關懷，我們才能了解他思想上的取向。

III

韋伯的學術

　　介紹韋伯思想的著作雖然非常多，但能以簡短的篇幅，照顧到韋伯的學術及思想的全貌，提綱挈領給讀者一個清楚的圖像者，並不容易找到。我們選了法國斯特拉斯堡大學教授佛洛因特(Julien Freund)這篇文字，供本選集的讀者參考。佛洛因特是當代法國研究韋伯的專家；他不僅翻譯過韋伯的許多著作，並且曾以一本非常卓越的介紹韋伯的小書——The Sociology of Max Weber. English trans, M. Ilford (London, 1968)——知名於世。

　　本文取自Julien Freund, "German Sociology in the Time of Max Weber", Tom Bottomore & Robert Nisbet, eds., A History of Sociological Analysis (London & New York, 1978), pp.149-86；我們所譯的，只是這篇文章中討論韋伯的部份(pp.164-82)。中文初譯稿由簡惠美完成，再經康樂和黃道琳各校訂一次最後由錢永祥校改定稿。

　　我們當記得，韋伯是從經濟學進入社會學的。本文毋需贅述他對全世界社會學家以及許多經濟學家、史學家、哲學家的重大影響──即使反對他的人，也不免被這種影響波及。在十九、二十世紀之交，韋伯跟帕烈圖（Vilfredo Pareto）同樣是社會學的領導人物。最初，他的思想依循著德國歷史主義與經濟歷史主義的傳統流派；在他的論文《羅雪與克尼斯：歷史經濟學的邏輯問題》（*Roscher und Knies und die logischen Probleme der historischen Nationalökonomie*）❶之中、從他在社會政策學會裡和正由史摩勒領導的新歷史學派建立的聯繫、以及由他的朋友溫德爾班與里克特等主要人物來代表的哲學歷史主義和他的關係，都說明了這一點。但是實際上，韋伯很快就超越了狹義的歷史主義。一方面，這是因為他的意圖是發展出一套盡可能系統化的社會學理論，如《經濟與社會》的第一章〈社會學的基本概念〉（Soziologische Grundbegriffe）即為其證；另一方面，這是因為在他本人的淵博學識的引導之下──他通曉歷史學、經濟學、政治學、法律、藝術、文學與宗教──他很早就脫離了歷史學的狹隘途徑，進而不為某一個思想學派所囿，盡可能寬廣而嚴謹地提出社會學的一般性問題。

　　談起韋伯，一般總是強調他在學術上所成就的宏偉巨構（雖然他活得不算太長），或者是他對同輩那種未待說服，即以己見強加諸人的霸氣。不錯，這兩點是韋伯這個人的特色。但是，容我另外指出一些常被忽略的東西，以便大家對韋伯思想的全貌有更深入的了解。韋伯再三強調，一切科學研究的成果，縱使風騷一代，都將成為明日黃花，被來者所取代。準此，社會學也不例外；社會學也隨未可預卜的歷史過程推移。因此，沒有人能再開紀元重新創建社會學；這也就是說，沒有社會學家能夠完全不依前人不循舊路，締造出道地而不移的科學性的社會學。對社會的研究，和對自然的研究同其久遠；對社會的研究有多少科學性或難斷定，但其或多或少的科學性卻始終存在。所以，"社會學"之名固然源自孔德，但在韋伯看來，這個並不比黑格爾更得他好感的人，並不是社會學的創立者。社會學的歷史發展性，在韋伯眼中，尚有另一層意義。社會本身，亦具有其歷史性的一面，因此沒有人能夠重新發明或者創造出一個與既存社會沒有任何關係的社會來。異化(alienation)這個觀念，確實有哲學上的或形上學上的內容——如韋伯所言，這個觀念指的是把抽象的理論建構，化為實質的存在(hypostasis)——但是這樣做在科學上的意義是相對的，並且只具有非常有限的價值。無論如何，社會學家就其作為科學家的職份而言，絕對不應該去建構一個新的社會。如果他們要這麼做，他們便失去了學者的本色，而成為假先知式的騙子。

在此開篇之際，讓我們也清楚知道韋伯的研究多麼富於原創性。大部分的社會學家的名聲，基礎都在於他們是某一特定領域的專家，例如：組織或音樂、行動或社會階級、猶太教或伊斯蘭教、性或支配，等等。韋伯以其傑出的——儘管是引起爭議的——手法，對所有的這些問題加以分析，因此，即使到了今天，沒有任何專家能不參考他的研究成果——他的政治社會學、經濟社會學、他的宗教社會學、法律社會學、藝術社會學、以及他的科技社會學等等。此外，對一些基本的觀念如官僚體制、都市生活、正當性、家產制、卡理斯瑪等，韋伯開發出了新的研究，而且他的分析至今仍然權威。像他這樣的社會學家——能夠建立起理論的巨構，來展現人類各種活動之間關係的複雜多樣的系統——本來即是非常、非常稀罕了。確實，對於政治與道德，政治與宗教，政治與學術，宗教與經濟，法律與經濟、政治以及宗教，藝術與科技，科學與藝術，以及藝術與道德等之間的關係，他的陳述都具有奠基的地位。在這方面，他的著作實在龐鉅。由於無法滿足於只取這些關係中的某一類來研究，他熱情地將它全部納入考慮。

所幸者，關於他的思想和他對各種人類活動所採取的研究方法，我們可以從他的經濟概念中得到一些線索❷。有三類問題是必須加以考慮的。首先，有一些特屬於經濟本身的問題，如金融實務、價格結構、企業經營等，必須將之當作本身屬於經濟性的問題去分析。第二類問題，關係到經濟如何受其他人類活動──如政治、宗教、科技──各方面的制約。在這一方面，韋伯分析了現代資本主義在初生階段，如何至少有一部分受到清教徒精神或新的複記式簿記法的影響。今天，我們的爭論只集中在清教，以至於忘了韋伯所分析的其他因素，尤其是在他的《經濟通史》❸一書裡的分析。最後，是關於經濟如何反過來制約其他各類活動的問題。例如，政策的興革，可能以經濟因素作定奪；又如宗教上的制慾精神，也受到經濟的影響。我們可以從這個角度去研究其他一切人類活動，而對那些基本上是政治性的現象（支配、權力、政黨）或基本上是宗教的現象（祈禱、儀式、牲祭）等等，加以分析。這樣子，我們便可以分析政治或宗教以何種方式制約其他的活動（或它們的某些層面）；最後，我們再分析經濟因素如何制約政治、宗教（或其中某些層面）。此一藍圖，對任何活動的社會學分析都成立。這不啻是說，在韋伯的眼中，就一種科學的角度而言，並沒有哪一種活動，歸根究底而論是其他活動的基礎。在這一點上，他與馬克思主義的分野是截然的。化約論這種"歸根究底"之論，仍然屬於形上學層次，化分析時用的概念為客觀實質的存在，因為它根本無法得到科學的證明。它毋寧是一種信仰或意識形態。韋伯素來便勇於向這類理論的偏執份子挑戰：指出他們不過是在做一些假科學的辯說，或扭曲科學本身——加給科學一個與其本性相悖並且不具資源去完成的使命。

　　想要將韋伯社會學的所有豐富內涵，都覆述出來，是不自量力。因此我想將它分爲三部分加以綜述，希望能讓讀者對韋伯的社會學，得到一幅既逼眞又有內容的圖像。首先，對於社會學在人文學科或文化學科的一般脈絡中的地位，韋伯曾進行特別的研究；他在作這方面的研究時,運用了知識之批判(critique of knowledge)的全部資源❹。其次，正因爲他對社會學問題的多樣性，有其通盤的觀照，因此，他的著作爲往後的研究工作，帶來許多正面的貢獻。最後，他以一種幾乎該形容爲凌厲的嚴謹和清晰，爲社會學的分析，設定了界限。

一、社會學的知識論

　　一門新興的學問——韋伯時代的社會學便在這個階段——往往容易在尚未產生在科學上妥當的實際成果之前，就想先先驗地界定它的研究方法。孔德——他從未從事過道地的社會學研究——即試圖將一套方法預先加諸此一學科，視之爲凌駕在所有科學性的研究之上。涂爾幹(Emile Durkheim)的首要用心之一是撰寫《社會學方法之規則》(*Les Régles de la méthode sociologique*)。韋伯就沒有犯下這個錯誤。事實上，在他對方法學上的理論問題進行探討之前，他已經做過一項重要的實際研究。此外，我們將會看到，方法論並不是他著重的或首要的關心點。總之，他乃是基於自己的實際研究經驗，來檢視社

會學方法論上的問題。他對於方法沒有什麼迷信，因爲他認爲，所謂
好的方法，就是可以在具體的研究工作中，證明爲結果豐碩而用起來
具效率的方法。因此，沒有一種特定的方法，會比其他的方法來得正
確(legitimate)，因爲方法的選擇，是視研究中應用的機會及研究的主
題而定的。正因爲方法只是作研究的一種技術，所以在方法的領域裡，
便不能有教條，也無所謂正統可言。然而，韋伯在這方面，仍然作出
了至少以下兩點決定性的貢獻：

　　壹、韋伯提供了詮釋的方法(the interpretive method)；有些研
究社會學史的學者，甚至用到了"詮釋社會學"(interpretive sociol-
ogy)這個字眼。因爲這個字眼引起了許多誤解，在此有必要清楚地說
明韋伯對這個問題的看法。他並不是詮釋法的發明者；甚至也不是首
先分辨說明(erklären, explaining)與了解(verstehen, understand-
ing)的人。在他之前，卓易森(Johann Gustav Droysen)即曾試圖將
這個方法應用到歷史學上，而狄爾泰也已將它當作人文學科(Geis-
teswissenschaften, human sciences)的一般方法論的基石。韋伯的
貢獻在於更嚴謹地在概念上琢磨經營此一方法，使其適用於社會學。

　　和一般自然科學家不同的是，社會學家研究的不是無生之物，而
是要分析社會關係和一種活動(Handeln, activity)——那隨著環境
不斷發展而演進的各種社會行爲。既然人的活動不會中止，他便不是
一種被動的物體。人類的活動產生社會關係，而人類的活動則受一種
不見於自然現象的性質所影響——**意義**(meaning)。進行社會性的行
動(to act socially)，具有三層意思：第一、進行這種行動，就是進
入制度、習俗、規則、法律等性質屬於因俗而成習的脈絡(conven-
tional context)，參與這些人類爲了某些目的而創造的事物；其次，

進行這種行動，必須給自己找到一個標竿或目的，以證明這項活動的必要及正確；最後，進行這種行動時，我們訴諸某種價值、嚮往或理想，作爲行動的動機。在這三個層次上，意義皆扮演一定的角色。質言之，人創造出屬於因俗而成習的傳統，便會爲了團體的緣故而賦予它某種意義，以使人類的共同生存，盡可能臻於和諧。給自己一個標的，是爲了把活動引導到一個特定的方向上去；標的不同時，行爲的方向自然也就有異。最後，對各種不同且往往相牴觸的價值或理想作訴求，就每一個社會行動者而言，仍是爲了要給自己的行爲賦予某種——用韋伯的話來說——"主觀導向"(subjectively directed)的意義。總而言之，一種社會關係或活動，乃是各種不同的(無論是個體的或是集體的)意義之組合。

　　既然社會行動可能具有不同的意義，其中的差異就必須有所分辨——特別是因爲個人決非在眞空中行動，而是處在別人行爲的影響之下。那麼，什麼是社會行動(social action)呢？「所謂行動(action)」，韋伯說：「我們指的是行動者賦予主觀意義的人類行爲——不管該行爲是外表行爲或內心行爲、是擧或止、或僅是對他項行爲之承受。而所謂社會行動，我們指的是行動的意義牽涉到了他人的行爲，並且這個關係，決定了這個行動進行的方式」❺。按照這個界定，行動含有一種主觀導向的意義；因爲行動包含這樣的因素，才使得行動能夠搭配進其情境中：行動的契機，可能是爲了矯改前事(如報仇)，或是持續舊行(如傳統)；行動可能是對於攻擊的回應，或單純只是一種反應；最後，行動也可能是對未來的一種預期(一項計畫)或一種嘗試去預防的行徑。行動也可能以他人爲導向，不論他人指的是某一特定的人(愛人)、一個有限定的團體(一個狩獵俱樂部)、一個政治團體(國家)、甚至是指人類全體。一般言之，〔主觀導向和他人導向〕，在行動中以不同的方式結合在一起。然而無論如何，我對每一件行動都賦予意義，若無意義，〔這一項〕行動即不存在；意義內在於所有的行動中。即使在一個無謂或荒謬的舉動中，我也未把意義除掉；用韋伯所舉的一個例子來說，由於效法一個軍官衝入火網之中，我可能激起了其他士兵的勇氣。

上述這些考慮，乃是韋伯式社會行動分類(typology)的起點。首先，一項行動可能是傳統型的；透過它的意義，該行動肯定過去和習俗的神聖性，由而遵從此種神聖性。行動也可能是情緒性的(affective)，因為求快感的欲望或是求冥思見聖的欲望等刺激，而產生的當下立即反應。再次，行動可能具有因為價值而產生的合理性(wertrational, value-given rationality)，這個時候，行動者認為因於信念或責任感，他要不計一切條件去為某個理想(cause)或希望服務，只是因為在他看來，這個理想或希望是好的。最後，行動也可能具有因為目的而產生的合理性(zweckrational, end-given rationality)，這是指對於可資運用的手段作估量，然後在這個基礎上，去追求某一具體有限的目標，並設法預知其可能的後果。一個行動無論屬於哪一類，只有在個體或集體的行動者賦予此一行動以意義後，它才首尾呼應成形。任何漠視意義這個概念的行動之現象學(phenomenology of action)，必然會誤解行動的本質，並且在分析的任務上，不符合科學的要求。

既然自然科學的對象不具有意義(這並不是說它們是荒謬的)，那麼它的方法論，也就不能直接轉為社會科學所用，因為在社會科學中，意義的問題扮演著主要的角色。自然界中被動(inert)的現象，用因果性的說明(causal explanation)──亦即用其他先行現象──便可以作妥當的交代。然而，想要掌握社會現象，就得再加一項工夫，因為要交代它們，尚必須了解其動機所在，也就是那些使人們去行動的理由、和他們所追求的目標。每一項行動，都有其目的──無論是好是壞──而因果說明的方法對這種目的不會有釐清之效。在韋伯看來，詮釋方法，是闡明一項行動之意義的最佳途徑。因此，政治方面、經濟方面、宗教方面或其他方面的一個現象，經過因果的說明後(透過其物理、生物、氣候、地理、甚或心理上的種種先行因素)，仍有此種說明所無法照顧之處。這是因為人類的行動乃是發乎**意志**(will)，因此也就是發乎一種作預期或抗拒的能力；這種能力讓人不完全局限在純粹物質性條件的控制之下。人並不單純地只因機械性的刺激而行動，而是因為他基於某些理由而需求某樣東西，所以才行動。他是有動機的。例如，某人成為狩獵者，可能是為了娛樂、或是為了運動、或因為他對狩獵有一定的愛好等等。這些都不能用單純的因果關係來掌握。因此，詮釋方法的任務，是填補單純的因果說明，在處理有關於人類關係的問題時，沒有照顧到的地方。

韋伯非常清楚這種詮釋方法的弱點。因為它的性格既非演證性的，亦非實驗性的，它的證明失之於不確定。在應用這種方法之後，所得到的是一項詮釋(Deutung, interpretation)；這也就是說，詮釋方法憑藉的是許多評估(evaluation)；而要從事評估，則需經過交互參照比較、據理觀察、以及韋伯所謂的價值參照(reference to values)──下文將再詳談此一觀念──等等程序。鑒於此，詮釋方法所牽涉到的程序，確實是經過在先檢驗的程序，〔有其客觀性〕。因此，韋伯拒絕了齊默(Georg Simmel)的觀點(他把了解〔understanding〕的基礎放在心理的層次上)和其他理論家的主張——他們將重點放在個人的經驗、或是再體驗(nacherleben, re-live)某一件事的能力上。韋伯常說: 要了解凱撒,並不一定要變成凱撒❻。就像其他的方法一樣,了解與詮釋都要合於一般的邏輯運作,而不可以訴之於直接心理經驗的主觀恣意(spontaneity)。然而,了解與詮釋的方法,並不需要被它們所處理的對象所局限或牽制住; 它們的任務固然是去詮釋某個體或某團體對於一個狀況如何以及因何作出了正確的評估,但在這評估不正確時,這兩種方法的任務亦包括了指出其錯誤。簡言之,既然對象**自身**並不會提供意義,亦即意義並非對象本身內在具備的一種性質,那麼,使用某種旨在研究事物之性質、律則及其固定特性的方法,自然無法對意義加以掌握。反之,人類會對同一事物,賦予不同的意義,也會對不同的事物,賦予同樣的意義。這種變化,只有用詮釋的方法,才有辦法加以掌握。

有人說,韋伯認爲說明與了解爲兩個絕對自主的——甚或完全相對立的——方法,這是最大的誤解; 事實上,韋伯不厭其煩地強調,這兩種方法是互補的,可以兼行採用、甚或同時運用。他自己經常在一個研究計畫中兼用二者, 或者爲詮釋性的說明(verstehende Erklä-rung, interpretive explanation)、又或者爲說明性的詮釋(erklä-rendes Verstehen, explanatory interpretation)。同樣地, 他曾指出,因爲運用了解的方法,因果關係(Kausalzusammenhänge, causal relations)方有可能在同時成爲意義關係(Sinnzusammen-hänge, meaningful relations)。就事實而言,在社會學的領域裡,所謂知識,除了對一社會關係作出因果上的說明之外,尚要求對其意義的了解,亦即其動機、理由與目的。

　　貳、韋伯在方法學上的另一貢獻，是他的因果多元論（causal pluralism）之概念（他與帕烈圖是此一論點的主要理論家）。韋伯的詮釋方法，不要機械而單向的因果關係的固定架構，因為這樣的架構有所欠缺；他的因果多元論，和他的詮釋方法適為共濟。首先，他注意到在人類的行動裡，原因和結果是可以互為變化的。一個目標，一旦獲得實現，可以變成新企圖的原因；更重要的是，任何行之有效的手段，鑒於其相對而言的成功，會自動轉化成一項原先所未預見的新行動的原因。事實上，這種認識在今天看來雖然不稀奇，但在韋伯的時代裡可不是如此。這種認識在今天之所以已平凡無奇，也許正證明了我們已不自覺地接受了他的知識論，因為他的知識論所要克服的，正是一味強調機械因果而完全忽略目的的科學主義（scientism）。其實，如果我們考慮到他寫作時流行的思想主流的話，那麼他的立場就更見其高瞻遠矚。他反對把因果關係看成充足原因（sufficient reason）❼的傳統觀點。在他看來，非但結果（effect）不是一種可以在某一個特定時刻、在某些可以指明的條件下確定下來的事物；並且任何結果的起源，都可以追溯到無限的時空中去。就像我們可以一環一環地對原因作無限的追溯，結果一環一環的相率，也無限而不確定。況且，因果關係不過是局部的概率性說明（probabilistic explanation）。實在地說，既然世界的實相無論在範圍上或在內容上都尚無定數，我們永遠無法找到一個原則，道盡這個世界──即便借助因果關係也一樣。縱使因果作用讓我們產生了這樣一個幻覺，但人的意志仍然存在，有能力──至少在社會現象的範圍裡──在因果的連鎖中打出一個缺口。這就是為什麼韋伯否定流出論（emanation）❽的各種理論──這一類理論想把所有事件，皆化歸到一個唯一或根本的原因上去，或是想把所有事件，皆從一個原因導衍出來。在他看來，所謂因為〔事件的繼續〕發展，個人或團體的〔因果〕判斷會傾向於某一原因而捨棄其他原因，是一種沒有科學價值的想法，因為這種想法純粹是一種形而上的或主觀的看事情的方式。因此，他駁斥法學家賓定克(Karl Binding)及哲學家龔培茨(H. Gomperz)的理論，因為他們都主張某一類的因果關係居於主要地位 ❾。在社會科學的領域裡，並沒有嚴格的因果關係：社會科學研究的途徑不以此為謀，而是注重研究者的評估，或是其資料的好壞。不學無術者與專家所建立的因果關係大不相同。但他們有可能同時都是錯的，因為科學並不是至上的裁判。

　　不過，韋伯的批判的主旨不在此。因果一元論(causal monism)認為，對一個社會現象，可以找到其唯一的先行原因；這種單一原因之難以求得，甚至不可能求得，才是韋伯的批判主旨所企圖說明的。一般說來，一個事件通常需要多項原因加以說明，而這些原因的份量輕重，則由研究者來衡量。在他那本常常被嚴重誤解的《基督新教倫理與資本主義精神》一書中，他曾多次提到這點。他指出，若要探討近代資本主義的起因，不能單純地只考慮資本累積這個因素，而置經濟生活的制慾理性化於不顧。他反對全然以經濟因素說明宗教改革，他也不贊成在另一個極端上，單以宗教改革的精神，來說明資本主義的產生 ❿。在他的《經濟通史》裡，他曾指出，除了經濟因素外，造成此一新經濟形式的還有諸多其他因素(政治的、宗教的、工藝的、法律的、及其他種種) ⓫。這個因果多元論的概念——韋伯之後，今天許多社會學家都從他那裡繼承了此一概念——可以幫助我們了解韋伯在方法學上的另外兩個重點。

　　首先，有所謂原因推斷(kausale Zurechnung, causal imputation)的過程。既然我們承認，一個社會現象的出現，是由好些個因素所造成的，我們便很難評估其中每一個因素的重要性如何。想要在某一結果與其所有的原因之間，建構起直接、必然、且無可爭議的關連，是不可能的。唯一的解決之道，是運用資料來顯示，在一個現象(或其某些層面)與先行因子之間，有某種因果關係存在，但不要奢想對此一關係的必然性有所肯定。準此，將某一系列的原因(而不是另外一系列在概率上同樣相干的原因)歸屬爲某一現象的因，是由研究者本身來判斷的。因此，不確定性永遠會存在；所謂因果推斷，不過是將某些現象歸諸某些原因；在事件進行的過程裡，無法找到嚴格的決定論(determinism)。韋伯寫道：「企圖對一具體現象的存在全貌，在因果關係上作透徹而無遺漏的回溯，不僅在實際上辦不到，而且此一企圖根本就沒有意義。我們只能指出某些原因，因爲就這些原因而言，我們有理由去推斷，在某個個案中，這些原因是某一事件的"本質"性成素的成因。」❷

其次，我們要談到"客觀的可能性"(objective possibility)這個範疇；歸根究底而言，這個範疇是因果推斷程序的附帶概念。爲了盡可能妥當地估量出某一原因就機率而言所具有的重要性，我們設想在一串互爲因果的事件系列中，將這個因子排除掉，看看若是沒有它，事情會如何發生。如果這件結尾的事件在這種情況下仍然會發生，那麼，這項在想像中被排除掉的因素，極可能只扮演了次要或偶然的角色。但是，若是事件的發展過程因此會有所不同，那麼可能這個原因具有決定性的影響力。讓我們舉兩個例子來看。1848 年在柏林的革命，隨著三聲槍響而展開序幕。我們在心裡假想，如果沒有這三聲槍響，革命是否仍會發生？當時幾乎在歐洲所有的首都都有革命爆發；以當時普魯士及歐洲其他各地的局面來說，任何小事件，都有可能引發一場革命。因此，我們有很好的理由來認定，這三聲槍響，只是個偶然而非決定性的原因。就客觀而言，沒有這三聲槍響，革命仍將發生。再舉一例：一般認為馬拉松戰役(The Battle of Marathon)拯救了希臘文明。讓我們假設，希臘人在此一戰役中被擊敗，那麼會發生什麼事呢？根據我們擁有的歷史資料，我們相信，那樣一來，事件的發展將會改觀。因此，在希臘文明的發展過程中，馬拉松戰役佔有極重要的地位。準此，"客觀的可能性"讓我們能在我們所知的範圍內，進行盡可能妥當的可能原因推斷。

韋伯在社會科學方法論上的思考，自有其根本的重要性，然而，他在知識理論領域裡的主要用心所在，卻是一個往往被社會學家忽略的題目：社會學的概念構成(sociological conceptualization)。一門學問之所以妥當(valid)，並不只是由於它的方法，更是由於它所發展出來的概念。如果一門學問的概念不精確而曖昧，各種混淆與誤解都會產生，它所獲得的結果，也會缺乏其運用所必須具備的準確性。一個概念如果具有數個相牴牾的意義，那麼它也就喪失了其科學上的若干妥當性。因此，一個真正的科學家，應該努力發展出盡可能精確而嚴謹的概念。韋伯致力於為社會學尋求途徑，克服此一對它構成嚴重妨害的缺點。在此，我們要對他所尋得的兩個途徑——理想型(ideal type)及價值參照(Wertbeziehung, reference to values)——略加考察。

韋伯知識論的要義，可以用一句話來作總括：「為了透見真實的因果關係，我們建構非真實的因果關係」❸。因為真實是無法限定的(indefinite)，所以科學不是、也不可能是真實的翻版：它只是由零碎的知識所支撐起來的一個概念的結合體。事實上，每一個概念，都只能捕捉到實相的某一個面，因此每一個概念，都是有限制的；就算是把所有的概念集合在一起，相對於無窮盡的眞實而言，仍然是有限制的。因此，未知者與不可知者，皆在所難免。進一步來說，唯有在透過概念所進行的轉化之後，對實在的知識方能出現。換言之，我們已知的眞實，乃是透過概念抽象地重新建構起來的眞實。據韋伯的看法，理想型即是此種心靈建構物的一種；藉著理想型的幫助，社會科學方得以用一種盡可能嚴謹的方法去探討眞實；不過，一個理想型永遠局限在眞實的一個或少數幾個層面上。韋伯爲理想型所下的定義，對這個問題說得十分明確，因爲他直言理想型只是純粹的思維圖像(Gedan-kenbild， mental picture)或是一種烏托邦。韋伯寫道：「這種思維圖像，將歷史性的生活中諸般特定的關係與過程，統合到一個由**在思想上建構出來的**(gedacht， thought-out)網絡(Zusammenhänge，relations)所構成的沒有矛盾的秩序世界中去。就其內容而言，這種建構物本身具有**烏托邦**的性格，其來源，是因爲我們在**思想上**(gedankli-che， mentally)誇大了實在世界的某些因素」❶。爲了能對韋伯的觀念有較好的掌握，讓我們舉例來說明一個理想型是如何建構起來的。

　　經常爲社會學家所用的"資本主義"這個概念，究竟有怎樣的科學價值呢？儘管他們說有，然而事實上，這個概念幾乎沒有任何科學價值。實際上，社會學家通常只是含糊而困惑地形容它，不加區分地把投資理論、社會學說、他們個人政治上的反感與個人的黨派立場(不論是褒或貶)混雜在一起。除了缺乏科學上的嚴謹外，可說是什麼都有了。假使我們想對資本主義建構一個在學術上妥當的概念，我們必須在一開始時，便丟開個人的偏見(支持也好、反對也罷)，採取一種在價值

上中立的路線──我們即將討論到這一點。其次，我們必須清楚，我
們所討論的到底是經濟體系、是社會學說、還是政治理論。第三，我
們必須分辨清楚金融資本主義、商業資本主義和產業資本主義。最後，
我們不可混淆早期資本主義與十九世紀的資本主義、或是混淆十九世
紀的資本主義與今天的資本主義。當這些都被分辨清楚時，我們才有
可能去建構資本主義的各種理想型──社會學說或經濟體系、金融資
本主義或產業資本主義。我們也可以建構工廠時代的或跨國企業時代
的金融資本主義的理想型。重要的是，不可以將這些不同的視角混雜
在一起。假如我們所要分析的是工廠時代的金融資本主義，那麼，我
們謹慎而廣泛地在這個時期的經驗事實裡，挑選出幾個分佈廣而互不
相連的特點，將之安排在一個"統一的思維圖像"(einheitliche Gedan-
kenbilde, homogeneous mental picture)中⓯。在這種方法下，我
們對某一特定時期的這種類型的資本主義，建構出了一個融貫的概念。
當然，這只是一個抽象的圖像，是在經驗的眞實裡無處得覓的純粹概
念。然而，它具有雙重的好處：其一，它給了我們一個不受個人偏見
影響的嚴謹概念；其二，我們可以估量出當時的金融體制，與此一理
想型之間有多大或多小的差別，亦即這些體制究竟採行了多少資本主
義的成份。我們上面所提到的其他類型的資本主義，也可以拿來作同
樣的研究。事實上，正如韋伯所言：「我們可能──實際上我們必須認
爲確實可以──勾勒出好些(實際上是相當多的)這種烏托邦，其中**沒
有一個**會和另外一個類似，更**沒有一個**在經驗實在中表現爲實際運作
的社會制度；然而，它們**每一個**皆聲稱表現了資本主義文明的"理念"：
它們每一個都可以做這種聲稱，只要它們確實從我們文化的經驗性實
在中，取出了若干就其本身而言有意義的性質，整合到一個統一的思

維圖像中去」⓰。遵循這些方法，我們甚至可以建構出一個一般資本主義的理想類型來。

對韋伯來說，理想型絕非唯一的方法，而是許多被用來雕琢嚴謹並且在學術上妥當的概念的方法之一，以使在政治、經濟或宗教上可能各有偏見的研究者，能取這些概念來應用。社會科學的專家，往往使用模稜兩可而失之混淆的觀念，例如社會主義、帝國主義、封建制度、天主教等，這是很不幸的事。這些概念，頂多只是在他們的著作裡才有概念上的意義，而無法被其他研究者採用——這便有違學術界溝通的原則了。只要專家們還拒絕接受嚴謹概念建構的要求，社會學就沒有希望成為一門真正的科學。

我們已了解到，想要建構一個理想型，就必須在真實中選取較有意義的特質，然後將之整合到一個統一的思維圖像中去。這個選擇的問題，在知識論的範圍上，有其更廣泛的意義，因為在研究工作的每一步驟裡，都要面對這樣的問題，尤其是當搜集來的大量資料與文件擺在面前時，我們必須將其中次要或無甚意義者棄置一旁，而保留那些顯得較為重要而且根本的。那麼，用來作這種選擇的標準是什麼呢？韋伯認為，並無一單純、絕對或客觀的判準。只要對某一專家的研究取徑有所觀察，我們就會發現，他在選擇時所根據的，乃是韋伯稱為價值參照——原為里克特的用詞——的一種過程。專家的這種作法，也說明了各個專家何以必然會有各自的主觀性。確實，每個人對社會主義、教派制、國家及商業等觀念的理解，並不見得完全一樣。既然沒有一套普遍被接受的價值系統存在，各人只好參照自己的價值排列尺度。史學家們不斷對歷史作出新的解釋，正是因為他們總是在參照不同的價值。

　　鑒於此，雖然有人主張韋伯把價值從科學研究中排除掉了，然而，很明顯的是：〔韋伯認為〕事實是經由價值參照揀選出來的。因此，我們大可參照社會主義的價值觀來撰寫資本主義經濟史，亦可參照資本主義的價值觀來撰寫社會主義經濟史——正如我們可以從贊同保留手藝性職業的立場，來分析此類工作。韋伯甚至認為，即使是一個無政府主義者，也可以因為他對法律在原則上的敵視，而使我們洞察到法律未曾被我們注意到——因為太過自明——的某些面，因為這個無政府主義者所參照的，是他的一套價值。然而，有一項先決條件是必須遵守的：學者必須清楚指出，決定他的選擇的，是什麼價值，以免他的讀者被蒙蔽。既沒有普遍的價值體系存在，那麼，假如有某作者假定他自己的評斷具有普遍的妥當性，他無異是在欺騙。只要對參照的價值有所交待，基於社會主義的取向來檢討資本主義並無不當，因為只有自社會主義的觀點來看，這種檢討方為妥當，而自其他觀點來看，這種批評即屬不妥當。總之，這種檢討不會具有普遍的妥當性。在韋伯眼中，遵從此一要求，即是所謂學術良心。社會學研究，唯有在參照研究者個人在作研究時所選擇的價值時，方具有妥當性；韋伯的整個知識論的主旨，即自此一看法導出。韋伯認為：「騷擾著人、推動著人的文化問題，不斷地推陳出新、不斷地改變面貌；在無窮盡的事物之中，有一些會對我們具有意義和重要性，而成為"歷史性的個體"（historisches Individuum, historical thing）；這種"歷史性的個體"的範圍，永遠在變化。我們用以處理這類個體並學術地加以掌握的理知關係，也在改變。因此，文化科學的起點，在不確定的未來裡，將始終有所變化和不同，直到心靈的生命力，像中國人那樣僵化，讓人類不再對那永無止盡的人生，提出新的問題。」❼

二、社會學研究

我們說過，韋伯著作等身，著述範圍幾乎涵蓋了社會學的每一個專門領域。因此，他自己的社會學研究工作，也極盡多樣之能事；在此，我們只能對其大體輪廓略作鳥瞰。他大部分的研究，無論是關於古代的農業制度，還是中古時期的貿易公司，或是他在宗敎社會學裡關於中國、印度及古代猶太敎的研究，都是以文獻探討爲根據的研究。然而，我們也應該特別指出，他無疑是首先從事眞正田野研究的學院派社會學家之一，譬如他即曾對易北河東岸地區農業工人的狀況提出報導。這也許就是爲什麼他在知識論上的思考，會有像我們在上面所指出的那種深度的原因：他嫻熟至今仍爲社會學家所運用的大部分方法與技術。從這個角度來看，我們可以說，韋伯的啓發作用始終不衰。

韋伯的研究範圍，雖然涵蓋了從古代到今天的每一個時代，並且觸及若干意想不到的問題——例如他對工業勞動的心理物理學（psycho-physics）、或是股票市場所作的分析——他的努力仍然具有某種統一性。這種統一性，可以說就是他的整個學術工作的總價値參照。韋伯不僅在經濟學與法律方面有道地的學養，他也是個學力深厚的史學家，並雅好文學，與詩人、小說家多有往還。每當他愈想雕琢一個抽象的概念，他就愈爲個別的事物所吸引。他將在學術上進行普遍化的必要，與獨特個別事物的重要性，以如下的方式加以貫通：「獨特的個別現象誠然有著無窮盡的面相，但在其萬變之中，也只有那些我們認爲具有普遍性的文化意義（Kulturbedeutung, significance for culture）的某些面相，値得我們去認識。」❸這種普遍性與獨特性的綜合，亦可見諸統一他的學術工作的那個問題上：如何對其他文明進行探討，好讓我們更了解西方文明的獨特性。這決不表示他對其他文明的研究，從屬於他對西方文明的研究，因為他始終強調每一種文明皆自成一局。韋伯的用意是透過比較，以凸顯歐洲文明的特質。他對非歐洲系的文化，從未表示過自大或嘲諷。相反的，他的分析出自於尊重之心，例如他曾說過，大鹽湖區印地安人的艱苦生活，和後來摩門教徒帶到那裡去的生活方式，無疑地在人性上具有同樣的妥當性。類似的例子，我們還可以舉出許多。總之，韋伯從社會學觀點對西方文明的特徵進行研究，只是因為他覺得這個研究課題有必要而且有用處。

多少算是理性的經濟，甚至某種雛型的資本主義，在許多文明裡都曾出現，就像許多文明也有政治權力、系統思考、音樂、習俗以及法律的基本形式；但只有西方，發展出了像現代資本主義這種不斷成長的經濟體制、一種奠基於數學和實驗性的科學、以科學為基礎的工技、以及像近代國家這樣的統一性政治結構、一套具有合理性的法律、音樂的和聲和諧奏。當然，幾乎在每一種文明中，都可以找到某種程度的合理性(rationality)，但只有西方，發展出了深入人類活動各個領域的系統化合理主義(rationalism)(雖然今天世界各地都正在接受這種系統化的理性主義)。不過，韋伯對西方文明的這些成就，並不表示特別讚賞，因為他了解其中的代價：這個世界被祛除了迷魅(dis-enchantment of the world)。事實上，我們生活的，是一個理知化了的世界，一心專注於專業化與人為化。我們發現：生命已不再如以往的時代那麼具有魅力，鼓盪心靈的詩和宗教上的合一皆是如此。這就是為什麼有許多人，在無法調適精神以應對現代世界的變遷之餘，變得毫無生氣而對生命無所擔當；這也說明了年輕人爲什麼躲到小社群裡去，以求復甦生命的活力，無論多麼微弱。

韋伯的政治社會學研究，主要有四個重點。第一點，關於武力與國家之間的關係。國家爲了本身的利益，而奪取個人與從屬團體（如封建領主）使用武力的權利，乃是近代國家的合理化過程的表現。韋伯對近代國家的定義是：「一個在某固定疆域內⋯⋯（在事實上）肯定了自身對武力之正當使用的壟斷權利的人類共同體」❶。第二點，他以正當性（legitimacy）爲主要的著眼點，對支配（Herrschaft, domination）的現象進行分析：所謂以正當性爲著眼點，就是問是什麼因素促使被統治者對掌有政治權力者具有信任。在這方面，他建構了至今仍享盛譽的正當性分類：傳統型的支配、法制型的支配與卡理斯瑪型的支配。第一種支配的基礎，是對現行制度的神聖性的信仰，深信藉傳統而掌權的人具有正當性。古代的王朝政體即屬此類，不過今天也有共和傳統取此傾向的。法制型的支配的基礎，是信賴經由合理方式而建立的法律之妥當，相信經由合法的手段──經常是透過定期的選舉──取得權力的人，具有其正當性。最後，卡理斯瑪型的支配，繫於許多人對某一人的皈依效忠，認爲他有才智、或者身負某種神聖的特殊使命、或者命定完成某種英雄事蹟、或者秉奇才成就某種事業。譬如當代的獨裁者、或是古代的先知及群衆鼓動者、甚或革命領袖等，皆屬此類。這種分類，是理想型的分類，歷史上從未出現過其中任何一種如此的純粹類型。一般說來，現實中的每一個政權，都是由此三種類型以不同的比例所組合起來的。

第三點是關於政黨的分析。這方面，韋伯是首創者之一。他對菁英政黨與群衆政黨的區分（頗爲後來的學者所採用）尤具新意。不過，繼續研究這個問題的，是他的一個學生米赫爾斯 ㉕；他發現在民主機器(machine)的掩蓋下，群眾政黨會如何地被寡頭領導所控制。韋伯的主要貢獻(亦即第四點)，是發展出一套官僚體制的社會學，而成為所有組織社會學的起點。他認為俄國的無產階級專政，終將轉變為一種官僚的專政 ㉑，可見他對官僚體系會有的過度發展早有警覺；然而，站在價值中立的立場上，他看出這種行政系統將會支配國家及私有企業，因為它符合了近代的理性化趨勢的需要。雖然他並未感受到科技官僚的日趨重要(在他的時代裡，這個現象幾乎根本不存在)，他對官僚體制的描述仍然是正確的。

我們應將韋伯的經濟社會學與宗教社會學放在一起討論，因為他自己就常將二者合一：他那套龐鉅的諸宗教之社會學，題目便是《世界諸宗教的經濟倫理》(*Die Wirtschaftsethik der Weltreligionen*)。不過，我們也應該順帶說明，韋伯亦曾單就宗教社會學做過研究，分析宗教行為、區分神聖知識(sacred knowledge)與信仰的不同、探討救贖宗教(religion of salvation)與純粹儀式性的宗教間的差異，他也分析各種宗教執行者的類型，如巫師、先知及教士，還有制慾主義的各種形式，以及性與宗教的關係。他同時還開展出一套獨立的經濟社會學，探討人的需要如何被滿足的現象、經濟團體的結構、財富分配的問題等。不過，如果要將這些豐富的分析，以一種可以了解的方式呈現出來，勢必涉及太多的細節，而變得非常繁冗。基於同樣的理由，他的比較社會學著作——關於中國、印度、猶太教、伊斯蘭教等世界主要宗教的經濟層面——我們也不得不略而不談。

不過，想對他獨特的研究方法有所認識，我們還是得探討一下那本使他一舉成名的著作——《基督新教倫理與資本主義精神》。此書結合了他在經濟方面、宗教方面與道德方面的社會學分析。韋伯明白，資本主義的發展，大部分根源於一股內在的經濟動力，不管這股動力是來自於中古末期的資本累積，還是由於家計與商業營運分開來計算的結果。但是，這樣的說明，在社會學來說是不夠充分的，因為資本主義並不是一套主動取得勢力的嶄新而完整的經濟體系。它也是野心勃勃的企業家們，一步一步逐漸發展出來的成果。這個新的(而且在當時尚無以名之的)經濟體制的推動者，所具有的新心態，正是韋伯所謂的"資本主義精神"。這種心態深受道德與宗教信仰——尤其是上帝預選說(predestination)——的影響。韋伯的主要論點可以綜述如下：初期資本主義的主要(不是全部)人物，大都屬於各種清教宗派；根據他們的信仰，他們過著嚴謹的個人與家庭生活，而不像那些拉丁民族的銀行家們，將所得利潤都用在節慶、享樂、和對藝術的贊助恩護上。其次，商業上的成功，對這些人來說，是一種宗教上被揀選的徵兆。既然他們自己無法享用那累積起來的利潤，那麼，他們唯一能做的，便是將之再投資，以獲得更大的利潤。因此，對資本主義來說非常重要的是制慾精神在方向上的轉移：中古時期只限於修道院中的僧侶們所持的"他世性的"(other-worldly)制慾主義，轉變為現今的"今世性的"(this-worldly)制慾主義，因為那些資本主義的企業家們，在這個社會經濟的世界中，過著僧侶般的生活。

　　四分之三個世紀以來，韋伯的理論引起熱烈的爭論。有人指控他攻擊舊教；反過來，也有人認為他將新教與資本主義相提並論，是貶抑了新教。有人指責他誤解了喀爾文(Jean Calvin)，也有人認為他意在推翻馬克思的唯物論，甚至還有人說他將新教精神當成資本主義興起的唯一因素。不同的說法不一而定。事實上，雖然韋伯的研究裡含有一些錯誤，但只要能夠不帶偏見地去讀讀這本書，就會發現，以上這些議論，都沒有觸及它們的對象。韋伯從事的是學術研究，他無意爲任何神學主張作多餘的辯解。他說得很明白，喀爾文並非討論的問題所在：問題的所在，是某些(而非全部)喀爾文教派，於幾個世紀後，所提出的關於上帝預選說的某些詮釋。他一再說明：新教並非形成資本主義的唯一原因——這是他的因果多元論所不容許的——而僅是形成資本主義某些層面的因素之一。最後，韋伯明白表示：他從未想要以任何精神論的史觀，來取代唯物論的史觀——二者都可以成立、並且都有其道理，只是必定要局限在所選擇的價值參照範圍內罷了。

韋伯的其他研究領域，我們想用數言迅速帶過。在法律社會學的領域裡，韋伯試圖從社會學的觀點，來澄清各種法律的功能：私法與公法、實定法與自然法、主觀法與客觀法、形式法與實質法等等。他也循著他的社會學思想的主要精神——強調社會裡不斷成長的合理化作用——來追溯從非理性法律發展爲理性法律的各個階段。在此處，我們必須強調他的分析裡的一個原創觀點(後來爲馬庫色〔Herbert Marcuse〕所應用)：與現今許多學者相反，他認爲自然法還具有很大的活力，因爲它具有革命性的本質。革命份子在把自然法與實定法的現存體制對峙起來時，若非直接地，至少也會是間接地，是在訴諸自然法爲憑藉。韋伯的藝術社會學還只有一個輪廓，除了曾對音樂做過比較長的討論外，他的主要分析對象，是從羅馬式到哥德式藝術的發展。

最後，我們必須指出，韋伯對一般社會學的某些問題，非常有興趣。他處理這些問題，是爲了給社會學的基本概念，求得最嚴謹的定義。通常人們在用這些概念的時候，並沒有賦予它們精確的內容，也

不曾作出清楚的分辨，例如：習慣、傳統、習俗、法律等。爲了使它
們的特性能夠凸顯出來，韋伯不但對它們一般性的意義加以界定，而
且仔細考察它們在特定的脈絡裡一層一層細微的意義變化。用這種方
式，社會行動、社會關係、鬥爭、群體、經營、團體、強迫團體與權
力等概念，他都一一加以定義。同時，對那些並不常用到的觀念，諸
如開放的關係、封閉的關係、敎權制（hierocracy）等，他也儘量加以
界定。儘管我們對這種概念形成的作法——這些佔了《經濟與社會》整
個第一章的篇幅——可以有所爭議，但就事實而論，對那些想要使自
己的研究更嚴謹精密的人，或那些只是想要學習如何嚴密地分析字眼
的人來說，它都不失爲一種上好的工具。

三、社會學的界限

　　韋伯時代（若思及孔德，則要更早）的社會學，一如其他許多新興
的（這種學科總是越來越多）科學，號稱是門具有統攝性的學科。只要
社會學的內在學術基礎未得到嚴格的定義，那麼它就有一種傾向，將
其研究的範圍擴張到所有的領域去。韋伯從未犯此錯誤，而且更值得
推崇的是，他以其一貫的嚴謹，劃出了此一新興學門的界限。於此，
他的眼光極其明晰，即使到了社會學已被列爲大學一般課程的今天，
我們都很難對他加以批評。總之，他之所以能夠如此節制，是由於他
本身所抱持的知識論之故：他不斷地強調，一個概念或者一門學問，
所能表達的頂多只是相當特定的觀點，這些觀點因爲特定，所以和實
在的關係也有其限制；再者，價值參照——作爲社會科學裡一切選擇
的原則——也必然會對普遍主義的空想家所持的狂妄目標，加以限制。

此外，韋伯也清楚地意識到，沒有任何一門學問，能夠自行循學術途徑建構本身的基礎。作爲一個康德派(Kantian)(笛卡兒在先也指出過)，韋伯知道這是個哲學問題。就事實而言，韋伯並不將自己局限在哲學的這個批判層次上。透過尼采、托爾斯泰、杜斯妥耶夫斯基、蓋歐克等人的啓發，他也建立起了一套世界觀。〔不過〕，由於這種自覺(有時是對他所仰慕的人的一種反動)，他發展出他的基本哲學假說：所有學問(當然也包括社會學)都無可避免地有其限制。終其一生，他對此一理念不斷地加以探討；最後，在他的晚年，終於發展出一個新的方法學原則——價值中立(Wertfreiheit, value neutrality)。

性格使然，這個世界常見各種互相競爭和牴牾的價值在鬥爭；這種鬥爭，可以只是一種緊張的關係，或者在某些場合，惡化成爲衝突。因此，齟齬各有其等級上的不同：它可以出之以友朋告誡的溫和形式，也可以是一種不從衆的姿態，或者它可以出之以理念辯駁的形式、或具體育精神的競賽，甚或極端地導致敵視及戰爭。這些齟齬的根源可以是個人與個人間志趣的不投合、團體之間或政治綱領的抗爭、甚或源於文化上的分歧。例如：我們無法判斷法國文化與德國文化的優劣，「在這裡，也是不同的神祇在互相爭鬥，毫無疑問地永遠在爭鬥」❷。多少世紀以來，基督教的宏偉基本精神，把這件事實掩飾了起來，但是到了我們的時代，「昔日衆神從墳墓中走出來，由於已遭除魅，祂們不再表現爲擬人的力量。祂們企圖再次主宰我們的生命，並且又一次展開了祂們之間的永恆爭鬥」❸。近代世界又走回多神論，只是這些神不再叫作朱比特(Jupiter)、阿波羅(Apollo)、阿佛羅黛特(Aphrodite)或耐普頓(Neptune)，而是較不擬人地稱爲自由主義、社會主義、性、婦女解放等等。韋伯把他的想法，用這段不平凡的文字加以總結：「今天，我們充其量不過是又重新認識到：一件事物之爲神聖的，非但不爲其不美所礙，並且正是因爲其爲不美、同時唯在其爲不美的條件下，這事物才成其神聖。……一件事物，非但其爲不善之處無礙於其爲美，並且正是在其爲不善之處，方見其美。……再至於說，一件事物，非但其爲不美、不神聖、不善，皆無礙於其爲眞，並且正是因爲其爲不美、不神聖、不善，所以才爲眞；這實在是一項日常的智慧」❷。科學與宗敎之間、藝術與道德之間、政治與經濟之間，都大有可能互生牴觸。韋伯看出，人可以以科學爲理由來排斥宗敎，以道德爲理由來排斥科學，因爲「學術的眞理，不過就是在那些希望得到眞理的人看來妥當的事物」❷。因此，人也可以拒絕學術眞理。

雖然合理性在增長，但這世界上仍留存著一個無法消除的非理性的基礎，並自其中孕育出信仰與信念等永不縮退的力量。價值與意義一樣，都不內在於事物本身。只有靠我們的信念的強度、靠在透過行動征服或維護這些事物時所投注的熱切程度，這些事物才獲得價值與意義。因此，肯定一個價值，必然地蘊涵了對其他(可能正是和它相對立的)價值加以肯定的可能性。所以，霸道地證明某一價值高於其他價值，乃是不可能的。只有以信仰爲基礎，某一價值才會爲個人或大多數人所偏好。因此，韋伯並不指望大同和諧，不管是預定在先的(pre-established)，還是人爲的。價值之間無從消解的矛盾衝突，只能以共存、妥協或容忍來處理。人類以政治、宗敎或經濟等價值爲名進行觀點上的鬥爭，在這些觀點之間，科學沒有能力去做裁決。

這就是韋伯所稱的價值中立的根基所在。一些錯誤的詮釋，認爲他想要排除價值；正好相反：韋伯承認價值的根本重要性。價值滋養所有的行動；價值支配了政治、經濟與宗敎世界裡的鬥爭。因此，當科學家在分析某一行動時，如果他想要了解這個行動的意義，他必須要考慮到此一行動所表現的價值，因爲想要去做某事，即是在賦予此事一個價碼或價值。此外，我們在討論價值參照時，已了解到價值在學術研究工作中也有其作用，尤其是表現在資料的選擇上。社會學家或社會科學家中有人認爲，可以替諸價值建立起一個科學性的高下層級(hierarchy)來；當韋伯提出價值中立的時候，他的目的是要徹底消弭這種信念，以及人們在這方面對社會科學家的期待。同樣的，想要假學術之名來評斷各種相牴牾的價值，或者認爲某一個價值比其他價值更有科學性，都是行不通的。只有妥協、而非科學的演證，才能暫時調和相對立的價值。價值之間的矛盾，是在科學家的職權範圍之外的問題，故爾他也無法以科學的方法來加以解決。不過，既然學者也同樣是人，任何學者都可以像一般公民般，在政治或宗教事務上採取某種立場，把他個人的選擇公開，並維護此一個人的選擇。可是，如果他暗示說，由於他是個學者，因此他的黨派立場較具有學術上的妥當性，他就對科學的精神犯下了罪。

韋伯對心志倫理(the ethic of conviction)與責任倫理(the ethic of responsibility)的有名區分，可以給我們一個例子。根據心志倫理行事的人，所求的是某一項理想(cause)的絕對勝利，而不去考慮外在的環境、條件或後果。例如一個嚴格遵從〈山上訓詞〉的人，在別人打了他的右臉時，他就會將其左臉送上；也因此，即使是他認爲是邪惡的事物，他也拒絕去抵抗。反之，一個依據責任倫理行事的人，就會評估可用的手段、衡量當時的情況、計算一下人性無可避免的弱點、考慮到各種會產生的後果。準此，他爲手段、缺失與可預見的後果(無論是利或弊)負起責任。對韋伯來說，這兩種態度都是正當的，甚至都是值得讚賞的，雖然二者可能因為背後兩種極端不同的終極價值，而完全對立。因此，個人可以出於一片誠心，選取這兩套倫理中的任何一套倫理。然而，科學家不能以學術之名來做這種選擇的工作，認為其一是科學的，另一個則不是。因為作為科學家，他根本沒有資格在道德抉擇的事體上，做出科學性的評斷。同樣的，在政治或藝術的抉擇上，也就是對於和平、社會主義、基督教、民主等事體，他也一樣沒有資格對抉擇做出判定，因為他的專業能力，並不適用於好惡抉擇的領域。當然，某人可以科學地研究一種宗教、或某種藝術風格，但是，這並不表示他就有權利認定某一宗教或某一風格，比其他的要更具有科學上的妥當性。

　　在行動的領域裡，學術並不是完全無用的。事實上，學者可以提醒一個將要行動的人，他的計劃是否周全，以他所擁有的資源，是否可使該計劃成功，或警告他可能會有的種種後果 ❷。不過，如果學者不想糟蹋學術，他就只能止於此。選擇的問題，只能留給每個人的意志與意識去解決：「一門經驗性的科學，並不能教人**應該**做什麼，而只能告訴他**能夠**做什麼，或在某些情況下，他**想要**做什麼」❷。如此，價值中立的原則，終於獲得其完整的意義。拿消極的方面來說，它提醒社會學家不要給人一種錯覺，認為他能夠處理選擇與決定的問題；從而他應該──**作為一個學者**──拒絕過問他的學科力所不逮的問題。在積極方面，它表示每一種學問，包括社會學，皆有其界限；這也就是說，一個科學命題之所以妥當，是因為學術上的理由，而不是因為武力或倫理道德上的正直等外在的因素。學術只有在自己的範圍裡，才有資格說話，它不能行之於政治、藝術或宗教等評價性的領域中；同理，這些評價性的活動，在學術的領域中，也必須保持緘默。

在這些條件下，我們就較能了解，爲什麼韋伯會拒斥整體論的馬克思主義(totalist Marxism)自命科學的論調。這和韋伯對馬克思主義有沒有敵意沒有關係，因爲韋伯是最早將馬克思主義引進到大學課程裡的人之一，同時，爲了維護社會主義派的學者，他也捲入不少爭執；他只是不贊成這套學說自命科學的論調罷了。既然馬克思主義始終是韋伯學術工作的潛在對手之一，簡略分析一下韋伯與馬克思之間的關係，似乎會有助益。這個題目，雖然已有呂維特(Karl Löwith)做過研究 ❷，但至今仍往往被人忽視。韋伯首先以學術的理由來批評馬克思主義，因爲「即使就道地的經濟現象來說，嚴格的經濟化約論，也不夠完整透徹」❷。馬克思主義的許多概念，缺乏科學的嚴謹，而只是形而上學的理念。馬克思有權力提出種種預言，但科學卻無法保證任何預言的妥當性。韋伯對馬克思主義理論的拒斥，也有出於個人的好惡者。他不相信一個集體主義的社會主義經濟體制，能夠解放人類，因爲經濟無力解決一切問題；它也像其他的人類活動一樣，爲其本身的手段所限制。社會主義制度，反而會使人類受到官僚機器的壓迫。總之，一個完全集體化的經濟體制，必有官僚制過度發展的情況，而導向比在市場經濟所見更糟的無政府狀態。此外，馬克思派社會主義的革命者，強將社會抽象地劃分爲兩個敵對的陣營；然而，歷史上每一個具體的社會，都是由許多社會階層所構成，包括無產階級和資產階級這兩個陣營裡的各個不同的階層在內。在韋伯看來，革命常常可以讓知識份子感到亢奮。不過，根據一個像消除異化(disalienation)這樣含混的概念，就相信人類可以經由革命而有根本的轉變，其實就是以理知的方式，墮入大破之後方能大立(catastrophism)意識型態的陷阱。但是，韋伯最不以爲然的，是馬克思主義知識份子的不寬容；

他們深信自己已獲知眞理，強要那些他們其實在心底深處鄙視的其他人，接受這眞理。在韋伯看來，他們是"信仰的鬥士"(warriors for the faith)；因爲他們已認定了一個社會的烏托邦，經驗對他們已沒有影響，所以和他們實在無法進行討論。事實上，韋伯經常提到他與馬克思主義知識份子的面談，特別是那些在德國的俄國流亡人士；對他們，韋伯只有非常有限的信心，因爲他感覺他們更熱衷於對權力的追求，而不願對政治活動所涵蓋的各種問題進行反省。

我們可以指責韋伯並未一直遵守價值中立的要求。他自己會是第一個承認這點的人。事實上，一個思想家很難避免踰越自己專業的界限，尤其是在演講的時候。眞正說起來，價值中立可說是一種規範學術研究者行爲的原則(regulatory principle)(因此便有可能被濫用)，而非科學本身的一種構成原則(constitutive principle)⓮。如果社會學家聲稱最後要指揮那通常是他能力所不及的物理學或生物學，這眞會是個笑話。但是，這些還都屬於學術的領域內呢！鑒於此，社會學家對於非學術的領域——受意志、選擇、決定統轄的領域——更應該節制和愼重。準此，價值中立的原則，便具有雙重的涵義：它不但要求學者對自己學科本身的界限有所警覺，同時也要注意到學術一般的界限。無所不能者，其實就是一無所能。

學術與政治：韋伯選集（Ⅰ）

I

價值中立與責任倫理

——韋伯論學術與政治的關係

這篇導言，譯自Wolfgang Schluchter, "Wertfreiheit und Verantwortungsethik: Zum Verhaltnis von Wissenschaft und Politik bei Max Weber"(1971)，原文見Wolfgang Schluchter, Rationalismus der Weltbeherrschung: Studien zu Max Weber (Frankfurt a.M., 1980), S. 41-74，英譯收在Guenther Roth and Wolfgang Schluchter, Max Weber's Vision of History: Ethics and Methods (Berkeley, 1979), pp.65-116。中譯由錢永祥負責第一、二節，顧忠華負責第三、四節，再由錢永祥略作整理潤飾。

原作者施路赫特現任海德堡大學教授，在當前的韋伯研究中，他有許多重要的貢獻。顧忠華曾將他數篇關於韋伯的論文譯爲中文出版題爲《理性化與官僚化》，台北，1986 年。

一、韋伯兩篇演講的性格

1917 年到 1919 年的這段時期，對整個世界、對德國，都是一個在社會方面及政治方面劇烈變動的時期。歷史學家有道理地稱 1917 年是世界史上一個劃時代的年份。對德國而言，這一年所下的一些決定，有可能讓政治理性在國內國外的萬難中，走出一條勝利的路。在外交政策方面，和平決議旨在通過談判而獲得和平；在國內政治方面，新近在帝國議會內組成的各黨聯合委員會(Interfaktionelle Ausschuss)，爲國會制政府及威瑪聯合政府，也即是從帝制到共和的轉變，作下了準備工作 ❶。但是在 1918 年到 1919 年之交的冬季，政治理性又告傾覆。不錯，在威爾遜十四點原則的基礎上，歐洲的重組和一次持久的和平，看來是有可能。但是停戰的條件，使得由談判而獲得和平的路徑不再有希望。在國內政治方面，隨著皇室的崩潰，共和及國會制民主的道路似乎已暢通，但是特別是政治上的左派，受內部派系鬥爭所困，在基本的國家體制問題上分裂。在這個戲劇性的時期，韋伯在慕尼黑作了幾次演講。在這些演講中，他支持經由談判取得和平，警告大日耳曼運動的危險；他談學術作爲一種志業、德國的政治重建、以及政治作爲一種志業。和其他的演講比起來，〈學術作爲一種志業〉和〈政治作爲一種志業〉兩篇，學院性格比較強。它們的對象主要是學生，是必須要在當時僅現輪廓的一個新的社會及政治秩序中生存的年輕一代❷。這兩個演講，都是旨在輔導學生認識"精神工作作爲一種志業"的一系列演講的一個部分❸。主辦者挑選了這位未來有可能擔任教職❹的有名學者和評論家，因爲他們所關心的，不僅在於狹義的職業問題, 也包括在這個社會革命及政治革命的時期中, 精神性工作的意義。不過, 似乎是故意地, 韋伯讓他們的期待落空。舉個例子來說, 他關於政治作為一種志業的演講, 一開始便說明, 大家不要期待他會對時下的問題有所評論。尤有甚者, 兩個演講的形式和內容似乎都顯示, 講者意在貶低時下問題的重要性。韋伯沒有作戲劇化的表演, 而是謹慎地陳述出長篇的分析。他沒有對時下問題作診斷, 而是跳過這些問題, 在思想史及社會史的領域中, 進行牽涉多方面的探討。他不鼓勵在政治上積極行動, 而是在自己身邊, 佈下一片消極不可為的氣氛。

不過, 對這個說法, 我們必須加一些說明和限定。首先, 演講的內容, 和印出來的文章, 並不完全一樣。對於〈政治作為一種志業〉這次演講, 韋伯特別不滿意; 他對其中的論證, 進行了程度頗大的修訂和擴充。取他的講稿和最後印出來的定稿對照, 便可以看到這一點。再者, 我們必須知道, 演講者產生的效果, 和寫作者造成的效果, 是不一樣的。鑒於現實之無比的複雜性, 寫作者要努力掙扎, 找到最"負責任的"措詞, 演講者則比較可以隨己意發揮。根據時人的見證, 韋伯是一個有煽動才能的凌厲演說家, 使人想起舊約裡的先知(對這些先知的演說, 他曾在他關於古代猶太教的著作中, 作動人的描述)。在這兩次"學院性"的演講中, 他亦是如此。據雷姆(Rehm)說, 這兩次演講使人出神, 表現出來的是「演講者長期以來涵咏斟酌的思考, 以爆炸性的力量當場成篇」(鮑姆加騰的話)。

兩次演講中消極不可為的氣氛, 也有不同的原因。〈學術作為一種志業〉對近代性(modernity)提出診斷, 〈政治作為一種志業〉則把這診斷應用到德國的政治局面上。此外, 韋伯在 1917 年討論學術作為一種志業時，他尚期待戰爭會有可以接受的結局。他期望德國在世界政治中，能繼續擔當隨著 1871 年帝國建立而必須承擔的角色，即使國內和國際的狀況已是另一番面貌。但是 1919 年初，頑固的右派沙文主義和左派的心志政治（Gesinnungspolitik）之間的無恥搭配，使韋伯這個希望大受挫折。尤其是發生在慕尼黑的事態，最原本地顯示了國內及國際政治的道德化正在發展的方向──內戰、分裂已瀕臨在即，長久的外國控制和反動勢力的興起將隨之而來。在韋伯的眼中，埃思納（Kurt Eisner）──新聞記者兼文人、比社會民主黨還要左傾的獨立社會黨黨員、文人圈的代表──正是這種政治浪漫主義的例子，和托勒（Ernst Toller）、繆薩姆（Eric Mühsam）、蘭道耶爾（GustavLandauer）之類的人道主義式的無政府主義者及和平主義者如出一轍。埃思納在 1918 年 11 月 7 日慕尼黑革命中，已宣佈自己是巴伐利亞邦臨時政府的首相。在 1917 年到 1918 年之間的多天，埃思納曾經積極參加罷工運動，而這罷工運動的目標，在於迅速達成和平──即使這表示德國必須承認戰爭的責任──以及立即成立共和政府。現在，埃思納在國內政治中繼續這種出於信仰而不顧後果的政策。〈政治作為一種志業〉批評的對象，便是支持這種心志政治的人，但它也批評共產主義者。後者雖然比較實際得多，但也一樣忽視了政治在道德方面的弔詭。這篇演講尤其是針對追隨這類傾向的年輕人而發；在這一段話中，這一點說的很明白：

　　届此，在座的各位貴賓們，讓我們約定，十年之後再來討論這個問題。很遺憾，我不能不擔心，到了那個時候，由於一系列的原因，反動的時期早已開始，你們之中許多人以及──我坦然承認——我自己都在盼望、期待的東西，竟幾乎無所實現——也許不能說毫無所成，但至少看起來是太少的成果；到了那一天，如果實情很難免地真是如此，我個人是不會喪志崩潰的；但不容諱言，意識到這種可能性，也是心中一大負擔。到了那一天，我非常希望能夠再見到你們，看看諸君當中在今天覺得自己是真誠的"心志政治家"、投身在這次不啻一場狂醉的革命中的人，有什麼內在方面的"變化"。❺

　　這樣看來，韋伯似乎是故意想挫傷這年輕一代人對生命的熱情。那些把自己看成是一個革命時代的兒女的人，眼中見到的是前所夢想不到的機會，在崇高熱情鼓舞之下，想遵循一套心志倫理的規準；韋伯——用齊默的字眼——說這種人陷在沒有結果的亢奮中，連眼下平實的要求都無能達成。不錯，這個論定並非適用於所有的年輕人，或他所有的聽眾 ❻。韋伯似乎採取了一種防禦性的策略，以躲開演講者和聽眾所處的局面可能產生的要求。韋伯知道，一個渴求意義的時代，會要求有先知和預言。但是他不是這種先知。他採取的角色是學者和教師，而學者和教師，對於眼下的事件，沒有什麼話可以說。

　　對於世界提出一套詮釋，是韋伯的聽眾強烈需要的；韋伯沒有滿足他們這個需求 ❼。這是我們頭一個印象。但是，這兩篇演講雖然極為冷靜，其中仍然洋溢著悲情（pathos）。許多段落聽起來像是籲求。演講者在向我們呼喚時，沒有說該做的是什麼，但是很清楚地，他想指出什麼不該做。這種反面的堅持，讓兩篇演講保有一種其表面的立場似乎正好不容存在的性質——它們乃是**政治性**的演講。不過，這兩篇演講之為政治性的演講，意思比一篇對一般政治問題的評論之為政治性來得深重。韋伯把提供給他的主題，當成原則性的問題來處理；他把他的主題，從其一時性的脈絡中移出，而用它們來界定當代的思想局面。他對時事保持距離，藉著歷史性的比較，使時事顯得疏離；這顯示他的意圖，是要處理當代的一個根本問題，以進而疏解當時政治亂局的義蘊。

我們必須簡短地證明這個說法。如果我們穿透這兩篇演講的外在形式，接觸到韋伯的推理在底層的結構，我們可以為我們的說法找到頭一個根據。不論演講者容許自己離題多遠，他遵循著一個嚴格的架構；在兩篇演講中，這個架構都是一樣的。首先，他討論外在的條件，也就是讓學術和政治兩種志業成為可能的制度方面的態勢。然後，他開始討論這兩種志業對個人施加的要求。這個題目有兩個層面：在一種涉及結構的"客觀"角度來看，學者及政治家的角色，以及在一種主觀的意義之下，意義這個問題。這整個題目，進一步轉化成對於作為一種志業的學術和政治本身的討論。顯然地，韋伯想要表達這樣一個論點：在不考慮制度方面的脈絡的情況下，個人固然無法了解他的職業角色的"意義"；制度的"意義"，也只有在考慮到這些制度的一般性社會脈絡時，才能夠被了解。

但這尚不是全貌。韋伯不僅想顯示這樣的主題需要我們作社會學的分析，他更想清楚地指出，決定學術和政治的功能，乃是現代最重要的唯一問題。既然近代歷史在思想方面最具意義的事件，是世界的除魅、理知化和理性化，關於學術及政治之角色的問題，直接影響到近代世界的意義這個問題。科學知識散佈了一項信念：「在原則上，透過計算，我們可以支配萬物」❽，由而打破了諸般救贖宗教對提供意義這個功能的壟斷。學術和政治似乎已取代了宗教的地位。它們是否必須把宗教的特殊功能也接收過來呢？畢竟，一個已經不見宗教壟斷的社會，依然需要意義。已除魅的世界，依然提出意義的問題。讓學術和政治這兩種支配性的力量，來負責解決意義的問題，豈不是最顯然的想法？這兩者豈不該成為唯一道地的志業，尤其時當這個已除魅的世界正進入一個革命的時期，如德國然？在這種局面下，昔日投注在靈視者和先知——這些發配聖禮和天啓的人——身上的期待，會轉移到學者和政治家身上，豈不是很容易了解的事？最重要的是，如果學者和政治家願意接受這種轉移，豈有可怪之處？在提出這些問題的時候，韋伯同時回答了除魅後的世界的"意義"這個問題。

這項基本的關連，讓我們清楚地看出，這兩篇演講，不僅在組織上根據相同的架構，它們所處理的，也是同一個主題。問題是學術及政治是否能成為一種志業；在除魅後的狀況下，對世界有所知和對世界採取行動之間的統一，是否能在學術中或在政治中實現。學術和政治並非被分開來個別討論，而是從兩者之間的關係來考慮。在探討知識本身的限制時，韋伯同時也討論到了學術和政治的關係；而在提出政治行動的限制時，他也結合了政治和學術。無疑地，韋伯對頭一個角度比較注意。如果你要這麼說，那麼這是他對學術和政治之間關係所作的分析的缺陷之一。不過，如果我們把這兩篇演講從它們系統的統一性上來了解，這個缺陷就不那麼嚴重了。

把兩篇演講看成一個統一的整體，便是我要運用的一種詮釋方法，以求根據這兩篇演講，有系統地釐清學術與政治的關係 ❾。我要採取的另外一條詮釋途徑，就是把演講中交錯在一起的兩個論證層次分辨開來。這兩個層次，我們可以分別稱之為方法論—倫理的層次，以及制度的層次。在兩篇演講裡，韋伯從方法論及倫理的角度處理他的主題，已無強調之必要。諸如價值中立、價值參照(Wertbeziehung)、價值探討(Wertdiskussion)、乃至於心志倫理、責任倫理等概念，莫不取自知識論和倫理學的武器庫。但是韋伯尙在制度層面進行論證，就沒那麼容易看出來了。他對當代的社會學分析，我們曾經提及。不過，韋伯對狹義的社會學問題，尙有從另一個角度來的興趣。在學術和政治兩個領域的內部以及兩個領域之間實際存在且應該存在的"社會關係之層面"，也在他的注意力範圍之內。這個說法或許有突兀之感，因爲韋伯並沒有處理到價值系統及其制度化；充其量，他談的是學術的"人格"與政治的"人格"。他列出了學者和政治家必須具備哪些特質，方能取學術或政治爲志業。但是此舉有深一層的用意，不可泛泛觀之。在韋伯的分析中，人格這個概念有雙重的意義，分別相當於上面所說的兩個層次。一方面，韋伯在一種方法論—倫理的意義下使用"人格"一詞。這時候，他所謂的"人格"，談的是「它與某些終極"價值"及生命"意義"的內在關係之恆常不渝」，「這些價值與意義進而表現爲目的，並從而形成依目的而言合理的行爲」❿。因爲人可以在這個意義下被建構成人格，詮釋社會學遂可以藉著構作目的理性式的架構，詮釋人類的行爲 ⓫。人格這種**在概念上設定**的恆常性，乃是詮釋社會學的一項先然預設(transzendentale Voraussetzung)⓬。人**應該**實現這種恆常性，正是韋伯倫理的實質內容。不過，在這個方法論—倫理性的人格概念之外，另有一個社會學意義下的人格概念從開始便與之並列。這個意義下的人格，指的是行爲定型(Verhaltensstereotypisierung)造成的結果，從個別價值系統的性格及其在社會中制度化的型態共同導出。價值系統所產生的諸般刺激作用，對行動具有心理動力的意義，韋伯列入了考慮 ⓭。人之所以能夠**在經驗層面上**與價值及生命意義產

生某種恆常不渝的特定關係，所賴唯此途徑。因此，在韋伯談學者與
政治家的"人格"時，學術與政治各自的制度化了的價值系統也在他的
心目之中。有見於這些考慮，根據這兩篇演講，系統地詮釋他對這兩
種活動之間關係的看法，就必須不僅考慮到這兩篇演講的互補關係，
更要考慮到在方法論—倫理層次上的分析與在制度層次上的分析有什
麼關連❹。

　　這樣一套詮釋所獲得的結果，該用什麼參考架構來排比組織，也
是我們要考慮的問題。我擬採用的，是哈伯瑪斯（Jürgen Habermas）
整理出來的三套關於學術與政治之間關係的最重要觀點，即決斷論、
科技行政、及實踐論三種模型 ⑮。照他的說法，決斷論模式以政治領
袖和官僚之間的截然分工為基礎。具有強烈意志、有能力自行採取立
場的領袖，善用具備了事實資訊且受過專業訓練的官僚之服務，至於
公民，只能對在技術上正確地執行了的領袖之主觀決定表示贊同（zu
akklamieren)❻。對比之下，在科技行政的模型裡，非理性的決定乃
是多餘的。決策之前提在決策的過程中會自行成形；它們受技術可行
性的支配，對技術可行性本身卻無置喙餘地；〔政治〕領導遂變成了〔行
政〕管理。政治參與甚至說不上是由民意來直接表達贊同，而是完全淪
為接受技術上的必要 ⑰。至於實踐論的模型，既不懷疑就技術與實踐
決策之間關係進行理性探討的可能性，進行討論的公共領域也未遭抹
殺。相反，在學術與公眾意見之間進行持續溝通，殆為一種公認的必
要，進而促成政治的公共領域之組成；在這樣的公共領域中，技術性
的知識與方法可以和依附於傳統的自我意識產生開通的互動。在這種
觀點下，實踐的問題可以轉變成學術的問題，而這些學術的問題一旦
獲得釐清，又可以以學術資訊的形式，回饋給具備了了解能力的公共

領域。照哈伯瑪斯的說法，唯有賴這個模型，民主制度方能如願以對共同體有利的方式統合知識、技術、和實踐⓲。

　　採取這個途徑的用意，可以分兩方面來說。第一，韋伯的觀點被列為決斷論的模式。第二，哈伯瑪斯對三個模型的描繪，兼顧了方法論─倫理的論證層次和制度方面的論證層次。因此，哈伯瑪斯將韋伯歸入決斷論是否正確，也應該分別從方法論─倫理的層面以及制度的層面來考察。就前一個層面而言，應該釐清的問題是：韋伯是把學術局限在具有技術價值的知識之生產呢？抑或在此之外，他尚賦予學術另一項任務，就是去考察社會之依附於傳統的自我意識，「透過這種自我意識，需要被詮釋成為目標，目標則被凝聚（hypostasiert）變成價值」⓳？就後一個層面而言，應該釐清的問題則是：韋伯是主張學術與政治的全然分工嗎？抑或他心中所想的是學術與政治在功能上的分化⓴，從而相歧的價值取向可以各得其所，同時藉著制度化了的溝通，展開目標與手段之間的相互修正。一旦這兩個問題獲得釐清，一個較大的問題也就得到了答案：韋伯的意圖，是相對於沒有方向的決斷論、以及沒有意義地擴建一個在技術上完美的鐵製牢籠，找到另外一條在理論上嚴密、在制度上可行的路。他這個意圖成功了嗎㉑？韋伯志向在此，殊無疑問。對他來說，把技術上完美的管理與對公民提供滿意照顧當成最高、最終極價值的官僚支配，和只顧權力的權力政治一樣，都是可怕的㉒。但是他有沒有實現此志，尚待我們來判斷。

二、價值中立與責任倫理作為方法論及倫理的範疇

　　韋伯是否認為學術這種志業的滿足與實現，在於對生活實際問題的技術性反省考察，抑或他從方法論—倫理的觀點出發，超越了這種看法❷？要釐清這個問題，需要簡潔地重建他在〈學術作為一種志業〉裡的思考過程。他先浮光掠影地敍述了德國大學在結構上的改變，對學者生涯在物質方面和精神方面的冒險做了一些相當雋語式的說明；然後，他直入他的中心問題：學術在促進技術的進步時，是否找到了自己的意義❷？

　　如果要按照這個問題，去探討學術對於"人的整體生命"❷所具有的價值，我們不僅必須反省人的"整體生命"，還必須對人的"意義"之為物有所掌握。因為唯有在技術的進步為這"意義"服務時，促進技術的進步，對於學術才有構成意義的功能；只有在這種情況下，我們才能說「學術工作得出的成果，有其重要性，亦即有"知道的價值"」❷。

　　要確定人的意義為何，並將之變成學術的構成成分，有兩種可能的途徑。或者，學術憑藉本身的資源去認定，或則，另外一種"權威"來把人的這種意義定為學術的必然成素，而當然，在這樣做的時候，不可以威脅到學術本身的性格。韋伯宣稱，第一條路已經行不通。過去嘗試把學術提升為解讀意義工具的努力已多，韋伯歷數它們破滅了的期望。學術不能為我們指引通往真實存在之路、通往真實上帝之路、通往真實自然之路、通往真實藝術之路、或是通往真實幸福之路❷。基本上，學術唯有作為經驗知識，方有成果可言。但要成為經驗科學，它必須有意識地斷念於提供意義。它之所以能夠增加它的成果價值（Erfolgswert），是因為犧牲了它的心志價值（Gesinnungswert）❷。學術的兩難局面在此。據韋伯的看法，學術看來不可能憑自己的力量來解決這個困局。

　　這引起了一個問題：誰來取代學術的位置提供意義？首先出頭的，是一個一直在發配意義的"權威"：救贖宗教。可是救贖宗教必然會與近代學術的理性標準產生衝突。在兩個層面上，救贖宗教完全無法公平對待經驗性學術的知識：它會強迫這種知識割捨其本身的歷史，同時限制其內在的進步。學術若是有意識地以宗教為基礎，它會變成神學，而神學則自足於一種「對宗教上的神聖事物在理知上的合理化」❷。這樣的學術僅有心志價值，但沒有成果價值。其實，學術面臨的上述困局，根本是無法解決的。這個情形主要來自一個原因：在除魅後的世界裡，"一統的"基督教價值宇宙業已分崩離析，散為一種新的多神論 ❸。因此，圍繞著基督教理念而整合起來的價值世界，也告崩解：無論是個別的價值秩序(Wertordnungen)，或是不同的價值領域(Wertsphären)，都處在不可解消的衝突中 ❹。其結果不是和諧共存的價值多元論，而是價值的衝突，各極展開一如「"神"與"魔"之間」的「無從調停的死戰」❷。在這種情況下，學術的意義這個問題，看來已無法有定論了。既然生命的意義可以有不同的面貌，學術豈會有一種必須接受的意義？學術可以有豐碩的成果，但它必定是"沒有意義的"(gesinnungslos)。

　　對這個消極的答案，韋伯是否俯首接受？我不認為如此。他廣為人知的價值中立設準，不只有一個中心的意義，而是有雙重的意義。他之要求一種不涉及價值的經驗科學，在一方面關連到讓"有成果的"經驗科學在一個價值衝突的世界裡**成為可能** ❸；但在另一方面，這種要求也關連到讓"有成果的"經驗科學知識成為可欲 ❹。經驗科學應該受到保障，不要受到價值秩序之間無可解消的鬥爭之騷擾，因為一種在這個意義上獨立的學問，自有某種價值。這不啻是說，一門"不涉及

價值"的經驗科學，本身便是一項值得捍衛的價值，這種學問本身便是
"有價值的"（wertvoll）。正因爲它是如此，因爲它「具有一種在客觀上
有價值的"使命"（Beruf）」，它才能夠在當今的局面之下公開成爲「一
個人的"志業"（Beruf）」❸。

乍見之下，這種詮釋似乎有過頭之弊。因爲韋伯曾再三強調，學
術誠然不是沒有預設的，但是這些使學術具有價值的預設，乃是主觀
認定的對象。肯定這些預設的人，獲得了一項志業；對這些預設不在
乎的人，則或許只是有了一項職業，既然他不能爲了學術而活，這件
職業仍可以讓他依賴學術而活 ❸。這決不是說，這樣的人不能稱職地
來從事這件職業。相反，一個人可以是優秀的學者，卻不賦予這種活
動任何崇高的"意義"。不過，我們討論的不是現實的職業問題，而是
精神工作的意義；後面這個問題，連繫到了學術研究工作的存在理由。

在這裡，出現了一個出人意外的關連。韋伯對世界的除魅之特定
的轉折歷程提出診斷，目的即在證明學術工作的存在理由。韋伯說到
「我們的歷史處境的一項既成事實，無所逭避，而只要我們忠於自己，
亦無從擺脫」❸，他說到「我們文化的命運」❸，我們必須接受。這些當
然都是主觀的立場選擇，不過這些話所要表達的不止於此。它們尚宣
稱這些在性格上乃是**有根據的**立場選擇。

前面我們提到過這篇演講有其政治核心；在這裡，這個核心表現
出來了。那種「有"人格"色彩的**教授先知**」，韋伯嘲諷有加，並且用這
篇演講的形式和內容無情揭發 ❸；但韋伯要如何不陷入這類人物的窠
臼，反能爲他的立場選擇找到立論根據？既然韋伯的立場選擇與先知
型教授不同，靠的乃是這種根據，那麼這個根據究竟在何處？既然一
切的意義賦予均已淪爲主觀的，韋伯的立場要如何達到客觀性？要釐

清這些問題，我們必須比較深入地分析韋伯這篇演講一直在關注的一個關係：救贖宗教與近代學術之間的關係。透過這方面的分析，韋伯的立場選擇所根據的基礎，可望展現無遺。

韋伯斷言，在今天的條件下，具有積極宗教性的人，必須做到「宗教行家這種"犧牲理知"的成就」⓵；這種人無能"堅毅承擔我們時代的命運"⓶。從事學術似乎可以讓我們的生命和理性化之後的世界的狀況取得和諧，宗教卻使這樣的生活成為不可能。這個說法，根據韋伯本人關於價值世界之結構的看法而言，似乎是有問題的。宗教行為與任何行為一樣，有其必要的預設；這些預設必須受到信仰，行為才能取得"意義"。自然科學、醫學、人文學門(Kulturwissenschaften)，各有其預設：去支配世界、去維繫生命、去認識文明人的來歷，等等。這些學問在特定的活動領域中達成了理性化；只有在我們接受了上述預設的情況下，這種理性化的成就才是"有價值的"。就宗教以及將宗教理性化的學問──神學──而言，也顯然有同樣的情況。若是有人決定接受宗教的預設，他們的行動所遵循的規範，與其他價值領域及行動領域的規範會發生不可解消的衝突。不過，這個主張，並不意味著某項預設的價值遜於其他預設。照韋伯的理論前提，"貶抑"宗教行為的人，難脫放縱私人成見之嫌⓷。

但是韋伯仍然企圖證明，設定價值的工作(Wertungen)，有合於時代的，也有脫離時代的，端視它們提出何種論據。因此，在他看來，我們可以指出，具有積極宗教性的人，不可能是"當代人"。與科學相反，神學在它那些始終必要的預設之外，「為了己身的任務，亦即為了給己身的存在尋找道理和依據，又添加了幾個特定的預設」⓸。神學不僅預設世界必定具有某種意義，還預設這種意義在某些具有救贖用意的事態中昭然若揭。在此,「不是一種尋常了解的意義下的"知識",而是一種"擁有"」❹,構成了理知上理性化的條件。神學與科學的分別,不在於有所信,而是在於這所信的內容促成了積極的信仰。

這是什麼意思呢? 既然人必須肯定自己所信的,信仰在這個意義上豈非始終是積極的嗎? 如果韋伯在"宗教性"之前加上"積極的"一詞,用意不只是重覆強調,那麼他的意思顯然是這樣的: 有一些預設,對認識與行動的運作空間有限制作用,另有一些預設,對認識與行動的運作空間則有擴展效果,端視居於主導地位的是確定性原則抑是不確定原則 ❺。一切宗教的預設,均在於同時對"客觀言之正確"的知識及主觀的決定有所限制 ❻。知識被限制在將救贖理性化,決定則化約為獻身皈依。如此,無論是一個價值多神論世界的狀況,或是一個按照客觀言之正確的觀點理性化的社會,宗教均無法與之調和。宗教必須從世界轉頭而去。韋伯之所以"排斥"(Ablehnung)宗教態度,根據在於這種結果❼。

不過,韋伯如果是在這個意義上比較宗教態度和學術態度的價值,他豈不是簡單地用對科學的信仰取代宗教信仰嗎? 傳佈科技專政意識,讓工業社會借這種意識型態為背景不僅成為可能,並且成長壯大,豈不就正是科學的"使命"(Beruf)所在❽? 顯然,倘使韋伯要排除這種誤解,他就必須說清楚,關於意義的終極抉擇,雖借助於學術,卻非由學術來決定的。事實上,他做到了這一點。學術一方面使決定所需的空間成為可能,又對它形成限制,正好顯示了學術的意義何在。學術使這種空間成為可能,是因為它在運用價值中立原則的時候,把決定轉移到主觀的領域。它有限制的作用,是因為它陳述出了作決定的人必須接受的限制性條件。這類條件來自今天任何決定都會涉及的風險。基本上，這種風險有二：每個決定，都對當事人個人有影響，影響到他"靈魂的救贖"❹，同時又對周遭的社會有影響。學術能使人對這兩方面的風險有所知：價值探討說明前者，成功機率及附帶後果的預測則說明後者。學術的"意義"即在此：「在今天，學術是一種按照專業原則來經營的"志業"，其目的，在於獲得自我的清明及認識事態之間的相互關聯」❺。

學術在這樣的了解之下，既屬於現世，但同時又對現世保持批判的距離。它屬於現世，因為當它區別開認識世界和影響世界(Weltgestaltung)時，即表示它已將理性化過程列入考慮；但它對世界尚保持批判的距離，因為它把藉理性化過程祛除一切牽掛的自主決斷行為，重新結合到自我的清明及對事實的認識之上。這種情況下，賦予學術的任務，超過了協助主觀決斷過程的服務性功能。一切行動，特別是政治行動，均必須承受學術用價值探討施加的騷擾，面對學術指出來的不愉快的事實而進行修正。除魅後的世界至少必須服從學術所倡導的一個原則："應為"的條件之一為"能為"(Sollen impliziert Können)❺。

這個說法，似乎與韋伯的不少想法牴觸。韋伯不僅再三主張，一個決定所欲成就的目標是否能夠實現，對這個決定的品質並無影響❺；在以價值中立為主題的那篇文章中，以及在〈政治作為一種志業〉的演講裡，他還討論到了心志倫理和責任倫理的相反要求。這兩種倫理的分別，正好在於它們對"能為"(Können)的評價方式不同❺。信奉責任倫理的人，考慮他的行動之後果的價值(Erfolgswert)，由而將行動獲得實現的機會以及結果一併列入考慮；接受心志倫理的人，關心的卻只是信念本身，完全獨立於一切關於後果的計算。信奉心志倫理的人，志在一次又一次去鼓旺"純潔意念的火焰"，他們追求的行動是全然「非理性的……這類行動的價值，只能在於並且也只應該在於一點：這個行動，乃是表現這種心志的一個楷模」❸。不僅如此，韋伯甚至斷言，唯有同時遵行兩種倫理的人，才是能有"從事政治之使命"的人。儘管這兩種倫理的要求互相牴觸，但是沒有政治家可以只信奉責任倫理。總是會有一些情境出現，政治家在其中必須遵循他的信念，後果則是委諸上帝 ❺。我們如果同意上面提出來的詮釋，顯然我們必須對韋伯的這些說法表示懷疑。

在這裡，我們搭起了通往韋伯第二篇演講的橋樑。在〈政治作為一種志業〉中，韋伯同樣的先考察到目前為止政治足以作為一種職業（Beruf）來從事的諸般外在條件，討論政治家必須具備的特質，然後再把我們帶到他的中心問題上。這個中心問題問的是：「在生命的整體道德安排中」，政治本身能夠成就什麼志業（Beruf）❺。韋伯憑藉一套輪廓早已成形的價值理論，提出了答案。隨著除魅的過程，政治已經變成一個"自主"的價值領域。相對於宗教及學術，它具有某種相對的自主性。政治和倫理的關係，尤其不再明確無疑。這要從兩方面來說。第一，在今天，政治不能再單純看作倫理原則的應用。生命實踐的問題，有倫理之外的解決之道，這些途徑與倫理原則毫不相干。相去最遠的制度安排，都可以和正義的設準相容 ❺。第二，倫理的要求有兩套，彼此並不相容，政治行動可以任取其一為規範。根據倫理**本身**的預設，我們無法決定政治行動應該義無反顧地務求實現某價值立場，還是應該以對後果負責為原則。在今天，政治行動站在倫理的三岔路口上。它仍然需要參考倫理，但是它要進入哪一個倫理"界域"，似乎只能待它自行抉擇。

　　可知這有什麼含意？韋伯讓政治行動有這個選擇，不啻是容許政治行動可以自由決定是否願意接受學術提出來的限制性條件。信奉責任倫理的人接受這些條件，服膺心志倫理的人則否。這是因為心志倫理的特色，正在於"應為"不可以受制於"能為"。因此，信奉心志倫理的人，自外於一個由近代學術協同傳承的文化傳統。他逃出了除魅後的世界。這意思不是說他不理會在這個世界中為有效的「**保持恆常人格之要求**」(Gebot zur Persönlichkeit) ❸，而是說他無意再從這個社會的鐵硬牢籠之內部，而是打算從與這個牢籠對立的立場，達成自我清明與自主決定 ❹。但認為只用純粹獨白式的心志倫理下產生的決心本身，便可以將政治行動正當化，似乎確實非常近於決斷論模型。因此，上面對韋伯立場的詮釋如果要說得通，我們必須證明他在宗教之外也"貶低"了心志倫理。

　　在我看來，韋伯確實"貶低"心志倫理 ❺。我們在上面引述的一些他的話，認為秉持責任倫理的人在某些狀況中必須按照心志倫理行事，無足以掩飾這個事實。那些說法，主要表現了他運用這兩個觀念時有曖昧的一面。一方面，他傾向於視責任倫理為一種目的—手段之間關係的倫理(Ethik der Zweck-Mittel-Beziehungen)，有別於作為一種目標倫理(Ethik der Ziele)的心志倫理。在另一方面，他把這兩種倫理均看作倫理與政治的結合原則，各自提供了實現價值立場的純粹形式指南。在前一情況下，因為目的—手段之間關係的倫理，只有在追求某項目標的時候才有意義，因此這兩種倫理互補。在後一情況下，因為就具體行動而言，總是只能追循一種結合原則，因此這兩種倫理互相排斥。在我看來，唯有後一種情況，才是韋伯原意的可信詮釋：遵循責任倫理的人，在某些情境裡表現他的堅定信仰，可以解釋為他乃是在一貫地運用責任倫理的規準。因爲正是責任倫理式的斟酌衡量，才讓行動者在某一情境中能說：「我再無旁顧，這就是我的立場」❻。除非一個秉持責任倫理的人沒有信念可言 ❻，也就是說責任倫理和權術政治(Realpolitik)混爲一談之後，藉責任倫理堅持信念才是不可能的。

由此可以看得很淸楚，從韋伯的理論基點來看，心志倫理與責任倫理之間，並沒有什麼互補可言。即使就他在〈政治作爲一種志業〉這篇演講中的論證而論，顯然他個人也不承認這兩種倫理有同等的地位。對韋伯來說，心志倫理和責任倫理這兩個概念，終極而言不是代表實現任何價値立場的兩套原則，也並非分別代表了目標倫理和目的—手段間關係的倫理；它們其實代表兩種信仰結構(Gesinnungsstrukturen)，以及與之相應的兩種價値立場。縱使他有某些相反的說法，但在他的描述之下，這兩個概念乃是兩種彼此完全對立的政治倫理。他根據它們的"合時代性"對它們下評價。這兩種政治倫理，我分別稱之爲絕對的政治倫理與批判的政治倫理 ❻。心志倫理作爲一套政治倫理之所以是絕對的，主要是因爲它無法接受"世界的無理性"❻。心志倫理無法看出，特別是在政治——其手段乃是武力——裡面，善可能會產生惡，惡也可能產生善。在一個特定的意義之下，心志倫理看不到現實。責任倫理作爲一套政治倫理之所以是批判的，主要是因爲它不僅把世界在倫理方面的無理性列入考慮，並且它還看出，循政治途徑實現價値立場，會因爲必須以權力和武力爲手段，由而「與魔鬼的力量締結了協定」❻，而有其特別的難題。在一個特定的意義之下，責任倫理心目中有現實 ❻。由此可見，鑒於這兩種倫理的基本結構，它們並非均有把除魅後狀況列入考慮的能力。可是這些狀況已經存在：隨著基

督教的宏偉幻景之破滅，我們必須面對價值衝突的必然性，以及價值
之實踐這個倫理學上的永恆困惑。如果我們參照除魅造成的這種狀況，
去看上述兩種對世界的基本態度，它們在基礎及效果兩方面的差異就
格外明顯可見。心志倫理的信徒是「宇宙—倫理觀上的理性主義者」⑰。
他們想把自己的價值立場，客觀地奠定在一個客觀存在或可以客觀認
知的原理上，這種原理使價值世界一套永恆的層級秩序成為可能，同
時並在倫理上化解行動之後果與當初意圖相悖的弔詭。他們傾向於採
取根據原則、按照獨白方式進行的行動。這類行動在性格上均為從世
界逃遁（weltflüchtig），或是對世界發動革命性的改造（weltrevolu-
tionierend）：它把回到內心、或是卡理斯瑪式的突破，抬高到“神聖”
的地位。這種倫理在政治方面的箴規是：「要就全有，不然全無。」反之，
責任倫理的信徒是批判—倫理意義下的“理性主義者”。他們想把自己
的價值立場，主觀地奠定在兩種狀況之間的辯證關係上；這兩種狀況
就是相互矛盾的要求既無法調和、卻又必須調和。這種辯證關係所能
產生的價值層級體系，至多一時有效，並且隨時可變，而行動的後果
與意圖相悖的弔詭，更因而顯得對比強烈。責任倫理的信徒，傾向於
採取根據情境、按照對話方式進行的行動。這類行動的基調是支配世
界；它放棄了終極的一體和諧，也放棄了在倫理上自由選擇手段的權
利。這種行動以現存狀況為條件，其進行則充分意識到，雖然一切皆
可改變，但不可能在沒有互相牴觸的後果的情況下同時改變一切。這
種倫理在政治方面的箴規是：「即使如此，沒關係……」（dennoch）⑱。

　　差別尚不止於此。宇宙—倫理觀的理性主義者，在評估近代學術
對行動之理性化所能做的貢獻時，不是過頭就是不及。他之所以會高
估，是因為他的假定，以為終極原理是可以得知的。在這個假定之下，

他會認為學術可以「把萬有整體以某種方式了解為具有有意義秩序的宇宙」❻。如此一來，學術的概念，必須同時發揮描述和規範兩重功能。一個例子，就是韋伯在他處所舉的"進步"這個概念 ❼。至於低估，是因為宇宙—倫理觀的理性主義者的另一個假定，認為終極原理是客觀存在的。既然客觀存在，那麼對於信仰的鬥士來說，學術工具所能預測的行動後果，它所顯示的為實現一元論價值而必須付出的個人及社會代價，並沒有意義：它們均屬於世界的無理性，承認它們，只會破壞心志倫理設準的純潔性。相形之下，信奉責任倫理的人，不僅仰仗近代學術，並且必須對近代學術的可能性及有效範圍作出正確的評估。他需要一種具有相對自主性、並且"價值中立"的學術，對目的—手段之連鎖關係進行經驗性的分析，對行動準則進行邏輯與意義兩方面的分析，以便為責任倫理式的行動創造先決條件。嚴格言之，在一個社會裡，如果關於因果關聯及價值關係的"客觀"知識並不存在，那麼便也不可能有責任倫理式的行動。唯有在價值上中立，但與價值有參照關係的知識所呈現的事態，才有辦法從責任倫理的角度來評價。如此，近代學術和合於責任倫理的行動之間的關係，不僅屬於必要，亦有其批判的一面。在除魅的狀況之下，價值中立與責任倫理是一體的❼。

　　這樣說，並不表示韋伯認為心志倫理式的行動在當代已無可能。相反，他看出，無論是整個當代世界，或是特定就 1917 到 1919 年之間的德國而言，都面對著心志倫理橫流的危險。韋伯兩篇演講的主旨，在於藉分析近代人的社會結構與價值結構，展現這股狂流的起因及推動力量，同時並說明何以它不值得肯定。這股狂流不值得肯定，原因在於心志倫理式的行動——不論所根據的是宗教或非宗教的動力——最後均會導致社會關係的封閉，結構性多元和價值衝突的毀滅。

韋伯提到唯有先知才能克服除魅後世界的內在衝突，殆非偶然；他對卡理斯瑪型領導的界定裡，也表達了這層意思 **⑫**。在政治領域裡運用的心志倫理式行動，不論有多少理由，也不論其內容爲何，均與當代的狀況背道而馳：它們要求犧牲掉理智，或是犧牲掉"經驗"，或是同時以兩者爲犧牲。在政治領域裡運用的心志倫理式行動造成兩極化：它化政治上的追隨者爲門徒，化政治上的對手爲敵人。在政治領域裡運用的心志倫理式行動造成壟斷：它無法容忍有批判作用的近代經驗學術作爲獨立的力量。因此，對於那容許價值中立的學術自行取得其使命的文化傳統，它必須不加理會。這些，便是韋伯對當代情境的診斷，但它同時也代表著一項信仰的告白：「今天人的命運，是要活在一個不知有神，也不見先知的時代」**⑱**，乃是確鑿實情。

一種能夠斷定宗敎性的以及非宗敎性的心志倫理態度均在政治上不符合時代的學術反省，誠可稱作是實踐的學術(praktische Wissenschaft)。不過，它之所以是實踐的，並非如馬克思的了解，係透過對自身的揚棄(Aufhebung)來完成，而僅僅是藉由自我堅持(Selbstbehauptung)；它更不是要擴張爲整體哲學(Totalitätsphilosophie)，反而要局制在專業學科的範圍之內。惟有如此的自我堅持與自我限制，方始令它成爲實踐的學術。它所抗爭的對象，「並非存在與分析的整體，而是某種特殊局部凝結成全體(Ganze)的可能，也就是某一種特定形式的──假性的──整體」**⑭**。它以學術之名對自己進行抗爭，也和其他領域進行這種抗爭。因此，這種學術反省有賴於一個在制度結構上能夠與之配合的社會形式，方得以存在。

三、價值中立與責任倫理作爲制度化的價值系統

　　上面的論證引領我們進入制度層次的問題面相。即或韋伯對學術與政治之間關係的想法，由方法論─倫理角度來看，只有十分勉強才能冠上哈伯瑪斯所指的決斷論模型，但是韋伯對這兩個領域間制度上的扣連，以及學術次系統與政治次系統之間自主與互惠的設計 ❼，仍不免落人口實。即或韋伯的政治信仰是期望政治會受到學術的影響，但是他設想中一個由學術共同管理(mitbestimmt)的社會，在制度層面上也可能會轉變成"不好的烏托邦"(eine schlechte Utopie)，因爲在其中有著現代的國家機器，且當傳統政治勢力瓦解後，選舉機會反而易與合法暴力的壟斷力量相互掛鉤 ❼。我們對韋伯究竟如何論及學術與政治間之關係的考察，因此不應停止在方法論─倫理關聯的層次，而必須設法找出韋伯心目中或許勾劃過的制度設計。

　　到目前爲止的分析提供了兩個切入點，第一，我們可以確定韋伯將價值中立原則與責任倫理不只視作方法論或倫理的原則，而且還當作人們意識上必須堅信的價值。另外，我們也看到韋伯辨認出互相分離的不同價值領域，正因如此它們可能對個人作出十分不同的要求。將上述兩點相結合，可以說學術與政治乃是由兩個不同的價值系統，相對應於這兩套價值系統分別有特定的制度結構和行爲期望與之配合。兩者皆是透過「外在的與內在的(動機)選擇」，而意圖使某一種特定的"人類類型"(menschlicher Typus)成爲支配典型的社會規範秩序❼；兩者也都是社會中的勢力，彼此間存在著某種政治性的關係❼。

韋伯曾提到過「政治作爲一件"理想事業"(Sache)所具有的精神風格
(Ethos)」⑲。照班廸克斯(R. Bendix)的說法，這句話若以現代社會學
的專有名詞來詮釋，正是指稱"政治"之爲文化次系統的意義所在。此
一"精神風格"在行爲態度方面意味著「每個參與者在社會上都有著連
繫於某個特定地位團體(Statusgruppe)，而無論是行爲模式上或此團
體物質及理念利益上的個人義務」⑳。這令我們推測在韋伯的演講中或
可找到科學家與政治家的角色期望，以及他們兩者間進行社會溝通的
方式㉑。

　　事實上也的確如此。〈學術作爲一種志業〉的演講不但是一次政治
演說，而且還是一個關於政治教育的演說。我們光由外在的表象便可
以證明此點。雖然韋伯在講詞上首先視科學家具有研究者和教師的雙
重角色，但他論證的重點仍偏向於作爲教師的功能。再者，雖然韋伯
宣稱古典式的德國大學已經消失了 ㉒，他努力解釋的仍是如何在專業
化的條件下，可以實現學術作爲教養(Bildung)而保持實踐性格的理
想 ㉓。韋伯不再像理想主義者仍相信著專業訓練與通識教養可以相溶
爲一，不過他卻視那些能教導學生必須「對自己行爲的終極意義提供一
套交待」的教師乃「爲道德的勢力服務」㉔。當然韋伯馬上相對化了這種
論調：關於教師們在經驗科學所提供的有限之可能性中，是否"願意"
負起教養或通識教育的任務，這畢竟屬於"實際的大學政策"的問題，
只是專業性的訓練在韋伯眼中不僅用一種化約的，而且還是"高度浮
泛"的方式進行著㉕。若一旦決定獻身於教育，那麼教師的目標應該不
是只作一個"專業人"(Fachmensch)，他多少必須意識到生活的根本
問題並不是單純靠專業知識便足以解決的。這樣的一種理解，倒是在
價值中立的經驗科學基礎上可以學到的──與它眞正不合的，是想藉

科學來「宣傳政治、倫理、美學、文化或其他信仰（Gesinnung）……」❽。
由科學負起的教育工作在今天只能強調：看清楚科學本身的限界。對
教師而言，這要求著他放棄任何信念宣傳，力求自我節制❽。

　　上述形式的科學教育在兩方面和政治教育有關。它既保障了學術
研究過程不受泛政治化的影響，它也助長了一種性格特質（Eigens-
chaft），正是在一個業已除魅的理性社會中，對所有生活問題皆能清醒
處理的態度——尤其以政治領域爲然。根據韋伯的意見，一個認爲自
己「有資格把手放在歷史舵輪的握柄上」❽的人，必須在權力慾外具備
三種特質：熱情、責任感與判斷力。熱情指的是對"事"的獻身（Hin-
gabe an eine Sache），責任感代表對這件事的堅持，而判斷力則是
「心沉氣靜去如實地面對現實的能力，換句話說，也就是一種對人和對
事的距離」❽。雖說韋伯主張每個政治家都應該具備這些特質，但據我
們到目前爲止的分析，可以肯定這些特質分別有著不同的心志倫理與
責任倫理的比重：尤其判斷力一項乃是唯有責任倫理方能彰顯的特
質。同時，若它和正確運作的學術相互交往，將會獲得莫大的助益❾。
以今天的專門術語來說，價值中立的學術敦促了某種價值傾向，而這
則是受到責任倫理導引的志業政治家必備的價值態度。

　　旣然韋伯相信學術可以對政治領域的價值傾向有所貢獻，或許有
人會推論科學家可以作爲理想的政治家。但韋伯卻不作此想：他指出
若干職業才是從政的踏脚石，尤其是律師及（較有保留）新聞從業者❾。
他在此並非以價值傾向的理由來考慮，而是著眼於上述職業對能力的
要求：以表達及書寫的語言文字作爲闡揚自己立場的工具，並藉此大
作宣傳的能力。因爲今天一個成功的政治家即或再有責任倫理式的意
圖，他也不能不靠"煽惑"（Demagogie）來達到他的目的。就算目前對

政治家要求的是知性上和情感上的自我紀律，政治仍舊是「採取立場、鬥爭、有所動情」的場所❷。如何在這種場合中自我堅持，正是學術所無法提供的。學者的角色與政治家的角色彼此只在規範要求上與制度安排上有部分重合的地方。對於這其中的關連作進一步的分析，將有助於理解韋伯對學術與政治在制度上如何掛鈎的構想。

論及此，首先我們注意到一個有趣的細節：每當韋伯特別提到政治家的職業形象時，他並不是拿來和學者相比較，而是和行政官僚（Beamten）。這絕非偶然，而是一方面既和韋伯對立基於資本主義生產方式之理性化社會的發展估算有關，另一方面又和他對俾斯麥退職後，德國政界情況的看法相呼應。朝向理性化的社會發展使得行政官僚成爲與政治相關度甚高的類型。韋伯認爲「任何支配現象在功能上皆表現爲行政的性質」❸。在一個以實現人與自然或人與人間"客觀—正確"之行動關係爲理想的支配團體中，支配的功能主要表現在官僚式的行政（bürokratische Verwaltung）上。這種類型的行政組織最適合目的理性傾向的社會及經濟系統，以及程序理性式的法律系統 ❹。這種行政類型同時也需要一批受過「理性專業的訓練和教育」的公務員 ❺，加上職位與個人分離、行政資源獨立，方足以十分專業且就事論事地（fachgerecht und sachlich）將當局交待的任務付諸實現 ❻。但在德國，由於情況特殊，社會的理性化卻造就出一個成爲支配性政治類型的官僚階層。俾斯麥所遺留下的，是一個「完全沒有任何政治教育，和一個完全沒有政治意志」的國家❼。這導致德國並非是透過官僚行政機關來治理的國家，而卻是一個由官僚行政階層所統治的國家。在韋伯眼中，德國乃是臣服於官僚支配（Beamtenherrschaft）的地方❽。

政治的事務被具有"官僚心態"（Beamtengeist）❾的人把持，在韋伯眼中有著嚴重後果：它造成大家無心公開論政而沒有人願為政治決定負責。因為官僚或公務員的養成，並不被教導要在政治上有獨立信仰並公開表明自己的立場。他們的最高美德乃是對於機關的服從義務，抑己以任事，並且就算上級命令違背了他個人的信念，他仍須堅持忠於職守的義務（Amtstreuepflicht）⑩。官僚不適於處理政治的理由並非所學的技能有何問題，而毋寧是他們價值取向的關係：為使行政得以發揮確實效力，他們必須"依事理來管理"（sachlich zu verwalten）。由於唯有當他們"超越黨派"時方能作到這個原則，但這實際上代表著「置身於權力鬥爭之外」⑩。因此，韋伯認為官僚的職責正止於真正的政治任務開始之處：提供領導並對領導原則負起個人責任。這樣的任務只能由「在政治鬥爭中學習到權衡公開言論的後果，並有著主要是一個領袖政治家的責任感，而非僅是奉公守法卻有著唯唯諾諾之臣屬感的官僚」⑩。官僚行政人員與政治家最重要的差別在於：官僚要學習即使在不情願的情況下亦須服從於外加的規章，忠於他人之事；政治家則必須學到如何將他視作應盡義務的事項完全承擔下來，並為自己的主張堅持到底。

　　在此須先劃分清楚，什麼叫做官僚忠於他人之事而政治家忠於己事？據韋伯的意思，唯有將事務在主觀上把自己與它相連繫，並以熱情獻身於此，方能稱得上是一種"志業"（Beruf）⑩。在這點上政治家與官僚是一體適用的。那麼究竟分別在何處？看起來只有一點：官僚行政人員必須以社會所認可的目的為主，在其中找尋自己主觀的行動意義，而政治家則為他自己行動的意義關聯去創造出社會的認同。官僚或公務員接受一個被認可的標準，政治家則是讓某些事成為眾人之事，他唯有為社會認同而戰且願意就他所爭取之事務公開地負責。政治家的生命情調是「為個人權力而戰鬥，以及承擔起由權力而來的個人責任」●，當他成功地贏得了公眾對某件事的認可，這個決定就變成行政人員的事——"公僕"的意義便是為他人之事服務●。

政治家爭取的事也會成為科學家的事嗎？這顯然不在韋伯考慮之列。雖然官僚與政治之間的關係，和科學家與政治之間的關係有著相似之處，但更有明白的區別：兩者對政治的態度都是"價值中立"的，但一個是他"價值中立"無條件地接受政治指令，另一個則將政治當作"價值中立"地認知研究對象。兩者都會對政治提供"服務"，但一個是執行政策，另一個則是批評政策並清楚突現與政策相關連的責任問題。官僚行政人員的專業倫理在有效實現支配性的理念，相反地，科學家必須「對任何支配性理念，即或是多數決定的結果，仍保持清醒的頭腦並保有個人判斷能力，必要時且須逆流而泳」●。雖然兩者在完成角色時需要有相似的技能，但他們的價值取向完全不同 ●。不是對上級的忠誠義務，而是知識上的正直，不是在一個既定的目標下順從，而是保持一定距離感與清楚判斷力才算科學家的德性。所有這三種職業形象：政治家、科學家和官僚行政人員在某些部分重疊，卻又相互間有尖銳的對比。他們因此不能在同樣的，而是各有不同的制度結構中習得其應有之模式。

有一點至此已經朗化：即使韋伯在制度層次上主要分析了政治家與官僚的關係，並且定義其為主觀決策與專業執行政策之間的一種關連，但這並不表示韋伯在理論上認定的、連繫實際評價（praktische Wertung）與價值中立之知識間的關係只能在上述的制度中實現。對韋伯而言，科學家的角色並不等同於官僚，而學術的功能更非只是行政管理。當他本人在一次大戰將近結束前明白表態，認為讓政治家執政之路(在德國)終須開啓,且因此贊成議會民主化與民選領袖之方式,為的是去除掉始終阻礙著政治家在德國可以主導政治的障礙 ⑩。不過這也沒有讓他自認科學家要扮演一種為政治服務,甚至辯解的角色:正如前述的三種職業模式顯示,科學家與官僚不同,他面對政治家時應保持著相對的自主性。

自主性與分化有著意義上的不同。在官僚與政治家之間亦存在角色分化的現象。但此處所謂的自主性首在表示科學家可以免於政治干涉的自由。帕深思曾在詮釋韋伯方法論時正確地將價值中立理解為「科學家的自由」,也就是「在與學術相關的領域中服從學術價值」的自由,「而不會受到其他違背學術研究或不相干價值之干擾」⑩。不過,自主也意味著科學家有為政治效力的自由,這至少在兩層意義上有其理由:一是科學家就同每個公民般扮演了多重角色,而他自己必須整合這些不同的角色,另外則是他可以站在學術的價值立場來面對政治。價值中立指涉的不只是學術的界限,而且也是學術的文化使命(cultural claim)。免於價值判斷的自由本身便是科學家可以起身維護學術之價值的立足基礎 ⑩。此一價值是某種特殊文化傳統中的重要質素,它使得現代科學得以成立和發展,更表現為這種文化之"價值普遍主義"(value universalism)⑩ 的基座,允許學術一方面根植於此文化中,卻又保證它面對周遭整體的文化時有著批判的距離(critical distance)。在"價值中立"的價值裡,即已設定了學術文化與整體文化間的類同與差異。這種自由並不會使得學術成為政治上支配性的力量,卻的確使學術成為祛除迷魅的社會中與政治相關的力量。這樣的一種設計唯有當學術取得高度的制度性自主地位時方得以實現。

諸如這種自主組織在對外與對內方面應如何架構,韋伯並未繼續

探討 ⑫。當他密切注意官僚在科層行政機關中和政治家在政黨與在議
會運作中的職業角色 ⑬，並十分關切這兩個領域間關係的同時 ⑭，似
乎欠缺了對科學家與學術制度這方面的分析。大學自然可視作學術自
主性最重要的承載者,但韋伯並未對它進行一種組織社會學式的研究。
他確曾將朝向科層化的普遍趨勢這個論點應用到德國大學的發展上，
也提到過德國大學生活的"美國化"──這使古老的大學憲章日漸不切
實際 ⑮。不過我們很難再找到比此類隨筆式議論更嚴謹的陳述，因此
只能嘗試重建韋伯可能的意見。對外而言，韋伯似乎傾向將科學看成
職業地位團體的組織(berufsständische Organization)，在這種組織
中，基於正規教育、生活方式和職業聲望而同質化的平等成員可以訴
諸他們的專業權威來充當顧問 ⑯。這一類型的職業團體在韋伯眼中可
能最適合「提供專業評鑑之意見或純粹常規化的科學行政工作」⑰。至
於對內的關係，就像他對學院(faculties)的態度般 ⑱，認為協同原則
(collegiate principle)有其效果，既適用於學院間分權的情形，也適
用於學院內部的領導原則 ⑲。透過這兩種特色：職業地位團體之代表
性以及協同式的組織，科學"結社"(Verband)可以想像成相當獨立自
主的組織形式 ⑳，但也與志願性的政治鬥爭團體截然對立──後者乃
是純粹的"利益經營體"(Interessentenbetrieb)，並且競逐著政治市場
上的權力機會 ㉑。這樣的對立正可以說明韋伯為何不斷強調政治不屬
於講壇的道理：課堂在設計上根本是基於反對市場原則的支配而組織
起來的制度中的一部分。政治上的意見態度，其"正確性"唯有經由動
員追隨者來證明，在這裡則是制度上不允許的,正如"教學學說"(Lehr-
meinung)的正確與否絕不能取決於多數的贊成而已。韋伯對"講台先
知"(Kathederprophetie)的批評，其實是要保護科學的自主性，使它

不致被誤用、濫用。他不希望見到大學被誤作教會的、敎派的或官方的附庸機構⑫。

科層組織與一元化領導，志願性組織與民主式領導，以及專業性組織與協同式領導 ⑬，似乎可說是韋伯對行政、政治與學術在制度層次上的構想。如果同意上述的詮釋，那麼可以說這三種模型之間的關係旣是互補，又是競爭的：它們乃是根據其各自的特殊職務，亦即執行、決策與顧問的職務而相互支援；卻又透過它們獨特的權威──行政上的、政治上的與專業上的權威而相互競爭。行政的和專業的權威同時指向對抗政治權威，這兩者的共同策略在試圖使政治家淪爲外行或非專業者(layman)。政治家在應付上述的策略時，唯有在科學領域外創造出他自己的正當性基礎，並藉著參與有效的議會工作來吸收行政部門的業務知識。不過，政治家之所以能夠獲得外在於學術和行政的自由，端賴在這兩個領域中制度化的價值規範和自我節制，也就是尊重(政治上)正當支配的職權範圍。這對學術而言不是一件容易的事，因爲在一個常需要搬弄理由的時代──學術本身便是這種時代的始作俑者──它會受到各方面的要求想誘使它"越位"。基於此，學術需要一種特別的制度性保障。不只在保護它免於外力干擾，同時也防範它自己的不知節制。

四、韋伯模型的優點與局限

經過了上面的討論，我們可以回答原先的兩個問題，即韋伯是否在理論思考的層次上，傾向將理論對實踐的貢獻局限於實用知識的生產上；以及他是否在制度層次上，贊成把決策與技術執行這兩者極端

地區分開來。我們的分析顯示，任何答案必須比以往認定的見解更爲
細緻。因爲韋伯對學術的期許遠超過僅僅是技術性的批評，而他所設
想有關知識與決策的理論性關係，也並不見得能由政治與行政的制度
關係來完全實現。就理論思考的觀點來看：學術不只可以藉著理性與
實證方法的程序來檢證政治家實際所下的判斷 ⑫，也不只可以讓政治
家與公衆意識到某一個政治決策具體的責任何在；它還承擔著將價值
傾向加以溝通媒介(mediation)的任務，缺少了這一點，在袪除迷魅之
條件下的政治必然不成氣候。而且尤有甚者：學術的任務包括傳播責
任倫理的心態，唯有當公民以及特別是政治家接受了這種心態，學術
方足以眞正實現它對於政治可能提供的功能。學術所促成的因此是正
好與決斷主義式(decisionist)和技術官僚主義式(technocratic)的政
治觀針鋒相對的社會集體意識。它強調的不是政治決策必須完全獨立
於或依賴於學術，而是掌握政治特別相關於學術的面相。政治必得面
對學術判準的考驗，但決非由學術完全決定。純由理論觀點來研究政
治與學術的關係，會發現它們之間並非技術的或單向的關係：對實際
政治立場和學術批判包含對文化價值的自我批判在內，這可以刺激學
術去處理新的、與政治相關的問題。尤其是藉助文化理念與價值參照
來建構其研究對象的社會科學 ⑬，它本身便涉入於這整個辯證過程之
中。譬如對社會科學而言，"價值探討"旨在「發展出對既定之決策可能
的、有充分意義的立場」⑭。亦因此，就制度的觀點來看，學術必須保
持其相對的自主地位。行政組織只有依附於政治，方能爲政治所用，
學術則不同，它必須獨立於政治之外，才有可能爲政治提供服務。這
種自主性之所以必要，並非爲了在象牙塔中從事科學研究，然後讓成
果——借用帕深思的用語——「無瑕地被運用」，卻是爲了讓學術與政

治之間的溝通能夠建設性地進行，從而達到"價值探討"的典範意義。無論從理論(即方法論—倫理層次)，或從制度的角度而言，韋伯關於學術與政治關係的模型若被劃歸成決斷主義式的性質，都是十分勉強的。他的模型具有實踐論(pragmatic)的特色，當然它仍不是十分等同於實踐論(或批判理性主義)的模型。

　　這又基於下列兩個理由：理論面上，韋伯過份低估了實踐立場可以被理性批判的可能性；制度面上，他則過份高估了個人行動對集體性之行動關聯所具的影響力。這兩者都源於同一種缺憾，亦即韋伯對古典的理性模型太過執著。阿貝特(Hans　Albert)及盧曼(Niklas Luhmann)分別曾就"價值探討"及科層官僚模型為例，發現過這類缺失並且嘗試加以彌補⑩。如果將他們的主張整合進韋伯原來的構想中，則韋伯模型裡決斷主義的色彩將更為減弱。

　　阿貝特將韋伯有關"價值探討"的構想置於一個用批判檢證原則(Prinzip der kritischen Prüfung)取代了充足證成原則(Prinzip der reichenden Begründung)的架構下予以發揮⑩。當我們在這個架構中衡量韋伯"價值探討"模型的可能性及限制時，立刻能察覺到韋伯所持的立場是"存在主義式的理性主義"(Der existentiellen Rationalismus)，而以一種獨特的方式連繫了"倫理的極端主義"(Der ethische Fundamentalismus)與多元主義⑩。所謂極端主義，指的是韋伯承認任何基本立場中存在著批判無法觸及到的核心教義；至於多元主義，則是因為韋伯由基本立場在現實中存在的、以及理論上可能的多樣性為出發點，認為它們之間應該有針對各自的前提和結果進行理性對話的可能性。這種論點一方面承認任何價值立場都是可被批判的，另一方面卻又強調批判的界限止於真正的教義核心之前。對阿貝特而言，這顯得模稜兩可不夠徹底，據他的看法，雖然我們無法否認人類常會拒絕對於他基本信仰內容的批判檢證，但這只表示了人們接受批評之雅量的界限，卻絕非批判方法的界限。為了使韋伯的構想能夠前後一貫，我們必須捨去其中極端主義的成分而保留多元主義。這樣的話，價值傾向可以全面開放給批判檢證，檢證的尺度則主要取決於實際立場的可實現性（Realisierbarkeit）。因為，可實現性原則是許多連接原則中，最能有助於克服「應然斷言與實然陳述之間，亦即倫理與科學之間距離」的一種原則❿。雖說批判並不能取代最後仍須下決定的需要，但批判至少理性化了決策。

　　上述對韋伯構想的批判性修正，乃立足於先前分析中的一個中心思想：即責任倫理相對於心志倫理的"優越性"。當我們認定韋伯的確曾把責任倫理置於心志倫理之上，那麼便不難將阿貝特的論點納入韋伯的模型。因為責任倫理提示了一種道德原則，這同時也正是批判理性主義所主張的：你應當將自己終極的信仰公諸批判，並且讓其可實現性接受檢證 ⓫，理由是並不存在任何最絕對的問題解決方案 ⓬。誠然韋伯對於知識與決策之間關係的看法含有極端主義乃至決斷主義的成分在內，但仍以批判主義的成分居多。韋伯的模型在理論層次上不需太大工夫便可以轉換成實踐主義（或批判理性主義）的模型。

　　在制度方面則並不如此單純。韋伯在落實他的構想到制度上時，確實過度地偏重決斷主義的元素，而似乎不見得完全相容於他的理論觀點。光是他在制度層次大多只討論政治家與官僚行政的關係，便可視作一個證明。這種處理方式本身也帶有韋伯個人的文化批判色彩：他總擔心要如何在官僚化的壓力之下，拯救個人主義的自由空間 ⓭。韋伯眼中看到理性化過程建立了「目的理性行動的次系統」⓮，有著自身運作的法則性並因此和人類的需求發生了脫節的情形。想要這樣的次系統能眞正"合於目的"(zweckmäßig)地來運作，對韋伯來說只有靠"領導精神"(leitender Geist)，即傑出人格的領導者方能克盡其功。國家或經濟的領導階層因而需要由具備這類人格的人才出任。政治家與企業家在一個受到系統強制(Systemzwänge)所壓縮的社會中，必須以道德質素來設定目標，並以他們對目的理性行動之次系統的有效支配來實現這些目標。正如盧曼所指出，韋伯詮釋政治家對官僚的關係或企業家對經營體的關係，是以一個在單獨行動層次構想出的"目的—手段—圖式"(Zweck-Mittel-Schema)爲基礎，也可以轉化爲一個"命令模型"(Befehlsmodell)❺。這解釋爲何韋伯對"系統"理性的分析牢牢地結合於政治家與企業家在除魅之後的條件下的行動理性。這也解釋了韋伯爲何在他那個時代，只寄望那些能將群衆的信任感在"系統"中激發出來並安撫穩定之的大人物❻。因此，在制度層次的考慮上，韋伯的模型仍是相當曖昧的，他將行動理性與系統理性，個人忠誠與系統忠誠在某種程度加以極端化，並從而將志願主義放在結構決定主義之上，讓個人指令高過於制度規約 ❼。不過，即便這些是韋伯制度模型的基本特徵，我們依舊不應忽視它亦有符合批判主義的部分，尤其在價值探討落實爲制度的例子上可以看到這一點。總而言之，若欲強調韋伯與決斷主義特質不同的地方，那麼除了將他的模型與當時現實考慮的關連切斷外——但這仍是其提出時的背景——，並且還得將結構—歷史的分析置於人格性分析的前面。能作到這一點，韋伯的模型在制度面上也會稍近於實踐主義的理想模型。

　　韋伯關於學術與政治之間關係的模型確是有模糊與疏漏的地方。這迫使後人不只以詮釋其基本特色爲已足，而還得進一步去發展修正它。無論如何，韋伯在五十年前藉兩次演講僅僅概略陳述過的模型，到今天仍有著相當現實的意義。這中間是以一種典範式的方式——即批判理性主義的典範——論及學術與政治之間的關係，這使韋伯的模型不只是一具科學傳統的遺骸而已。他所處理過的問題今天仍然是學術反省與政治實踐亟待面對的根本問題。

II

學術作爲一種志業

　　韋伯這篇關於「我們的歷史處境」、「我們這個時代的宿命」的演講，中譯初稿係由羅久蓉根據H. H. Gerth & C. Wright Mills, trans. & ed., *From Max Weber: Essays in Sociology* (New York, 1946), pp. 129-56 的英譯譯出，翻譯中間參考佛洛因特的法文譯本(見下)。羅女士的譯稿，由黃進興校讀一遍，再由錢永祥根據英譯本及Max Weber, *Gesammelte Aufsätze zur Wissenschaftslehre*, 5. Auflage, hrsg. von Johannes Winckelmann (Tübingen, 1982), pp. 582-613 德文本校訂後定稿。在校訂的過程中，梁其姿和張炎憲分別根據*Le Savant et le Politique*, trad. par Julien Freund (Paris, 1982), pp. 53-98 的法文譯本，和尾高邦雄譯，《職業としての學問》(東京, 1980)的日文譯本，幫我們解決了一些疑難和困擾。張先生還幫我們譯出了日文譯本的若干譯註。

　　本文段落主要依據德文本，鑒於這是一篇比較長的文章，為了便利中文讀者，我們將全文分成六個部分(以中國數字表示)三十三節(以阿拉伯數字表示)，各節均冠以小標題。我們要特別提醒讀者：這些分法及小標題，均為韋伯原文所**無**；它們只代表編譯者**個人**如何了解韋伯論證的發展，目的純粹是供讀者**參考**。

　　　[§1　開場]　　各位希望我談談"學術作爲一種志業"❶這個題目。我們國民經濟學者，通常有個學究習慣，總是從問題的外緣條件講起，我也預備從俗。因此，首先我要提出一個問題：學術作爲一種物質意義下的職業，具有怎樣的面貌？基本言之，這個問題在今天實際問的是：一個決心取在學院裡從事學術工作（Wissenschaft）爲職業的研究生，居於怎樣的處境？爲了解德國情況的特殊性，透過比較方式，知道一些外國的情形，將是有助益的。在這方面，美國與德國恰成最鮮明的對比。就讓我們把焦點放在美國方面。

一

　　　[§2　年輕學者學術生涯的外緣條件：德國與美國]　　大家都知道，在德國，有志獻身學術研究的年輕人，通常都是從"私講師"（Privatdozent）❷的職位做起。經過與某大學裡的本科專家學者討論並得到他們同意之後，他提出一本著作，通過教授團所舉行的一場通常屬於形式的面試，然後才具備這所大學的正式教書資格。接下來，他可以按照自己的專長，選開一門課。但是，除了學生的聽講費之外，別無薪水可領。在美國，學術生涯通常是以一種完全不同的方式開始，即先以"助理"（assistant）身分受聘。這種身分，類似德國自然科學與醫學大型研究機構裡的助理，其中只有一部分助理可望獲得私講師的正式職位，而且這種機會經常來得很遲。這種制度上的不同，實際上表示，一般而言，德國學者的事業是建立在金權取向（Plutokratie）的前提上。事實上，一個身無恆產的年輕學者，要面對學院生涯的這種現實，必須承擔極大的風險。至少幾年之內，時間長短不定，他必須

想辦法維持自己的生活。在這同時，他對自己將來是否能夠得到一個職位，使生活過得比較像樣，卻毫無把握。相反的，在官僚制度已經建立的美國，年輕人一踏進學術圈，就開始有薪水可領。當然，他的薪水很微薄，幾乎比不上一個半熟練勞工的收入。可是，表面上他已經有了一份穩定的工作，因爲他有一份固定收入。不過，通常他也和德國的助理一樣，有被解聘的危險；如果他的表現不符期望，他得經常有這種心理準備，不必奢望同情。這些期望是什麼呢？很簡單，他必須招徠衆多學生。類此不幸事件，不會威脅到德國的私講師。他的情形是一朝在位，沒有人可以請他走路。當然，他不能提出任何"要求"。但是，基於頗自然的想法，他會期望在工作幾年之後，別人會給予他某種考慮。在他，這可以說是一種道德權利。同時，他也預期——這點常常是很要緊的——別人在討論其他私講師的進用問題時，會想到他。所有條件符合的年輕學者，原則上均應取得教書資格，抑或考慮"教學需要"，因而讓授課成爲在職私講師的專利，是一個令人困擾的兩難問題；這和學院這門行業的雙重性格有關，我們稍後即會談到。多半時候，人們會贊同第二項選擇。但是它也增添了若干危險，也就是相關的專任教授，無論用心多麼嶔崎磊落，都不免袒好自己的學生。我個人的作法，奉行下面這個原則：我要求經我指導完成論文的學生，在另一所大學獲得**另一位**教授的認可，給予他私講師的位置。這樣做的結果，我的一位學生，而且是最優秀的學生之一，沒有被別人接受，因爲沒有人**相信**我所說的理由是眞的。

　　德國與美國另一個不同的地方是，在德國，一般情形是私講師開的課比他希望的要**少**。照規定，他有權開他研究範圍之內的任何一門課。但是，此舉若付諸實行，將會被認爲是對資深的先生們不恭敬。

因此，"重頭"課都留給正教授，私講師則開次要課程。這種安排的好處是，學者在年輕的時候，有充裕的時間作研究，雖然這不一定出於當事人自願。

美國的情形，與此有基本上的差異。最初幾年，正是助理教授學術生涯中工作負荷超重的時候，只因為他**拿了薪水**。例如，在德文系裡，正教授只要開門三小時關於歌德的課就夠了。可是對一位年輕的助理教授，每週十二節課之中，如果除去德語聽講實習，能夠獲准教一些如烏蘭德(Ludwig Uhland)之類的作家，他就很高興了。學校當局決定課程表，而助理教授和德國研究機構裡的助理一樣，得向它屈服。

[§3　學術研究機構的"國家資本主義化"]　最近，我們可以清楚地看到，在學術的許多領域裡，德國大學也走上美國大學的發展路線。大型醫學或自然科學的研究機構，本是"國家資本主義型態"的企業；如果沒有龐大經費，這些機構即難以維持。這裡，我們碰到一個一切資本主義企業滋長之後都會造成的情況："工人與生產工具的分離"。工人，即助理，完全仰賴國家交給他使用的工具；如此一來，他之依賴所屬機構的負責人，就如同工廠工人依賴僱主。機構負責人誠心地認為機構是**"他的"**機構，用他的方式去管理。因而助理的位置，經常和"準無產階級"或美國大學助理的差事一樣，缺乏保障。

在一些重要的方面，德國大學和德國人的一般生活一樣，正在美國化。我相信，此一發展終將波及那些研究人員自行擁有工具的學科，這裡工具主要是指圖書館。目前，在我這行裡，研究人員多半仍是這種狀況，如同過去工匠曾經有過的情形。不過，資本主義化的發展，現在已成為全面的趨勢。

[§4　*學術生涯中的機運問題*]　不可否認，就像所有官僚化的資本主義型態企業一樣，這一切的確有它技術層面的優點。但是，這種新"精神"，卻與德國大學傳統的氣氛不同。無論就外觀與本質而言，這些大型資本主義企業型態大學的主持者，與一般舊式的教授之間，都有一道鴻溝，心態方面也呈現同樣的對比。關於後面這個問題，我不擬在此深究。在本質與外觀兩方面，舊式大學的**構成方式**都已成爲幻影。唯一不曾消失，並且有變本加厲之勢的，乃是**機運**(Hasard)在大學學術**生涯**中所扮演的角色；也就是說，一個私講師，乃至於一名助理，是否有朝一日能夠升成正教授，甚或當上學術機構的主持人，純粹靠**運氣**。當然，在這場賭博中，機運不是唯一的決定因素，但卻佔有非常高的比重。我幾乎不知道世界上還有哪種行業，機運在其中扮演如此重要的角色。我尤其有資格說這種話，因爲當我相當年輕的時候，純粹靠著一些意外的機運，我便被聘爲正教授，而在這個學科中，一些與我年齡相若的同行的成就，無疑早超過我。我猜想，因爲有這段個人親身經驗，我特別有銳利的目光，看出許多人儘管才氣縱橫，但因時運不濟，而不能在這套選拔制度裡，取得他們應得的職位。

機運，而非眞才實學，之所以扮演如此重大的角色，不能完全歸咎於人性，甚至我們不能說人性是主要因素。學術界的選拔過程，和其他選拔過程一樣，必然會牽涉到人性因素。但是，如果把眾多才智平庸之士在大學裡扮演重大角色這個事實，歸罪於學校教授或教育主管個人程度低劣，卻是不公平的。造成凡才當道的原因，要到人類協作的法則中去找，尤其是好幾組人的協作的法則。在這裡，這是指負責推薦的教授與教育官員之間的協調合作。幾個世紀以來選舉教宗的情形，與此相彷彿。教宗選舉的性質與學界選拔人才相同，是同類選拔中最重要的可以控制的例子。"眾望看好"的樞機主教，很少有機會脫穎而出，獲勝的反而往往是那排名第二或第三的。美國總統大選也是一樣：如果最傑出的一流人才得到黨代表大會提名，那是例外。多數情況下，都是名列第二、經常是第三的候選人獲得提名，參加最後的大選。美國人早已發明了一套技術性的社會學名詞，來替候選人分門別類。以這些例子探討集體意志進行選拔的法則，將會十分有趣，不過這不是我們今天的課題。這些法則同樣適用於德國大學裡的合議制。我們不應對經常出現的錯誤感到吃驚，而應對所擇**得人**的次數詫異。儘管在種種困難之下，這種情形仍然佔了相當的比例。唯有當國會（如在某些國家）或君主（德國到目前為止）——二者結果相同——或取得權力的革命者（如德國當前），因**政治**原因干預學術界的用人時，我們才能確定有人和的平庸之輩、及一心上爬的人會壟斷賢路。

沒有一位大學教授喜歡回憶任命案中所進行的討論，因為這種事很少令人感到愉快。但是，我可以說，我所知道的許多例子，**用心**一片都是儘量依據純粹客觀的理由來作決定，沒有一個例外。

[§5　*學者與教師的難以得兼*]　除此之外，我們要明白，學術命運的決定主要憑"機運"，並非僅只是因為藉集體決定拔擢人才的方式有所不足。每位受到召喚、有志從事學術工作的年輕人，都必須清楚地認識到，他所肩負的重任具有雙重面貌。他不僅需要具備學者的資格，同時也必須能夠作一位好老師；而這兩種條件並不一定全然脗合。一個人可能是十分傑出的學者，同時卻是一位糟糕透頂的老師。說到這裡，我想起韓姆霍茲（Hermann von Helmholtz）與蘭克這些人上課的情形，而他們絕非罕見的例外。不過，目前的情況已演變成我們的大學，尤其是小的大學，競相招徠學生，這真是極其可笑。大

學城裡的房東，在學生人數突破一千大關時，要舉行慶祝會，到超過兩千時，他們必然興奮得要辦一次火炬遊行。學費收入會因為相近學科聘請到了有辦法"吸引大批學生"的教授，受到可觀的影響，這點我們必須公開承認。除此之外，學生人數的多寡，乃是一種可以用數字來表示的通過考驗的標誌，而學者的素質，卻不可測量，碰到勇於創新之士時，更大有爭議餘地；這是十分自然的。結果，幾乎每個人，都為學生眾多及因此而帶來的好處而眩惑。說某某教授是個糟糕的老師，通常無異宣佈他學術生命的死刑，即使他是舉世數一數二的學者。可是他是好老師還是不好的老師，卻要看學生老爺們上他課的人數多寡而定。事實上，學生是否湧向某位老師，多半——比一般人認為可能的程度要大——取決於一些純粹外緣的因素，諸如性情、甚至聲音的抑揚頓挫。根據我個人算得上相當豐富的經驗，加上平靜的思考，我對那些能夠吸引眾多學生的課程，有很深的懷疑，雖然這類現象也許是不可避免。民主，只能在該談民主的場合推行。至於學術訓練(如我們在德國大學傳統下推展的)，是**精神貴族**的事；對這點，我們無需諱言。確實，以適當方式呈現學術問題，而使一個未曾學而能學的心靈，對這些問題有所了解，並且——這在我們看來是唯一重要的——對這些問題作獨立的思考，或許是教育使命裡最艱鉅的一項工作。但是，這項使命有無達成，並非取決於學生人數之多寡。再回到我們的主題上，教學這種藝術，涉及個人的天賦，並且絕非與學者研究學問的能力相脗合。與法國相對比，德國在學術上並沒有一群"不死之士"❸的制度。依照德國的傳統，大學應同時肩負研究與教學兩種責任。至於一個人是否同時兼備這兩種能力，完全得靠運氣。

　　[§6　學術生涯外緣條件的總結]　因此，學術生涯乃是一場瘋

狂的冒險。當年輕學者要我對他們進大學敎書作些建議時，我幾乎沒
辦法負起鼓勵之責。如果他是猶太人，我們自然可以說：「放棄一切希
望」❹。但是對其他的人，無論基於感情或良心，我們都必須問這樣一
個問題：你眞的相信，你能夠年復一年看著平庸之輩一個接一個爬到
你的前面，而旣不怨懟、亦無創痛嗎？自然，我們得到的回答總是：
「當然，我活著只是爲了我的"志業"」。然而，我發現只有少數人能夠
忍受這種情形，而不覺得這對他們的內在生命是一種傷害。

　　關於學者這行的外在條件，所必須說明的，也就是這些了。

<h2 align="center">二</h2>

　　[§7　學術的專業化]　我相信諸君實際上希望聽我談一些別的
東西，那就是：學術作爲精神上的志業。今天，相對於學術作爲一種
職業的經營，以學問爲生命志業首先受到的限制，就是學問已進入一
個空前專業化的時代，並且這種情形將永遠持續下去。從表象與實質
兩方面來說，我們都必須認淸，個人唯有透過嚴格的專業化，才能在
學術硏究的世界裡，獲得那種確實感到達成某種眞正完美成果的意識。
與相關領域重疊的硏究工作——我們不時涉及、而社會學者必須經常
從事的——都帶有幾分莫可奈何的味道，因爲我們知道，我們至多只
能**提供**專家一些有用的**問題**，這些問題是他從專業角度不容易想到的；
我們知道，不可避免地，我們自己的工作離完美之境太遠。唯有憑藉
嚴格的專業化，學術工作者才有機會在有朝一日充分體認到，他完成
了一些可以**傳世**的成就，但是這種情形一生也許只有一次。今天，眞
正確定並且重要的成就，無不屬於專業性的成就。任何人如果不能，

打個比方，帶起遮眼罩，認定他的靈魂的命運就取決於他能否在這篇草稿的這一段裡作出正確的推測，那麼他還是離學術遠點好些。他對學問將永遠不會有所謂的"個人體驗"。沒有這種圈外人嗤之以鼻的奇特的"陶醉感"、沒有這份熱情、沒有這種「你來之前數千年悠悠歲月已逝，未來數千年在靜默中等待」的壯志——全看你是否能夠成功地作此臆測——你將永遠**沒有**從事學術工作的召喚；那麼你應該去作別的事。因爲凡是不**能讓人懷著熱情**（Leidenschaft）去從事的事，就人作爲人來說，都是不值得的事。

[§8　靈感在學術工作中的位置]　然而，同樣肯定的是，無論這份熱情是多麼熾烈、眞摯和深邃，它並不能保證對一個問題必然會產生學術上的成果。當然，對於具有決定性作用的"靈感"（Eingebung）來說，熱情乃是先決條件。晚近，年輕人的圈子裡流傳著一種說法，即學問不過是數學計算上的問題，在實驗室或統計歸檔系統中即可生產出來，和"在工廠裡"製造產品沒有兩樣。而從事這種計算，只需要冷靜的頭腦，可以不要"心和靈魂"。我們首先要指出，這種論調對於在工廠或實驗室裡作業的情形一無所知。在這兩種地方，工作人員的腦子裡都必須有一些**想法**、而且必須是正確無誤的想法，他才能夠用這些想法成就有價值的東西。這種靈感不能強求；它和冷冰冰的計算毫無關係。當然，計算本身也是一項不可或缺的先決條件。舉例而言，沒有哪一位社會學家，即使是年事已高的學者，會自認爲已經了不起到可以不做成千上萬、瑣瑣碎碎計算工作的地步；這些計算有的一次得花上幾個月的時間。如果你想得到點結果，你絕不能放心大膽地把工作交給技術助理全權處理，即使最後得到的結果，經常只有微乎其微的重要性。但是如果你對於計算的方向，以及在計算過程中對於浮

現的單項結果所代表的意義毫無"概念"，那麼即使這微不足道的結果，也不可得。在正常情況下，這種"靈感"唯有經過辛勤工作之後，才會湧現；當然也並非一逕如此。在學術的領域內，業餘工作者的直覺對學術的影響，可能與專業人士的等量齊觀，甚至更大。我們有一些最好的假說和見解，正是來自業餘學者。正如韓姆霍茲論梅耶爾(Robert von Mayer)❺之語，業餘人士與專業工作者唯一的不同，在於他缺少一套確切可靠的作業方法，因而往往造成一種結果，使他無法對他的一項直覺的意義，加以判定、評估、及經營發展。如果靈感不能取代工作，那麼工作也不能取代靈感或者迫使靈感湧現；熱情自然更辦不到。熱情與工作可以激發靈感；最主要的，二者要結合起來。即使如此，靈感只有在它們願意的時候才會造訪，並非我們希望它們來就會來。就像葉靈(Rudolf von Ihering)所描繪的，有些精彩絕倫的想法，是當我們「坐在沙發上吸雪茄」的時候，突然出現；或是如韓姆霍茲以科學般精確的句子，描述他自己的狀況：當他正沿著一條緩緩上坡的街道散步時，或者是其他類似的情況。不管怎樣，靈感之湧現，往往在我們最想不到的當兒，而不是在我們坐在書桌前苦苦思索的時候。然而，如果我們不曾在書桌前苦苦思索過，並且懷著一股獻身的熱情，靈感絕對不會來到我們腦中。無論如何，學術工作者必須考慮到一切學術工作必須承受的風險：靈感會不會出現？一個人可能孳孳矻矻地努力工作，但卻永遠沒有自己的創見。如果我們以為這種情形只發生在學術界，譬如說，商行辦公室的情形就和實驗室中不一樣，那就大錯特錯。商人或工業鉅子如果沒有"做生意的想像力"，亦即沒有靈感、沒有直覺，終其一生，他還是做一個本本份份的職員或事務員比較穩當；他將永遠不會在組織上真正有所創新。靈感絕不像一些自大的學

者所想像的那樣，在學術領域中，扮演一個比它在現代企業家對實際
生活問題的掌握方面，更爲重要的角色。另一方面，靈感在學術上的
重要性，又並不亞於它在藝術領域中的重要性；這點也經常被人誤解。
如果有人以爲數學家只要坐在書桌前，把弄米尺、計算機等，就能得
到有學術價值的成果，這是很幼稚的想法。一個維爾史特拉斯(Karl
Weierstrass)在數學上的想像力，無論從意義與結果來說，在導向上
自然都和藝術家的想像力迥然有別，性質上也有根本差異。但是其間
心理過程並無不同。二者皆爲狂熱(Rausch)(即柏拉圖所謂的"迷狂"〔
mania〕❻)與"靈感"。

　　[§9　當前流行的"人格"論]　我們從事學術研究時是否有靈感，
靠的是人所不能測知的命運，此外就是靠"天賦"。目前流行一種心態，
把這項無可置疑的眞理，變成崇拜偶像的藉口，這些偶像就是"人格"
(Persönlichkeit)❼與"個人體驗"(Erleben)。這種崇拜充斥大街小巷
與各種報刊，在年輕人的圈子裡，尤爲風行，這是可以理解的。這兩
個偶像彼此緊密連在一起：一般認爲，"個人體驗"構成人格，並爲人
格本質的一部分。於是人們使盡解數，努力去"體驗"生活。因爲他們
相信，這才是一個"人格"應有的生活方式。即使"體驗"生活沒有成功，
也得裝出一付有異稟的樣子。從前德文把"個人體驗"稱爲"感動"(Sen-
sation)，我認爲在當時人們對人格及其代表的意義，有更恰當的了解。

　　[§10　學者的"人格"]　各位貴賓們！在學問的領域裡，唯有那
純粹向**具體工作**(Sache)獻身的人，才有"人格"。不僅研究學問如此，
就我們所知，偉大的藝術家，沒有一個不是把全部心力放在工作上；
工作就是他的一切。就藝術家的藝術而論，即使"人格"偉大如歌德者，
要想把"生活"變成一件藝術品，都會對藝術造成傷害。如果有人懷疑

這點，他必須是歌德，才能膽敢讓自己擁有這種自由。至少，每個人都會同意，即使在像歌德這種千年一見的人身上，這種自由也必須付出代價。在政治方面，情形亦復如此，不過今天我們暫不討論這個問題。在學術圈內，當一個人把他應該獻身的志業，當作是一項表演事業，並以其經理人身分自居；當他出現在舞台上，竭力以"個人體驗"來證明自己的價值；當他自問：我如何證明我不只是"專家"而已，我又如何在形式與內容上發前人未發之言的時候，我們絕對不能把他當作是一個有"人格"的人。今天，這種現象已經相當普遍；它始終給人一種卑劣的印象，並降低當事人的人格。反之，唯有那發自內心對學問的獻身，才能把學者提昇到他所獻身的志業的高貴與尊嚴。在這一點上，藝術家也是一樣的。

[§11　何處尋覓學術工作的意義]　在這些先決條件上，學術工作和藝術有共通之處，但在其他方面，學術工作與藝術工作相當不同。學術工作和一個**進步**(Fortschritt)的過程不可分離；而在藝術的領域中，沒有進步這回事，至少不同於學術上所說的進步。我們不能說，一個時代的藝術作品，因為這個時代採用了新的技巧方法，甚或新的透視法則，就比那沒有採用這些方法與法則的藝術品，具有更高的藝術價值——**只要**後者的形式，充分表現了它所欲表達的題材，也就是說，對於題材的選擇與處理，即使未使用這些新的方法與條件，也能充分掌握藝術性。一件真正"完滿"的作品，永遠不會被別的作品超越，它永遠不會過時。欣賞者對其意義的鑑賞各有不同；但從藝術的角度觀之，人們永遠不能說，這樣一件作品，會被另一件同樣真正"完滿"的作品"超越"。在學術園地裡，我們每個人都知道，我們所成就的，在十、二十、五十年內就會過時。這是學術研究必須面對的命

運，或者說，這正是學術工作的**意義**。文化的其他領域，也受制於同樣的情況，但是學術工作在一種十分特殊的意思之下，投身於這種意義：在學術工作上，每一次"完滿"，意思就是新"問題"的提出；學術工作**要求**被"超越"，**要求**過時。任何有志獻身學術工作的人，都必須接受這項事實。學術研究，若由於本身所帶有的藝術性，能夠提供人們的"滿足"，當然可以流傳；或是作為一種訓練方法，也可以有持久的重要性。然而就學術本身的觀點來說，我再重覆一遍，將來總有一天，我們都會被別人超越；這不僅是我們共同的命運，更是我們共同的目標。當我們進行一項工作時，不能不希望別人會更上一層樓。原則上，這進步會無限地繼續下去。有了這種了解，我們接下來要談的，便是學問的**意義**(Sinn)這個問題。畢竟，一種活動如果受制於這樣一種法則，那麼它本身是否合理，或有無意義，並非自明。人們為什麼要努力從事這樣一種在實際上永無止境、並且永遠不可能有止境的工作？首先，人們會說，是為了純粹實用的目的，或者，我們用較廣義的說法，是為了技術性的目的；換言之，是為了按照學術經驗所提示的期望，調整我們實際活動的取向。好，但這一切只對應用者有意義。學術從業者本人，對他的志業抱持的又是怎樣的態度呢——如果他確實有心追求這樣一種人生態度？他會說，他是"為學術而學術"，而不是圖求看見別人因為利用學術而獲得商業或技術上的成功、或是人們藉此吃得更好、穿得更好、心智更開明、統治管理更成功。可是，一個人如果為了學術本身，投入這個專業分工精細、而又永無止境的經營裡，在他的成就與發現早已註定了會被後人超越的情況下，他認為自己的這些努力能完成什麼有意義的事？對於這個問題，我們必須作一些一般性的思考。

三

[§12　理知化的主要意義]　學術的進步，是人類理知化(Intel-lektualisierung)過程的一個部分，並且是最重要的一個部分。此一過程已持續數千年之久、可是到了今天，流行的風氣卻是用極其否定的態度來看待它。

關於由學術(Wissenschaft)和以學術爲依據的技術所孕育的理知主義的合理化(Rationalisierung)趨勢，讓我們先來澄清一下其現實含義。它是不是表示，今天在座的每一個人，對於自身的生存狀況，都比一個美洲印地安人或一個霍騰陶人(Hottentot)❽知道得更爲淸楚？這幾乎是不可能的。我們搭乘電車，對車子爲什麼會前進一無所知，除非你是專業機械師；而且我們沒有必要知道。我們只要知道電車行駛有一定規則可循，據以調整我們的行爲，那就夠了。至於這樣一個會走的機器是怎樣製造的，我們並不知道。相形之下，未開化的野人對他的工具的了解，是我們比不上的。今天我們在花錢的時候，爲什麼用錢可以買到東西——並且買的東西有時多、有時少？這個問題，我敢打賭，如果聽衆中有學政治經濟學的同事，大概每一位都會提出不同的答案。可是野人知道，爲了得到每天的食物，他必須做些什麼事、什麼制度會幫助他達到這個目的。因此，理知化與合理化的增加，並**不**意味人對他的生存狀況有更多一般性的了解。它只表示，我們知道、或者說相信，任何時候，**只要**我們**想了解**，我們就能夠了解；我們知道、或者說相信，在原則上，並沒有任何神祕、不可測知的力量在發揮作用；我們知道、或者說相信，在原則上，透過**計算**

(Berechnen)，我們可以**支配**(beherrschen)萬物。但這一切所指唯一：世界的除魅(Entzauberung der Welt)❾。我們再也不必像相信有神靈存在的野人那樣，以魔法支配神靈或向神靈祈求。取而代之的，是技術性的方法與計算。這就是理知化這回事的主要意義。

　　[§13　進步與死亡的意義]　那麼，這個在西方文化中已持續數千年之久的除魅過程，以及以知識作為環結與動力的"進步"，在純粹應用與技術層面之外，是否還帶有任何其他意義？諸位在托爾斯泰(Leo Tolstoy)的作品裡，可以看到這個問題以最原本的形式提了出來。他提出這個問題的方式很獨特。他整個思考，環繞在"**死亡**是不是一件有意義的事"這個主題上逐漸發展。他的回答是：對於文明人來說，死亡沒有意義。死亡對於文明人來說沒有意義，因為文明人的個人生命，是置放在無限的"進步"當中；依照這種生命本身的內在意義來說，這樣的生命永遠不會走到盡頭。因為對那些處身在進步過程中的人來說，前面永遠有下一步待走；任何人在死亡之時，都沒有抵達巔峰，因為巔峰是在無限之中。亞伯拉罕(Abraham)❿或古代的農民"年高而享盡了生命"⓫，因為他是站在生命的有機循環過程中；因為就生命的本質而言，他在生命的黃昏已經獲得了他的生命所能給他的一切；因為他眼中再也沒有他會想要去解開的疑惑；因此，他可以說，這一生已經活"夠"了。反觀文明人，處在一個不斷透過思想、知識、與問題而更形豐富的文明之中，很可能"對生命倦怠"，而非享盡了生命。他只能捕捉到精神之生命不斷新推出的事物中微乎其微的一部分，而他所能掌握的，卻又只屬一時而非終極。在這種情況下，死亡在他眼中，乃成為一樁沒有意義的事件。既然死亡沒有意義，文明生命本身也就不再帶有任何意義；因為死亡之所以缺乏意義，正是肇因於生

命之不具意義的"進步性"。在托爾斯泰後期小說中，此一論點隨處可見，形成他藝術的基調。

[§14　學問的價值——問題的提出]　我們應該如何來面對這個問題？在技術層面以外，"進步"本身是否尚有什麼可以明認的意義，因於這種意義，對"進步"的服務，遂可成爲一椿有意義的志業？這個問題是一定要提出的；但這已不單單是奉學問爲志業的問題，亦即不單純是學問作爲一種志業，對於獻身於它的人，有什麼意義的問題。現在我們問的問題是，在人的整體生命中，**學問的使命**是什麼、以及它的價值在那裡。

[§15　前人對這個問題的看法]　關於這點，過去與現代，呈現相當大的對比。讓我們回想一下柏拉圖《理想國》第七書一開頭那個精彩的意象：一群人被鐵鍊鎖在山洞裡，面向石牆，光的源頭就在他們身後，他們卻看不見。他們只關心光射在石牆上所顯現的影像，並努力揣想它們彼此之間的關係。終於，其中一人成功地粉碎了他的桎梏，轉過身去，看見了太陽。目眩神搖之下，他四處摸索，結結巴巴地把所看到的講出來。別人都說他瘋了。漸漸地，他習慣了用眼睛去注視這道光源，然後，他的使命是回到洞穴的囚犯群中，引領他們走向光明。這個人是哲學家，而太陽代表學問的眞理。唯有在這眞理之中，我們才不以幻覺與影像爲足，而是追求到眞實的存在。

[§16　概念的發現之意義]　但是，時至今日，誰還對學問抱著這樣的態度？現在年輕人的想法，剛好與此相反：在他們眼裡，學問所作的思想建構，乃是一個由人爲的抽離所構成的渺冥世界；這些人爲的抽離，伸出瘦骨嶙峋的雙手，試圖抓住現實生命的元漓之氣，卻總是罔然。其實，在生命裡面，在柏拉圖指爲洞穴牆上的影像的舞

動之間，正是有道地的眞實在搏動；捨此之外，一切都完全是生命的衍生物，是沒有生命的幽靈。這種轉變是怎麼發生的呢？在《理想國》中，柏拉圖挾熱情而發的勃勃意興，終極言之，必須歸諸一件事：在當時，**概念**(Begriff)———切學問性的知識最重要的工具之一———的意義，頭一次被有意識地發現了。蘇格拉底(Socrates)發現了概念的重要性；不過蘇格拉底並不是這世界上唯一有此創見的人。在印度，諸君也可以找到和亞里斯多德(Aristotle)邏輯十分相近的一套邏輯的開端。但在希臘地區以外，沒有人像蘇格拉底這樣意識到概念的重要意義。他首先利用此一便利的工具，對人一步一步地施加邏輯上的壓力，迫使對方必須承認：或者自己一無所知，或則概念便是唯一的眞理，並且是**永恆**的眞理，永遠不會像盲目人類的活動那般消散於空無。在蘇格拉底的弟子眼前展現的，正是這項強烈的經驗。由這些，似乎可以得出一個結論：只要發現美、善、或者例如勇氣、靈魂、或任何事物的正確概念，就等於把握到這件事物的眞實存在。而這種知識，似乎又使人得以知道並教導人在世上應如何正當行事，最主要的，作爲城邦的公民應該如何正確行事。對於心中思考徹頭徹尾以政治爲依歸的希臘人來說，這個問題就是一切。人努力從事學問，便是爲了這個理由。

[§17　*理性實驗的興起*]　在上述希臘心靈所發現的概念之側，是學術工作的第二項偉大工具：理性實驗(rationale Experiment)；這是文藝復興時代的產物。藉著理性實驗方克獲得可以穩當控制的經驗；如果沒有它，現代經驗科學便不可能成立。當然，在這之前，人們已經開始作實驗；舉例而言，在印度，爲改良瑜珈禁慾技巧，曾進行生理實驗；在古希臘時期，爲了戰爭技術的目的，曾進行數學性質

的實驗；在中古時期，目的則是爲了開礦。但把實驗提昇成爲研究本身的原則，則是文藝復興的成就。這項發展的先驅，當推**藝術**領域的偉大創新者：達文西(Leonardo da Vinci)及與他相當之人，特別是十六世紀用試驗鋼琴在音樂中進行實驗的人，更具代表性。從這些人，實驗傳入學問的領域；伽俐略曾在這方面發揮最大的影響，而透過培根(Francis Bacon)，實驗開始進入理論的領域。接著，在歐洲大陸的大學裡，若干精密學科也陸續採用實驗方法，起初特別是義大利及荷蘭的諸大學。

[§18　近代人對這個問題的看法]　對這些踏在近代之門檻上的人，學術代表什麼意義？在達文西這類藝術實驗者、與那些音樂創新者看來，學術是通往**眞實**藝術的道路；而對他們來說，所謂到眞實藝術，意思就是到眞實的**自然**。藝術當被提昇到學問的地位；這意思主要是說，藝術家應該躋身於大學者(Doktor)的地位，無論在社會方面言之，抑就其個人生命的意義言之。例如達文西的《論繪畫》，就是本著這樣一種抱負而寫成的。但今天的情形又如何呢？"學術爲通往自然之路"這句話，聽在年輕人耳朵裡，不啻褻瀆神聖。現在年輕人的論調剛好與此相反：我們要從學術的理知主義中解放出來，以回復人的自然本性，由此回歸大自然。學術是通往藝術的道路？算了。這句話連批評都可以免了。——但是，在精密自然科學興起的時代，人們對學問有更高的期望。如果你們記得史璜麥丹(Jan Swammerdam)所說的「我藉解剖跳蚤，向你們證明神的旨意」，你們就知道在新教(Protestantism)與清教(Puritanism)的(間接)影響之下，學術工作者眼中自己的任務乃是：指出通往神的道路。當時人們已經無法從哲學家及他們的概念和演繹中找到這條路——當時整個敬虔神學

(pietistische　Theologie)❷、特別是史片耐爾(Philipp　Jakob Spener)，都知道不能循中世紀所走的道路去尋找神。上帝隱藏了起來，祂的道路不是我們的道路，祂的思念不是我們的思念 ❸。不過，透過精密自然科學，人既然可以有形地把握祂的作品，人就希望找出祂對世界的旨意的蛛絲馬跡。然而今天情形又如何？除了幾個老兒童──在自然科學界，還眞有這種人──誰還相信天文學、生物學、物理學、或化學上的知識，能在世界的**意義**這個問題上，對我們有所啓發？誰還相信自然科學能夠指點迷津，告訴我們要循哪一條路才能找到它的踪跡？其實，照這些自然科學的傾向，一旦它們眞要涉及這些問題，那麼有所謂世界的"意義"存在這個信念，將會被它們從根剷除。總而言之，學問引導我們"走向神"？學問這種明確非宗教的力量？學問是一種非宗教的力量，今天已沒有人會在心底懷疑，即使有人尚不肯對自己承認。與神合一的生命，有一個基本前提，就是要從學問的理性主義與理知主義解脫出來。這種盼望，或是其他意義相類的希望，已成爲德國具有宗教傾向、或渴望獲得宗教經驗的年輕一代不時可聞的主要口號之一。他們追求的尙不只是宗教經驗，並且是經驗本身。唯一令人奇怪的，是他們所走的途徑：到目前爲止，非理性的領域，乃是理知主義唯一尙未觸及的領域，然而現在卻被提昇到意識層面，並置於放大鏡下仔細檢視。以近代理知主義形態出現的非理性浪漫主義，其實就是這樣產生的。不過，取這種途徑以求擺脫理知主義，最後得到的結果，很可能與當初心目中的目標背道而馳──最後，還有人要以一種天眞的樂觀，歌頌科學──也就是以科學爲基礎的支配生活的技術──是到**幸福**之路；經過尼采對那些"發現了幸福"的"終極的人"❹加以毀滅性的批判之後，我對此完全不用費詞了。除了某些在大學裡教書或坐在編輯枱上的老兒童，還有誰相信這一套？

四

　　［§19　學問的價值作爲學術工作的預設］　　讓我們回到本題。
當"通往眞實存在之路"、"通往眞實藝術之路"、"通往眞實自然之路"、
"通往眞實上帝之路"、"通往眞實幸福之路"種種古老幻象均被掃空之
後，在〔今天〕這種種心態狀況下，學術作爲一種志業的意義安在？托
爾斯泰曾就這個問題，提出一個最簡單的答案：「學問沒有意義，因爲
對於我們所關心的唯一重要問題：『我們該做什麼，我們該如何生活？』
它沒有提供答案」。學問對這些問題沒有提供答案，已是不爭的事實。
尙待討論的問題只在於，在什麼意義之下，學問"沒有"答案，以及對
一個問題問得正確的人，學問能否提供一些幫助──今天，人們往往
習於把"學術沒有預設"掛在嘴邊。眞有這麼一回事嗎？這得看個人如
何了解"沒有預設的學術"。所有的學術工作，皆預設邏輯與方法論的
規則爲妥當：這些是人在世界上定位的一般性基礎，而至少就我們的
特定問題而言，這些預設最不構成問題。不過，學問進一步預設：學
術工作得出的成果，有其**重要性**，亦即"有知道的價值"。顯而易見，
我們所有的問題都包含在這裡；因爲這項預設無法用學術方法證明。
這個預設，只能根據它的終極意義來**詮釋**(deuten)，而這種終極意義，
個人只能根據自己對生命所抱持的終極立場，加以接受或拒斥。

　　［§20　價值預設與各類學科的關係］　　學術工作與其預設之間
的關係，隨學科結構的差異，而有極爲不同的形態。自然科學，如物
理、化學、或天文學預設：在學術研究所能達到的範圍以內，把握宇

宙現象的最高法則，是一件值得花心力去做的事。它們把此一預設當
成是不證自明之理，不僅因爲我們用這種知識，可以得到技術性的成
果，而且，如果這類知識的追求是一項"志業"，它本身即是有價值的。
但是，此一預設本身，絕對無法加以證明。至於要證明這些科學所描
繪的世界有存在的價值，也就是說它有"意義"，或是生活在這樣一個
世界裡有其意義，就更不可能了。自然科學不尋求這類問題的答案。

其次，讓我們來看看一門從科學觀點來說高度發達的實用技藝，即現
代醫學。醫療工作一般性的"預設"，用平常的話來說，在於盡忠職守，
也就是把生命本身維繫住，並盡一切可能，減少痛苦這回事。不過，
這句話很有問題。醫事人員必須盡力維繫患了不治之症的病人的生命，
即使病人懇求讓他離開人世，即使家屬認爲病人的生命對他們來說已
失去價值，同時也無力負擔維持他這沒有價值的生命所需的費用，因
而同意讓他解脫痛苦。也許這是一個悽慘的精神病患者，他的親人，
不管承認與否，都希望、也必然希望他早點死掉。可是唯有醫學的預
設，加上刑法的規定，阻止醫生放棄對這種病人的治療。這個病人的
生命值得活嗎？在什麼情況下有活的價值？醫學不問這些問題。所有
自然科學提供的答案，都是回答一個問題：**如果**我們希望在**技術層面**
支配生活，我們應該怎麼做。至於我們**是否**應該、以及**是否**眞的希望
在技術層面支配生活，和這樣做有無終極意義，自然科學或是完全略
而不提，或是依照它們本身的目標來預設答案。再以藝術學爲例。藝
術學認定世上有藝術品這種東西的存在。它要知道藝術品是在哪些情
況下產生的。但是它不問藝術的領域是否竟是屬於魔性的至尊至美存
身的領域，竟是一個屬於此世的領域，因而其本質竟是反上帝的，它
貴族式的最基本精神，竟與人類博愛的精神背道而馳。在這個意義上，

藝術學不問是否**應該**有藝術品存在──再看法理學：法學的思考，部分受到具有必然性格的邏輯一般原則(Schemata)的限制、部分受到約定俗成的一般原則的限制；法律思想的規則認爲妥當的──也就是**當**某些法律規則以及它們的某些解釋方法，被承認具有拘束力量時，即由法理學來加以確立。對於**是否**應該有法律，以及人們**是否**應該只設定這些規則，法理學是不聞不問的。它只能指出，如果我們希望得到某種結果，那麼根據我們法律思想的規範，這條法律條文是獲得該結果最適宜的方法。再來，我們看看歷史性的文化學科(historischen Kulturwissenschaften)。這些學科教我們如何從其起源的條件上，了解政治、藝術、文學、與社會等方面的文化現象。但是它們本身，對於這些文化現象在過去或在今天有無存在的**價值**，並沒有答案，它們也不會告訴我們，是不是值得費工夫去認識這些文化現象。它們只預設：透過這個了解的過程，參與"文明人"的共同體，是有價值的(Interesse)。可是它們提不出任何"科學"性的證明，證明實情確實如此。同時，它們作此預設，絕不證明此乃理所當然。事實上，這根本就不是自明之理。

[§21　**政治不屬於課堂**]　現在，我們回到離我最近的學科：社會學、歷史學、國民經濟學、政治學、與目的在於詮釋上述學科的各種文化哲學。有人說，在大學講堂中，政治沒有立足之地；我同意這種說法。在學生這方面，政治不屬於講堂。舉個例子來說，倘若反戰學生在我以前柏林大學的同事謝佛爾(Dietrich Schäfer)的課堂上，圍住他的講台，大聲叫囂，一如傳聞中主戰學生對佛斯特(Friedrich Wilhelm Förster)教授的行徑，我會同樣感到遺憾，雖然佛斯特教授的看法，在許多方面，與我有莫大的距離。然而，在教員這方

面，政治一樣不屬於課堂。如果老師對政治的關心，是基於一種學術上的興趣，就尤其不該在課堂上談政治。因為在現實政治中採取某種立場，是一回事；而對政治結構與政黨立場進行學術分析，則是另一回事。當一個人在公眾集會上談民主，大可不必隱瞞自己的立場；甚至我們可以說，站好清楚明確的立場，是他無可逃避的責任。在這類集會上，人們所用的語言，並非科學分析的工具，而是一種政治訴求，為的是爭取他人的支持。它們不是犁頭，鋤鬆靜觀思想的泥土，而是對付敵人的利劍、是武器。但在講課時，或是在課堂裡，用這種方式使用語言，卻是一項卑鄙的行為。舉例來說，如果主題是"民主"，你可以討論民主的各種形式，分析民主運作的方式，比較不同形式的民主對生活狀態的影響，然後你將民主形式與非民主政治秩序的形式對照來看，努力讓聽者進入一個能夠找到出發點的狀況，以便**他**可以根據**他自己**的終極理想，確定自己的立場。真正的教師會注意，不要在講台上，把某一種立場灌輸給學生，無論其方式為明講或暗示。因為以"讓事實自己說話"的方式，把政治立場灌輸給學生，是最欺騙性的做法。

[§22　**為什麼政治不屬於課堂**]　為什麼我們的確應該避免做這種事？我先聲明，有許多深受敬重的同儕認為，這種自我抑制，不可能徹底辦到；即使能夠做到，避免表示立場也不過是個人口味的問題。是的，我們不能以科學方法證明大學教授的職責是什麼。我們只能要求教授們具有智識上的誠直去看清楚：事實的確定、數學或邏輯上的關係的確定、或文化理想之內在結構的確定，是一回事；回答有關文化的**價值**及其具體內容，以及人在文化共同體與政治團體中應如何**行動**的問題，是另一回事。這兩種問題，是完全不同性質的問題。

如果現在有教授問我，為什麼他不能在課堂上討論第二類問題，我的回答是：先知與群眾鼓動者，都不屬於教室的講台。對先知和群眾鼓動者，我們要說：「到大街上去，把你的話公開向群眾說」，也就是在他人可以批評你的情況下講話。在課堂裡，教授座前的聽眾必須保持緘默，教授侃侃講課。學生為了前途必須上課，在課堂上也並沒有教授來向教授提出批評。如果有教授利用這種局面，用自己個人的政治見解來影響學生，而不是利用這種環境，本著自己的職責，讓聽課的人從自己的知識和學術經驗中得益，我認為是不負責任的。當然，教師個人很可能無法完全排除個人主觀的政治傾向；在這種情況下，他將受到良心最嚴厲的譴責。但這種過失，絕對不能證明什麼。別的錯誤一樣可能發生，譬如在陳述某項事實時犯了錯誤，但這並不證明，追求真理的職責因此便有理由鬆懈。我的批評，也是基於學術本身利益的考慮。我可以舉出我們的歷史學家的著作來證明，無論何時，一旦學者引進個人的價值判斷，對於事實的完整了解，即**不復存在**。但這已超出今晚的主題，需要長篇的討論。

　　[§23　**學術求於信徒者——一個例子**]　在此，我只想問一個問題：在一門研究教會與國家各種形式的課上，或者一門宗教史的課上，要如何讓一位虔誠的天主教徒，和一位共濟會會員(Freimaurer)❶，對這些問題有同樣的**價值觀**(Wertung)？這是絕對不可能的。然而學院教員必須希望、並且要求自己，讓兩個人都能從他的知識與方法中得益。諸位會理直氣壯地指出，那位虔誠的天主教徒，永遠不會接受一個不帶天主教教義預設的教師有關基督教興起的歷史因素的看法。確實！但是，差別是在這裡：在排斥了宗教的拘束這個意義下"不帶預設"的學術，事實上既不理會"奇蹟"，也不承認有"啓示"。如果承認，

就是不忠於自己的"預設"。但教徒則相信有奇蹟和啓示。"不帶預設"的學術所要求於信徒者，是要信徒起碼——但也**不多於此**——承認，**如果**基督教的興起過程，不需要借助於什麼超自然力量的介入，即能得到說明，同時從經驗性的說明的角度來看，這種超自然力量的介入，作爲因果性的因素，又是必須排除的，這種情況下，這個過程，便應該照學術所要求的方式來說明。信徒可以這樣做，而又沒有不忠於他的信仰。

[§24　"令人不快"的事實]　那麼難道學術的成果，對於一個不在意事實本身如何，而只關心實踐立場的人，就毫無意義了嗎？大概未必見得。首先我們舉出一點。一個人如果是一位發揮了作用的教師，他首要的職責，是去教他的學生承認**尷尬**(unbequeme)的事實，我是指那些相對於個人黨派意見而言，令人不快的事實。每種意見，包括我個人的意見在內，都會面對一些令人極端尷尬的事實。我相信，如果一位教師迫使學生習慣這類事情，他達成的，不只是屬於知性方面的貢獻。我會不虞誇張之譏，用"道德成就"來形容它，雖然對一件如此理所當然的事，這四個字或許確實太過嚴重了。

[§25　價值的多神論]　到目前爲止，關於爲什麼要避免個人立場的灌輸，我只談到**實際**方面的理由。但是這些並非唯一的理由。"從學術上"爲實踐方面的立場作宣揚辯解之所以不可能——唯一的例外是，當我們在討論爲達成某一**既定**而預設在先的目標所採用的方法時——還有更深一層的理由。在原則上，這種宣揚辯解便沒有意義，因爲世界的各種價值領域(Wertordnungen)，互相處在無可解消的衝突之中。對穆勒(J. S. Mill)的哲學，我本無詞可讚；但他在老年所說，如果從純粹經驗出發，就會變成多神論，卻完全正確❶。這話說得浮

面，聽起來弔詭，但其中自有真理在。今天，我們充其量不過是又重
新認識到：一件事物之為神聖的，非但不為其不美所礙，並且正是**因
為**其為不美、同時**唯在**其為不美的**條件**下，這事物才成其神聖。在《聖
經》〈以賽亞書〉第53章及〈詩篇〉第22篇，諸君可以找到這方面的記
載。至於說，一件事物，非但其為不善之處無礙於其為美，並且正是
在其為不善之處，方見其美；這個道理，尼采已讓我們再度了解；在
尼采之前，在《惡之華》(*Fleurs　du　mal*)——波德萊爾(Charles
Baudelaire)為他的詩集題名如此——中，諸君也可以見到這個道理
的鋪陳。再至於說，一件事物，非但其為不美、不神聖、不善，皆無
礙於其為真，並且正是因為其為不美、不神聖、不善，所以才為真；
這實在是一項日常的智慧。各個領域、各種價值的主宰神互相爭鬥；
以上所言，都不過是這種鬥爭最原本的形式。在法國文化與德國文化
的**價值**之間，要如何"學術地"作一個裁決，恕我不知道。在這裡，也
是不同的神祇在互相爭鬥，毫無疑問地永遠在爭鬥。這種情形，和古
代尚未祛除其神祇與邪魔之迷魅的世界中的情形並無二致，唯其意義
已不同；一如希臘人此時向阿佛羅黛特獻祭、彼時向阿波羅❶獻祭、
每個人尤其都向自己城邦的神獻祭，今天我們依然如此；但是在我們
的儀式裡，迷魅已祛散，屬於神話、但就精神意義而言完全真實的象
徵力量，已遭剝落。主宰這些神祇及其鬥爭的，自然不是"學問"，而
是命運。我們所能了解的，只是**對**這個領域或那個領域而言，具有神
的地位的是**什麼**，或者該說：**在**這個領域裡或那個領域裡，具有神的
地位的是**什麼**。就教授在課堂上所能作的討論而言，問題到此絕對告
終。當然，這並不是說，其中蘊含的重要**生命**問題也告結束。但是，
對這個問題，大學講壇之外的力量，才有說話的權利。誰敢挺身"根據

學術駁斥"山上訓詞⑱所揭示的倫理，其中包括諸如"不要抵抗惡行"、或把另一面面頰送給別人打之類的訓誡？然而，很明顯的，從此世的觀點來看，這些訓誡所教導的倫理觀念，乃是一種全然放棄了尊嚴的倫理(eine Ethik der Würdelosigkeit)。人必須在此一倫理所賦予的宗教尊嚴、與訓示我們「抵抗惡行——否則你將爲它壓倒性的力量分擔責任」的人性尊嚴之間，作一抉擇。相對於個人的終極立場，這兩種倫理，一個是魔鬼，一個是上帝。個人必須自己決定，**對他來說**，哪一個是上帝，哪一個是魔鬼。在生命的各個層面，情況都是如此。但是，一種以倫理的和有條理的態度操持生命的理性主義，乃是一切宗教先知的必然產物；這種宏偉的理性主義，業已排除了上面所述的多神論，取而代之的是"唯一必然之神"。不過，鑒於生活內外兩方面的諸般現實，這種理性主義發現一些妥協和相對化仍是必要的。這些，在基督教的歷史中，我們都看得很清楚。到了今天，這類妥協和相對化，在宗教中已是"日常生活之事"了。於是昔日衆神從墳墓中再度走出來，由於已遭除魅，祂們不再表現爲擬人的力量。祂們企圖再次主宰我們的生命，並且又一次展開了祂們之間的永恆爭鬥。可是，對於近代人，尤其是年輕人，最艱難的是去面對這種**日常生活之事**，而猶賈勇自持。所有對"體驗"的追求，皆源自此一軟弱；〔之所以稱之爲軟弱〕，是因爲面對時代宿命的肅殺面容，而無能正視之，即爲軟弱。

　　悠悠千年，我們都專一地歸依基督教倫理宏偉的基本精神(pathos)，據說不曾有過二心；這種專注，已經遮蔽了我們的眼睛；不過，我們文化的命運已經註定，我們將再度清楚地意識到多神才是日常生活的現實。

五

[§26 美國年輕人對教師的態度] 關於這些牽涉深遠的問題，
我們說的已經夠多了。對這一切，我們有一部分年輕人會回答：「不錯。
但我們來上課，就是想在分析與事實陳述以外，體驗一些別的東西」。
他們的錯誤，在於想在教授身上，尋找和站在他們面前的人完全不同
的東西──他們要的是**領袖**，而非**教師**。但我們僅僅是以**教師**的身分
站在講台上。這兩種身分截然有別。大家其實很容易就明白事實便是
如此。由於在美國可以觀察到這類事體最實在的原始型態，請諸位讓
我再次舉美國為例。美國年輕人學到的東西，遠比德國青年學到的少；
在這同時，雖然在美國學校裡，考試次數多得令人難以置信，但由於
校園**風氣**使然，他們並未變成像德國學生那樣的考試動物。官僚體制
的先決條件，便是要把文憑當作進入官職俸祿世界的入場券；這種官
僚體系，在美國尚屬發微階段。美國的年輕人，對任何人、任何事、
任何傳統和任何官職，都了無敬意；他們只對當事人的個人成就折服。
美國人把這稱為"民主"。不論在這種民主觀念的對照之下，美國民主
的實況顯得多麼扭曲離奇，美國人便是這樣來了解民主的；而這種對
民主的了解，才是我們現在的關心所在。美國年輕人是這樣子看站在
他面前的教師的：他把他的知識與方法賣給我，賺我父親的錢，與賣
菜婦把包心菜賣給我母親，完全沒有兩樣。事情這就了了。當然，要
是這個教師正好是個足球教練，那麼在這個領域裡，他便是這學生的
領袖。但如果他不是這樣的人物(或者不是在另一種運動裡擔任類似的
角色)，那麼他只不過是一個教師而已。沒有美國青年人，會讓他的教

師賣給他一套"世界觀"、或者一套操持自己生命的標準法則。當然，
這樣的情形，如果用這種方式表達，我們也會拒絕接受。我這樣說是
有意誇張到極端，然而，問題是這種看事情的態度，是否也含有一份
道理。

[§27　教師不是領袖或生命導師]　諸位男同學、女同學！各
位來上我們的課，要求身爲教師的我們具備領導才能，事先卻不曾告
訴自己，在一百個教授之中，至少有九十九個人，不曾、同時也不應
該，自居爲生命場上的足球教練，或者更一般地在如何操持生命的問
題上，以"領袖"自命。諸君請思索一下：一個人的價值，並不在於他
是否具備領袖特質。同時不管怎麼說，使一個人成爲卓越學者與學院
教師的**那些**特質，並不是使他在實際生活導向的領域——或者特定地
說，在政治的領域——成爲領袖的**那些**特質。倘若一個教師同時具備
後面這類特質，那是純粹偶然，而如果每一位站在講台上的教師，都
感覺到學生在期待他表現這類特質，那情況就非常堪憂了。不過更堪
憂慮的情況，是每個學院教師，都讓自己在教室裡扮演領袖的角色。
事實上，那些自認爲最有領袖才能的人，往往最沒有資格擔任領袖。
更重要的是，不管有沒有這種才能，講台上的情境，絕對不是**證明**一
個人是不是領袖的適當場所。作教授的，若是覺得自己有義務去當年
輕人的顧問，並且也能夠得到年輕人的信任，願他在與青年們個人交
往中，堅守這分崗位。假如他感受到召喚，覺得應該介入世界觀或黨
派意見之間的鬥爭，讓他出去到生活的市場上去活動：報紙、公開集
會、社團，任何他想去的地方。畢竟，在一個聽衆——甚至連持相反
意見的人——被迫保持緘默的場合，表現自己堅持信念的勇氣，是太
方便了些。

六

[§28　教師對學生的"生命"所能提供的幫助]　最後，諸君會問
我：「如果是這樣，那麼嚴格說來，學術對於個人的實際"生命"，究竟
有什麼積極的貢獻呢」？這使我們又回到學術的"使命"這個問題上來
了。首先，當然，學問讓我們得到關於技術的知識，好讓我們通過計
算（Berechnung），支配我們的生活、支配外在事物以及人的行爲。諸
君會說，說來說去，這和美國青年〔所想〕的賣菜婦又有什麼兩樣？其
實這正是我的意思。其次，學問能夠給我們一些賣菜婦絕對沒法給的
東西：思想的方法、思考的工具和訓練。諸君也許會說：好吧，這雖
然不是蔬菜，可是也不過是獲得蔬菜的手段罷了。好，在這方面，我
們今天就談到這裡。不過，幸運地，學問的貢獻並非僅止於此。我們
〔作教師的〕還可以幫助各位得到第三項好處：**清明**（Klarheit）。當然，
首先我們必須假定，〔身爲教師〕我們本身已經清明。在情況確實如此
的條件下，我們可以讓各位了解：當面對的是價值的問題的時候
——爲簡單起見，請各位取社會現象爲例子——在實踐中人可以採取
這樣或那樣的不同立場。但是，**如果**你採取了如此這般的一種立場，
那麼，根據知識的經驗，你必須採用如此這般的一種**手段**，才能在實
際中貫徹你的信念。可是，這種**手段**本身，可能是你認爲你必須拒絕
使用的。在這種情況下，你必須在目的與達成該目的無法避免的手段
之間，作一抉擇。你的目的是否能夠"聖潔化"這個手段？教師只能讓
你知道你必須作一個選擇，而只要他保持教師的身分，無意變成一個
群衆鼓動者，他就不能逾此而行。當然，他可以進一步告訴你，假如

你希望達成如此這般的一個目的，你必須也同時接受按照經驗會因此出現的這樣這樣的後果。這時，我們又碰到與上面一樣的困局了。不過，〔教師能處理的〕這些問題，仍然不脫技術人員所處理的問題；而技術人員，在許多情況中，必須要根據最小的惡或者相對而言最大的善這個原則來作決定。但是技術人員的狀況有一點不同：對他來說，**目的**（Zweck）這件最重要的事，是現成已定的。可是，只要問題涉及真正的"終極"問題，我們便**無**此幸。講到這裡，我們終於觸及學術本身在助益清明這方面所能達成的最後貢獻，同時我們也到達了學術的界限：我們可以——並且應該——告訴諸君，這樣這樣的實踐立場，按照其**意義**，可以在內心上一致並因此見人格之一貫的方式下，從這樣這樣的終極世界觀式的基本立場導出（它也許只能從某一個這種基本立場導出，但也許可以從不同的幾個這類基本立場導出），但不能從那樣那樣的其他基本立場導出。具象地說，一旦你們認定了這個實踐立場，你們就是取這個神來服侍，**同時也得罪了其他的神**。因爲只要你們忠於自己，你們必然地要得出這樣一個在主觀上有意義的終極**結論**。至少在原則方面，這點是可以辦到的。這也是作爲專門學問的哲學、以及其他學科中在本質上涉及原則的哲學討論，所試圖達成的。如此，只要我們了解我們的任務（這點在此必須預設在先），我們可以強迫個人、或至少我們可以幫助個人，讓他**對自己的行爲的終極意義，提供一套交待**。在我看來，這並不是蕞爾小事，即使就個人生命而言，也關係匪淺。如果一位教師做到了這點，我會想說，他是在爲"道德的"勢力服務：他已盡了啓人清明、並喚醒其責任感的職責。我認爲，他愈是有意識地避免從他這方面把一種立場用強迫或用提示的方法加諸聽衆身上，他愈能夠善盡這項職責。

[§29 對學問的認定和獻身] 當然，剛才我提出的意見，整個乃是從一項基本事態出發，即：只要生命的根據在其自身，須透過其本身方得了解，生命便只知諸神之間永恆的鬥爭。或者說得更直截了當：對生命採取的各種終極而一般性的**可能**立場，是不可能相容的，因此其間的爭鬥，永遠不可能有結論。這也就是說，在它們之間，必須要下**決定**。在這種情況下，學問是不是有價值成為一個人的"志業"，或者學問本身是不是具有一種在客觀上有價值的"使命"，又都是價值判斷的問題，在教室中我們無言以對。事實上，對這些問題作肯定答覆，正是從事教學工作的**預設**。拿我個人來說，我已經用我的工作，作了肯定的回答。今天，年輕人憎視理知主義為最壞的魔鬼，或者在大部分的情況中，心中以為自己這樣憎視理知主義；但是以上所述我的立場，正是以憎視理知主義為真正的出發點。對這些年輕人，這句話正好適用：「留心，魔鬼是個老年人，所以要了解它，你得先變老」❾。所謂老，在這裡並不是出生證明書上的意思；而是說如果我們想和這個魔鬼周旋，我們便不能如今天人們喜為的，在它面前取逃避之途；我們必須通觀其行徑至終點，方克透見它的力量及它的限制。

[§30 教師扮演先知的徒然] 在今天，學問是一種按照**專業**原則來經營的"志業"，其目的，在於獲得自我的清明(Selbstbesinnung)及認識事態之間的相互關聯。學術不是靈視者與預言家發配聖禮和天啓的神恩之賜(Gnadengabe)，也不是智者與哲學家對世界意義所作的沉思的一個構成部分。這一切，毫無疑問地，乃是我們的歷史處境的一項既成事實，無所逭避，而只要我們忠於自己，亦無從擺脫。這個時候，如果托爾斯泰在諸君之間起立，再度發問：「既然學術不回答『我們應該做什麼？我們應該如何安排我們的生命？』」這個問題，

那麼有誰來回答?」或者,用我們今天晚上所用的語言:「在交戰諸神之間,我們應該信奉哪一位? 或許我們應該信奉另外一位完全不同的神,那麼祂又是誰?」──答案是唯有一位先知或者一位救世主,才能答覆這些問題。但是如果沒有先知和救世主存在,或者如果他們傳佈的福音不再有人相信,那麼縱使有萬千教授,以領國家薪水並享有特殊地位的小先知身分,在課堂努力扮演先知或救世主的角色,也絕對無法在世上硬逼出一個先知或救世主來。這類教授的刻意表演,結果只是使我們的年輕一輩,對於一件最重要的事態──他們之中許多人所渴求的先知,並**不**存在──的認識,永遠無法以其意義的全面力量,發揮其作用。今天人的命運,是要活在一個不知有神、也不見先知的時代;如果一個人確實在宗教上有強烈的感受性,那麼,我相信,用一個代用品──所有這類講台先知皆屬此類──來遮飾,讓他及其他人看不到這項關於他的命運的基本事實,對他的內在而言,並沒有什麼好處。在我看來,他的宗教感的忠實需要,會使他拒絕這類遮飾。

[§31　*神學的預設──理知的犧牲*]　現在,諸君會想要問:對於"神學"的存在, 及其自命為"學問"這件事實,我們應該採取什麼態度? 關於答案,讓我們不要閃爍規避。"神學"和"教義"(Dogma)當然不是普遍存在, 但也非僅見於基督教。相反, 回溯歷史, 在回教、摩尼教(Manicheanism)❷⓿、諾斯提教(Gnosticism)❷❶、俄爾甫斯教(Orphism)❷❷、波斯教(Parsism)❷❸、佛教、印度教各宗派、及道教,在《奧義書》(*Upanishads*)❷❹以及自然在猶太教中,神學及教義都以高度發達的形式存在。當然, 它們的系統發展各異其趣。在西方基督教中, 神學與教義的經營, 非但與比方說猶太教在神學上的成就對比,要來得更系統化, 或者朝這個方向努力, 並且西方基督教在這方面的

發達，具有凌駕群倫的最大歷史意義。之所以會如此，並非偶然。這
都是希臘心靈的產物，而西方一切神學，都以希臘精神爲源頭，一如
（很明顯地）一切東方神學，都以印度思想爲源頭。凡是神學，皆是對
神聖之事物(Heilsbesitz)在理知上的合理化。沒有學術是絕對沒有預
設的，也沒有學術能夠向拒絕它的預設的人，證明它本身的價值。可
是，所有的神學，爲了己身的任務，亦即爲了給己身的存在尋找道理
和依據，又添加了幾個特定的預設。這些預設的意義及幅度範圍各有
不同。**所有**的神學——譬如說印度神學也不外此——都預設：世界必
定具有一種**意義**。——它們的問題便是：我們應該如何來詮釋這套意
義，以使這套意義在概念上成爲可能(denkmöglich)。這就像康德的
知識論從一個預設出發：「科學的眞理存在，並且有其妥當性」——然
後他問：在哪些概念性的預設之下，這才有其(具有意義的)可能性？
或者像近代美學家(不論像盧卡奇❷那樣明白提出，或只是間接討論)
從一個預設出發：「藝術作品存在」——然後問：這如何才有其(具有
意義的)可能性？這些問法都屬於同一類。但是，一般而言，諸類神學
並不以這項(在本質上屬於宗教哲學的)預設爲已足。它們通常要從一
個進一步的預設出發：某些"天啓"，是攸關於救贖的事情——這也就
是說，這些事情使一種有意義的操持生命的方式成爲可能——因此，
我們必須要相信；它們預設：某些心靈狀態與行爲，具有神聖的性質，
也就是它們構成了一種在宗教上有意義的操持生命的方式，或至少構
成了這樣一個生命型態的組成部分。這時候，這些神學要問的便是：
這些必須直接承認的預設，要如何在一個整體的世界圖像之內，得到
有意義的詮釋？對於神學來說，這些預設本身和"學術"這回事全然無
涉。它們不是一種尋常了解的意義下的"知識"，而是一種"擁有"(Ha-

ben)。舉凡信仰或其他各種神聖的狀態，凡無能"擁有"這類狀態的人，也不能取神學為代用品，更不用說以其他學問充數了。反之，在任何"肯定性"(positive)❷⑥的神學中，信仰者都必會進入奧古斯丁(Augustine)的話所描寫的：我相信它，不是因為它悖理，而是**完全因為**它悖理(credo non quod, sed quia absurdum est)❷⑦。有本事去達成宗教行家(virtuosen)❷⑧這種"犧牲理知"(Opfer des Intellekts)的成就，乃是具有積極(positiv)宗教性的人最重要的特徵。事實之為如此，適足以顯示，在"學問"的價值領域，和宗教上的救贖的價值領域之間的緊張關係，即使有了神學(正是神學讓我們見到宗教要求"犧牲理知")──或者正是因為有了神學──也沒有解消調停的可能。

　　[§32　學者沒有犧牲理知的權利]　照道理說，只有門徒向先知、信徒向教會，才能"犧牲理知"。但是，從來未聞新先知會因為一些近代知識份子的需要而出現(在此，我特意再度利用這個已使某些人不愉快的意象)。這種近代知識份子，想用或可稱之為打了保單的真古董，來裝飾他們的靈魂，而在這樣做的時候，卻又記起宗教也在這類古董之列，可是宗教卻又正是他們所無的。於是他們以遊戲方式，用從世界各地搜集來的小聖像，裝點起一座私人小聖堂，以代替宗教，光鮮自己，或者，他們用各種各樣的體驗，創造出代用品，說這代用品具有神祕的神聖性，然後他們把它挾在腋下到書市上去叫賣。這純粹是欺人或自欺。但是，像某些在過去幾年間默默成長的青年團體，當它們對本身的人性團契關係，提供一種宗教性的、宇宙性的、或神祕性的詮釋時，這絕對不是詐欺，而是屬於高度嚴肅、高度真誠的一件事，雖然或許這種事在其意義上，常常陷入一種錯誤的詮釋。誠然，每一項真正博愛的作為，〔在當事人的意識中〕，都可以聯想到這個作

爲給一個凌駕個人的領域，貢獻了一些永遠不會喪失的東西，但同樣地，在我看來，這類宗教性的詮釋，是否能夠給純粹屬人的共同體關係增加尊嚴，也確有可疑餘地——這就不是我們今晚要談的問題了。

[§33　面對"眼下的要求"]　我們的時代，是一個理性化、理知化、尤其是將世界之迷魅加以祛除的時代；我們這個時代的宿命，便是一切終極而最崇高的價值，已自社會生活(Öffentlichkeit)隱沒，或者遯入神祕生活的一個超越世界、或者流於個人之間直接關係上的一種博愛。無怪乎我們最偉大的藝術，皆以隱邃柔斂(intime)見長，而非以巍峨雄放(monumentale)取勝；更無怪乎在今天，唯有在最小的圈子裡，在私人與私人的關係間，才有某種東西，以極弱的調子在搏動；換到以前的時代，這個東西，正是那曾以燎原烈焰掃過各大社會，而將它們融結在一起的那種發出先知呼喚的靈(pneuma)。如果我們企圖強求或"發明"巍峨剛發的藝術感性，那麼，會出現的將是像過去二十年間所建的許多紀念堂、紀念碑那樣的可怕怪物。如果有人企圖在沒有新的、眞正的先知的情況下，謀劃宗教上的新力量，那麼，會出現的將是一種在心靈意義上相似的怪物，唯其後果更惡劣。最後，至於講台上的先知，將只能產生狂熱的宗派，永遠無法造就眞正的共同體。對於我們時代的這種命運，誰若無法堅毅承擔，讓我們對他說：您還是安靜地、不要像一般回頭浪子那樣公開宣傳，而是平實地、簡單地、回到舊教會雙臂大開而仁慈寬恕的懷抱中去吧！它是不會爲難您的。不論以哪一種方式，他總是要以某種方式奉上他"理知的犧牲"的——這是無法避免的。如果他確實能夠做到這一點，我們不會因此而責罵他。因爲這種爲了無條件的宗教皈依，而採取的知性上的犧牲，從倫理的角度來看，和規避智識誠實這個平實義務，並不是同一回事；

如果一個人缺乏勇氣去澄清自己的終極立場，轉而用軟弱的相對主義論調，減輕這個義務，那就是在規避智性誠實這個平實的職責。在我看來，為了宗教皈依而犧牲理知的人，比講台上的先知有更高的地位，〔因為〕後者沒有了解到，在教室的範圍內，唯一的德性，便是平實的知性誠實。不過，這種知性上的誠實，要求我們指出：在今天，所有在等待新先知和新救主的許多人，所處的情境，和以賽亞預言所記的流亡時期以東(Edom)的守夜人那首非常美的歌，所唱出的情境，完全一樣：

有人從西珥不住的大聲問我：「守望的啊！黑夜還有多久才過去呢？守望的啊！黑夜還有多久才過去？」守望的人回答：「黎明來到了，可是黑夜卻還沒有過去！你們如果再想問些什麼，回頭再來吧。」❷

聽這段話的那個民族，已經詢問並等待了兩千餘年了，我們知道他們令人戰慄的命運。從這件事，我們要汲取一個教訓：只憑企盼與等待，是不會有任何結果的，我們應走另一條路；我們要去做我們的工作，承擔應付"眼下的要求"(Forderung des Tages)❸，不論是在人間的事務方面，抑是在成全神之召命的志業(Beruf)方面。只要每一個人都找到了那掌握了他的生命之弦的魔神，並且對祂服從，這個教訓，其實是平實而單純的。

III
政治作爲一種志業

韋伯這篇膾炙人口的演講，在此由錢永祥譯成中文。在翻譯時，根據的是 H. H. Gerth & C. Wright Mills， trans. & eds.， *From Max Weber: Essays in Sociology* (New York， 1946)， pp.77-128 的全文英譯，以及 W. G. Runciman， ed.， English trans. by Eric Matthews， *Max Weber: Selections in Translation* (Cambridge， 1978)， pp. 212-25 對原文最後三分之一的英譯；在翻譯時，我們曾逐字逐句取 Max Weber， *Gesammelte Politische Schriften*, 4. Auflage， hrsg. von Johannes Winckelmann (Tübingen， 1980)， pp. 505-60 德文原文對勘。

這份中譯初稿，曾由梁其姿根據 *Le Savant et le Politique*, trad. par Julien Freund (Paris， 1982)， pp. 99-185 的法文譯本詳細校讀一遍，又由胡昌智根據德文原文(見上)校訂，最後由翻譯者參考他們兩位的許多寶貴意見定稿。在翻譯及定稿的過程中，張炎憲曾根據西島芳二譯，《職業としての政治》(東京， 1952)及脇圭平譯，《職業としての政治》(東京， 1980)兩種日譯本，幫我們解決了一些疑難和困惑。張先生還替我們譯出了日文譯本的若干譯註。

本文段落基本上依據德文本，因爲原文甚長，牽涉到的題材也很多，爲了便利中文讀者，我們將全文分爲十個部分(以中國數字表示)六十九節(以阿拉伯數字表示)，各節均冠以小標題。我們要提醒讀者：這些分法及小標題均爲韋伯原文所**無**；它們只代表編譯者**個人**對韋伯這篇文章結構的了解，目的純粹是供讀者**參考**。

　　[§1　開場]　應諸君的要求，我來作這次演講。不過，在好幾方面，這個演講都必定會使各位失望。我們的題目是政治作爲一種志業❶。在以此爲題的演講中，各位期待我對當前大家關心的問題採取某種立場，自然不爲過。但是要到最後，當我們談到某些關於政治活動在整個生命操持裡的意義之問題時，才能僅止於從形式的角度，觸及立場的選擇。因此，在今天的演講中，任何關於政治主張的**選擇**——也就是說人的政治行動**應該**具有什麼**內容**的問題，將不在討論之列。因爲這類討論，對於作爲一種志業的政治是什麼、以及這種政治能夠具有的意義等一般性的問題來說，乃是完全無關的。現在，讓我們回到本題。

一

　　[§2　政治的初步界定]　何謂政治？ "政治"是一個涵蓋極爲廣泛的概念，每一種自主的**領導**(leitende)活動，都算是政治。因此，銀行有其滙兌政策、中央銀行有其貼現政策、工會在罷工中有其政策；甚至城市或村鎮有其教育政策、一個社團的主持人在領導中也有其政策；乃至於一個精明的妻子努力影響她的丈夫時，亦有政策可言❷。今天晚上，我們的考察當然不能以這麼廣泛的概念爲基礎。我們今天所謂的政治，指的是對一個**政治**團體——這在今天是指**國家**(Staat)——的領導、或對這種領導所施的影響。

　　[§3　國家在社會學上的定義]　那麼，從社會學的角度來看， "政治"團體(politischer Verband)❸是什麼？什麼叫作"國家"❹？在社會學上來說，國家不能用它的活動內容來加以界定。幾乎沒有什麼

工作，不曾在某時某地，被某政治團體引為己任；而在另一方面，也沒有什麼工作，在任何時地，都完全是國家的工作。易言之，沒有什麼工作，永遠**特屬**於人們認為是政治性的團體（在今天即國家，在歷史上即近代國家的前身）。也許，歸根究底，近代國家要在社會學上得到界定，唯有訴諸它——和任何其他政治團體一樣——特具的**手段**：直接的武力（physische Gewaltsamkeit）❺。「每個國家的基礎都在於武力」，托洛茨基（Leon　Trotsky）在布列斯特—李托夫斯克（Brest-Litowsk）❻如是說。這在事實上完全正確。如果社會的構成竟全然不知以武力為手段，**那麼**"國家"的概念必蕩然無存，**從而**出現的，正是在這種情況下一般所謂的"無政府"狀態。自然，武力並不是國家正常的或唯一的手段——沒有人這麼說；但是武力乃是國家特有的手段。尤其是在今天，國家和武力之間的關係特別密切。在過去，各式各樣的團體——從氏族（Sippe）開始——都曾以武力為完全正常的工具。可是到了今天，我們必須要說：國家者，就是一個在某固定疆域內——注意："疆域"（Gebiet）乃是國家的特色之一——（在事實上）肯定了自身**對武力之正當使用的壟斷權利**的人類共同體。就現代來說，特別的乃是：只有在**國家**所允許的範圍內，其他一切團體或個人，才有使用武力的權利。因此，國家乃是使用武力的"權利"的唯一來源。

　　[§4　政治的定義]　因此，我們可以如此界定"政治"：政治追求權力（Macht）❼的分享、追求對權力的分配有所影響——不論是在國家之間、或者是在同一個國家內的各團體之間。

　　基本上，這和我們的語言一般用法相符。當我們說一個問題是"政治"性的問題、說一個部長或官員是"政務"官、說一個決定受到"政治"性的影響，我們的意思是說，對那個問題的解決、對那個決定的達成、或者對那個官員職權範圍的劃定而言，權力的分配、維持或轉移，乃是最具決定性的考慮。從事政治的人，追求的是權力；這權力或者是手段，爲了其他目的服務，不論這些目的是高貴的或是自私的；或則，這權力是"爲了權力而追求權力"，目的是享受權力帶來的聲望感。

[§5　正當性的三種純粹類型]　一如歷史上在國家之前出現的政治團體，國家是一種以正當(legitime)❽(這是說，被視爲正當)的武力爲手段而存在的人**支配**(Herrschaft)❾人的關係。國家的存在，在於被支配者必須**順從**支配者聲稱具有的權威(Autorität)。在什麼情況之下他們會這樣做？爲什麼他們要如此做？這種支配所根據的，是什麼內在的道理和外在的手段？

在原則上，支配的心理根據——也就是說支配的**正當性**根據——有三❿。第一、"永恆的昨日"的權威：也就是權威因於"古已如此"的威信、和去遵襲的習慣，而變成神聖的習俗(Sitte)。這是舊日家父長(Patriarch)及家產制領主(Patrimonialfürst)⓫所施展的"傳統型"支配。其次，權威可以來自個人身上超凡的**恩典之賜**(Gnaden-gabe)——即所謂的卡理斯瑪(Charisma)⓬。這種權威，來自受支配者對某一個個人身上顯示出來的啓示、英雄性的氣質或事蹟、或其他的領袖特質，所發的人格上的皈依和信賴；這是"卡理斯瑪"型的支配。先知或——在政治領域內——群雄推舉出來的盟主、直接訴求民意認可的統治者(plebiszitäre Herrschen)⓭、偉大的群眾鼓動者(Dema-gog)、政黨領袖等類的人，所運用者即爲此。最後，還有一型支配，靠的是人對法規**成文條款**之妥當性的信任、對於按照合理性方式制定的規則所界定的事務性(sachliche)"職權"的妥當性有其信任。這也就是說，對於合於法規的職責的執行，人們會去服從。近代的"國家公務

員"、以及在這一方面類似公務人員的權力擁有者, 所運用的支配便屬
此型。當然, 在實際中, 人們之所以會去接受支配, 是因於恐懼和期
望這類最真實不過的動機: 恐懼魔法力量的報復、恐懼權力擁有者的
報復、期望在世間或在彼岸得到報償。或者, 是因為各式各樣的利益
而服從; 這一點我們很快就會談到。無論如何, 如果去詰問這些服從
的"正當性"根據, 則答案不出於這三種"純粹"類型 ⓮: 傳統型的、卡
理斯瑪型的、和法制型的。正當性的這幾種概念, 以及其內在心理上
的基礎, 對於支配的結構, 具有極為可觀的意義。當然, 這些純粹類
型, 絕難在實際中出現。不過, 今天我們不能深入這些純粹類型各種
極度複雜的樣態、轉變和組合; 這些乃是"一般國家學"(allgemeinen
Staatslehre)的課題。

　　[§6　卡理斯瑪型支配]　在此, 讓我們特別感到興趣的, 是這
些類型中的第二種: 因於服從者對"領袖"純粹個人的"卡理斯瑪"所發
的皈依, 而形成的支配。這種類型的支配之所以重要, 是因為**志業**這
個觀念最高度的表現, 在此找到了其根源。向先知、戰時領袖、公民
大會(Ekklesia)或國會中的偉大群眾鼓動者的卡理斯瑪皈依, 意思就
是這個領導者個人, 已被承認在內心受到"徵召", 負有使命, 作為大
家的領袖。人們服從他, 不是因於習俗或法條, 而是因為人們信仰這
個人。只要這個人不徒然是個狹隘虛榮的一時之雄, 那麼作為領袖,
當然他會對他的事業全心以赴、獻身敬業。不過, 他的附從者——弟
子、追隨者、他個人的朋黨——所皈依的對象, 乃是他這個人和他這
個人的特質。這類卡理斯瑪式的領袖, 在各地及各歷史時期都曾出現。
在過去, 最重要的卡理斯瑪式人物有兩類: 在一方面, 有法師和先知,
在另一方面, 則有戰時推舉出的盟主、山寨頭子、和傭傭兵領袖(con-

dottiere)❶。不過，我們更感到興趣的，則是西方所特有者：這種**政治**領袖起先的型態，是自由的"群眾鼓動者"；他們只在西方的環境中出現，特別是在地中海文化所特有的城市國家(Stadtstaat)的土壤上出現；後來，這種領袖則以國會中的"政黨領袖"型態出現；這也只有在西方環境中所特有的立憲國家中，才能培育出來。

二

[§7　從支配者到支配運作的資源]　當然，在政治權力鬥爭的混戰中，這種憑藉最道地意義下的"志業"〔或使命〕而崛起的政治家，從來不曾是唯一具有決定性意義的角色。最重要的，可能還是在於這等政治家能取用什麼樣的輔助工具。政治上的支配權力，如何維持其支配於不墜？這個問題，對於任何一種支配都成立，因此對各種型式的政治支配也成立：不論其為傳統型、法制型，或是卡理斯瑪型。

[§8　支配之經營的兩項要素——人與物]　支配的經營(Herrs-chaftsbetrieb)❶，要求持續的行政管理。因此，在一方面，支配的經營，需要有人力配備，旨在聽命於宣稱持有正當權力的支配者；而在另一方面，支配的經營，需要借助於這種服從，對於使用武力時必需的物資，有所掌握和控制。這也就是說，支配的經營需要由人組成的行政管理僚屬(Verwaltungsstab)、和物資方面的行政管理工具。

[§9　人的因素：行政僚屬]　行政僚屬，在政治的支配之經營(像任何其他類的經營一樣)的外在表現中，代表著這種經營。行政僚屬之所以會去服從、聽命於權力的擁有者，自然不僅是因於他們心中的(我們上面談過的)正當性意念。促使他們去服從的，是兩項訴諸他

們個人利益的東西：物質上的報償、和社會性的榮譽。封臣(Vasal-
len)的采邑(Lehen)、家產制下臣僚的俸祿(Pfründen)❶、近代國家公
務員的薪俸、騎士的榮譽、身分(Stand)❶賦予的特權、官吏的榮譽等
等，分別從兩方面構成了這等人的報酬。行政僚屬和權力擁有者之間
的共命結合關係，最終、最重要的基礎，就是怕失掉這些東西。至於
在卡理斯瑪型領袖的支配之下，則附從戰爭領袖者有榮譽和戰利品可
得，追隨群眾鼓動者的人，也可分得"政治戰利品"(spoils)：因爲壟斷
了官職而得搾取被支配者、政治方面的利益、以及虛榮心的滿足。

　　[§10　物的因素：行政工具]　　要維持一套以武力爲基礎的支
配體系，需要一些具體的、物質性的工具。在這一點上，政治與經濟
性的經營並無二致。行政工具包括了金錢、建築物、戰爭物質、交通
工具、馬匹、以及任何你想得出來的東西。一切國家體制，均可以按
照其行政工具的所有制原則分爲兩類：一類爲行政管理工具乃係權力
的擁有者能指望其服從的行政僚屬——官吏或其他類似人等——**自己
所有**，另一類則爲行政僚屬與行政管理工具乃是"分離"的，一如今天
我們所說，資本主義企業中的職員及無產階級與實質生產工具是"分離
的"一樣。這也就是說，我們可以分辨兩種情況：一方面，權力的掌握
者**私人擁有**由他組織起來的行政體系，透過個人的僕從、聘僱的官吏、
私人的寵臣親信等進行行政管理工作，這一類人員自身對行政工具並
無所有權，而只是接受主人之指揮行事；另一方面，情況正好相反。
這兩種行政工具所有制之間的分野，在過去一切行政管理組織中，都
可以見到。

　　[§11　身分制政治團體]　　在一個政治團體裡，行政的實質工
具，若全部或部分由從屬的行政僚屬自行掌握，我們稱這種團體是按

照"身分制"(standisch)組織起來的團體。例如，封建制度中的封建領主，便自己掏腰包，提供他所受封的區域中行政和司法的開銷；他自己提供戰爭的裝備和給養；他的下級封臣亦如此。當然，這對於君主權力的地位有所影響，因為在這種情況下，君主權力的基礎，是一種個人之間的信任關係，在於只有從君主，封建領主的采邑和社會地位，才能取得其"正當性"。

[§12　君主擁有行政工具]　但是，從最早的政治組織開始，在每一個地方，我們也都可以見到君主自己管理行政的情形。透過從屬於他個人的屬下(奴隸、家臣、侍從、"寵倖"，以及君主從自己的倉庫中提實物或金錢去封賜的俸祿者)，這類君主設法自行掌理行政。他設法用自己的腰包、用他家產的收益，去供應行政工具；他建立一支軍隊，這軍隊完全依賴他個人，因為這支軍隊的給養和裝備，取自他的倉廩、他的財產、他的武器庫。在"身分制"的團體中，君主借助於一個自主的"貴族階級"(Aristokratie)建立支配，因此他須和這個"貴族階級"**分享**支配權。但是親自管理行政的君主，靠的是他的家中臣奴或者平民(Plebejer)的助力。這類人，是沒有財產、也沒有社會地位的階層；在物質方面來說，他們完全依賴君主，本身沒有任何足以抗衡的力量。一切形式的家父長制支配、家產制支配、蘇丹制(Sultanismus)❶的獨裁、官僚制國家體制，都屬於此類。官僚制的國家體制尤其重要；其理性發展的極致，正是近代國家的特色。

[§13　近代國家對行政工具的收奪和壟斷]　在任何地方，近代國家的發達，都是由君主所發動的。與君主平行，自主而"私人"握有行政權力的人，也就是自身擁有經營行政、軍事和財政的工具、擁有各種在政治上可運用資源的人，是由君主來開始褫奪他們的權力的。

這整個過程，和資本主義企業藉著緩緩剝奪個體生產者而得發展的過程，完全類似。到最後，近代國家把政治經營的一切工具，完全集中到一個單一的頂點上。再也沒有任何官員個人擁有他所處理的錢、或者他所管理的建築物、庫藏、工具和軍火。在今天的"國家"中，行政僚屬(行政官吏和行政事務人員)和具體行政工具的"分離"，終告貫徹──這是"國家"這個概念最重要的一環。最近代的發展，便是從這裡開始的；我們正親眼看到，當初收奪這些政治工具──也就是收奪政治權力──的人，現在已經淪爲新一輪收奪的對象。這場革命 ❷，至少就其領袖業已取代了合法的政府這一點而論，所成就的是這些領袖通過篡奪或選舉，已掌握了處理政治上的人事和財物體系的權力，並且──不論他們有多少根據這樣認定──從被支配者的意志建立了他們的正當性。至於在這種至少在表面上看來算是成就的基礎上，這些領袖有沒有理由希望推進一步，開始在資本主義企業的內部，貫徹收奪的工作，那是另外一個問題；政治管理和資本主義式的經濟經營之間，誠然有著很多相似之處，可是後者是受完全不同的規律所指導的。不管怎麼樣，對於這個問題，今晚我們不採取立場。我僅止於陳述出純粹的概念面，以供我們思考：近代國家是制度化(anstaltsmässig) ❷了的支配團體；對於在其疆域內進行支配的手段，也就是具有正當性的武力，國家已成功地取得了獨佔壟斷；爲了達成這個目的，國家業已把經營所用的物質工具，集中到其領導人手中，褫奪了前此自行控制這些工具的身分性的自主行政人員的權力；國家站在最高處，取代了他們的位置。

[§14　新型職業政治家的出現]　這種政治上的收奪權力的過程，在世界上每一個國度中，都曾經發生過，雖然成功的程度不同。

在這種政治收奪權力的過程當中，**另外一種**意義下的"志業政治家"（Berufspolitiker）開始出現；這種政治家，也是〔取政治為職業的〕"志業政治家"中最初的一類。我們最早看到他們的時候，他們都是在君主的麾下服務。和卡理斯瑪型的領袖不同，這種人本身無意成為支配者，而只是要為政治上的支配者**服務**。在收奪權力的鬥爭中，他們為君主所用；藉著處理君主的政治，他們一方面謀得生計，一方面也獲得理想的生命內容。**唯有**在西方，我們才見得到**這種**職業政治家（Berufspolitiker）也替君主之外的權力服務。在歷史上，他們是君主最重要的權力工具，也是君主在政治上收奪權力時最重要的工具。

三

[§15　**政治作為副業與政治作為主業**]　在仔細討論"職業政治家"之前，讓我們先比較全面地弄清楚他們的存在所呈現的事態。一如經濟上的謀生之道，"政治"可以是人的臨時偶務、可以是人的副業（Nebenberuf）、也可以是人的主業（Hauptberuf）。在三種身分下，人都可以從事政治，也就是試圖影響一個政治結構之內或者政治結構之間權力的分配關係。當我們投下我們的選票、或者是進行類似的意向表達——比如在一個"政治"集會中鼓掌或者抗議、或者發表一篇"政治"演說，等等——之時，我們都是以政治為偶務的"臨時"政治家（Gelegenheitspolitiker）。許多人和政治的全部關係到此終止。另一方面，在今天，一切只有在有需要的時候才有政治活動的人，如政黨政治下各種團體的代表（Vertrauensmänner）和理事（Vorstände），所從事的則是一種作為副業的政治。對這種人來說，無論在實利上或者

就理想而言，政治都不是他們"當成生命"的**首要**所在。對於國家的資政、或其他類似的諮詢機構的成員，只有在被召集時才發生作用，這一點也成立。另外，在我們的國會議員中，有一大部分只有在會期中才有政治方面的活動，這些人的情形亦是如此。在過去，這類人物在身分團體中最多。所謂"身分團體"，我們指本身有權利擁有武裝力量的人、或者有權利擁有行政管理所需的重要工具者、或者本身擁有支配權力的人。他們之中有一大部分人之從事政治活動，非但牽涉不到生活的全部，也不屬優先的選擇，更不會有過於臨時性者。他們所擁有的支配權力，是用來取得租金（Renten）甚至利潤的。如果他們居然管起政治，積極地為政治團體效勞，那一定是因為君主或者他們同一身分團體的人，向他們要求這項服務。在君主要為自己創建出一個屬於自己、唯己命是從的政治經營力量的鬥爭中，他引入的某些助力，常屬於這一類。"宮廷外顧問官"（Räte von Haus aus）❷，或者更早的"部族會議"（Curia）、君主的其他諮詢、參議性機構中相當大的一部分資政人員，都是屬於這類性質。但是，這種副業性的、只應需要而存在的輔助力量，對君主來說，自然是不夠的。出於必然，君主要設法組織一個助手團，完全而無旁騖地為他作事，亦即要引此為他們的**主業**。逐漸浮現的王朝政治組織的結構，甚至該文化的整個性格，都在很大的程度上，取決於君主從何處找來他的工作人員。即使是那些（所謂的）"自由"共同體，也就是已經完全廢除了君主的權力、或者在很大程度上限制了君主的權力，而由其成員在政治上自行建構、組織起來的政治團體，也必須有以政治為主業的職業政治家。所謂這種共同體是"自由"的，意思不是說這種團體可以免於武力性的支配；這裡"自由"之意，是說由傳統來正當化（在大部分的例子中，在宗教的方式

下被神聖化)爲一切權威之不二來源的君主權力，已經看不到了。在歷
史上，這類共同體的起源溫床僅見於西方。它們的萌芽，是作爲一個
政治團體的城市，也就是城市在地中海文化圈首次出現時的那種型態。
就以上這些情況而論，以政治爲**主要**職業"的政治家，是什麼樣子的
呢？

[§ 16 "爲了"政治而活和"依賴"政治而活] 一個人要以政治爲
職業，可以以兩途爲之："爲了"(leben für)政治而活，或者是"依賴"
(leben von)政治而活。這兩種途徑之間的對立，絕對不是截然的。常
律是一個人兼有兩者——至少就精神層面而言；而當然，就物質方面
來說，更有兩者齊兼的。"爲了"政治而活的人，在一種**內在心靈**的意
義上，把政治當成自己的"生命所在"。這種人，或者心喜他之擁有他
所施展的權力；或者他要知道他的生命在爲一件"事業"(Sache)的服
務中得到了**意義，**他才能夠維持內心的平衡、以及覺得自己有某些價
值。不過，在這種內在的意義之下，每一個爲了一件事業而活得認眞
的人，都是"依賴"這件事業而活。因此，我們在這裡提出來的區分，
指的乃是問題比較實際的一面，也就是指經濟的方面。致力於把政治
變成一個固定的**收入**來源的人，"依賴"作爲職業的政治而活；反之，
就是"爲了"政治而活。在私有財產制度的支配之下，一些你可以說是
非常瑣屑不足道的先決條件，一定要先存在，才能讓人在這種經濟的
意義之下，去"爲了"政治而活。在正常的情況中，這種人一定要能夠
在經濟上不依賴政治可以帶來的收入。這意思很簡單：這種人一定要
很富有，或者處於某種可以帶來充分收入的私人地位上。至少在正常
的情況中，情形是如此的。但是戰爭領袖的追隨者、革命英雄的街頭
群眾，眼中當然不會有正常經濟運作的條件。在這兩種情況中，當事

人維生所賴，乃是戰利品、掠奪物、沒收之物、人們的捐獻、以及在本質上和這些無二致的毫無價值、強制性的貨幣或票券形成的搾取。不過，必然地，這些都是異常的情形。在正常的經濟生活中，一個人要能在經濟上不依賴政治方面的收入，一定要有屬於本人的財富。但僅如此尚不夠。這樣的人，在經濟上尚必須"有餘裕"(abkömmlich)；這意思是說，他的收入，並不靠他持續地把自己的精力和思考，全部或至少是大部分，投注在經濟方面的經營上。在這個意義上來說，只有靠租息或紅利收入的人(Rentner)，才是完全"有餘裕"的人，因爲這種人的所得，完全都是不勞而獲的。過去的領主、現代的大地主和貴族，靠的是收取地租(在古代或中世紀，還有奴隸或農奴的貢納)，在近代，則有從有價證券或其他類似來源獲得分紅的人：這些便都是靠地租或紅利收入的人。至於工人**以及**企業家，在這種意義下，**都**不是"有餘裕"的。關於企業家這一點，必須格外注意，**特別**是近代大規模企業裡的企業家。因爲被整個企業經營所束縛住的**尤其**是企業家，因此他們**不是**"有餘裕"的。如果我們考慮到農業的季節性，那麼這一點對工商業方面的企業家，較之農業方面的企業家，**尤其**成立。大體言之，在一個企業的經營上，企業家很難讓別人來代替，即使只是暫時性的。在這個意義之下，醫師也不是有餘裕的，同時他缺乏餘裕的程度，和他的傑出及忙碌的程度成正比。從職業純粹技術方面的考慮來看，辯護律師就比較"有餘裕"，因此在職業政治家這一行中，律師扮演的角色，大到不成比例，往往到了壓倒性的程度。我們不用再按項繼續分類下去了；我們不如來釐清"爲了"政治而活、和"依賴"政治而活之間的分野，所造成的若干影響。

〔§17　資產對職業政治家的意義〕　一個國家或者一個政黨的領

導人物，如果(在經濟的意義上來說)完全爲了政治而活，而不是依靠政治而活，那麼這個領導階層的成員，一定是在一種"金權"(pluto-kratische)取向的方式下，被爭取和納入這個系統的。當然，這不是說金權式的領導階層的存在，就表示在政治上居於支配地位的階層，**不會**"依賴"政治爲生，就表示支配階層**不會**利用他們的政治支配地位，去爲他們的私人經濟利益服務。這些，當然都不在話下。從來就不曾有過什麼階層，是從來不曾以某種方式利用政治地位謀取私人經濟利益的。不過，領導階層的金權性格有一個含意：這時候，職業政治家不需要直接**爲了**他的政治工作求取報酬，但是沒有資產的政治家，卻必須要求這種報酬。不過，在另一方面，我們並無意說，沒有資產的政治家，在政治上唯一的著眼點或主要的著眼點，就是追求私人在經濟方面的生計。我們也無意說，這種政治家不會把"理想"(Sache)當成用心的所在。這和實情絕對不符。經驗告訴我們，對有資產的人來說，對於個人生存的經濟"安全"的關心，有意識地或者無意識地，總是他們整個生命取向的基本定位點。有些階層，因爲沒有資產，故位在對於一個社會的經濟體制的維持〔有利害關係的圈子〕之外。一種無所忌憚、不講條件的政治理想主義，主要──如果不是唯一──的存身之所，便是這種階層。在不尋常的年代，也就是革命的年代，情形尤其是如此。〔回到我們原來的話題：我們說沒有資產的政治家，必須要爲自己的政治工作要求報酬〕。這裡我們的意思不過是說：用非金權的取向，爭取和徵召對政治有興趣的人，不論是領導者以及追隨者，需要有一個不言自明的先決條件來配合：有志從事政治的人，會從政治的經營，按時得到可靠的收入。從事政治，或者可以出之以"名譽職"(ehrenamtlich)的方式；這是我們常說的"獨立"(意思是說有資產)

的人，特別是坐收租金和紅利的人，從事政治的方式。或則，沒有資
產的人也可以參與政治工作，但這類人必須要取得報酬。**依靠**政治而
活的職業政治家有兩種：或者是純粹的"俸祿人"(Pfründen)，或者是
受薪的"官吏"(Beamter)。這種政治家，或者爲了執掌特定的業務，
而從規費(Gebühren)和業務佣金(Sporteln)得到收入——小費和賄
賂，只是這類收入中不合規定、正式說來不合法的一種；或則，在實
物的形式下、在金錢的形式下、或者在兩者兼具的形式下，他獲得一
份固定的收入。這種政治家可以扮演"企業家"的角色，像從前僱傭兵
的領袖、租取官職或者捐買官職的人、或者美國的政黨老大(boss)；
在這種人看來，一切花費都算是一種投資，以後再藉著運用自己的影
響力，回收利潤。他也可以有固定的工資，例如報紙編輯、黨書記、
近代的內閣部長、或者政務官吏。君主、獲勝的征服者、成功的黨頭
目，給予追隨者的報酬，在過去是封建采邑、土地的贈與、俸祿，而
隨著貨幣經濟的發展, 業務佣金式的俸祿(Sportelpfründen)❷已變成
典型。到了今天，對於忠心的追隨者，政黨領袖會賞賜各式各樣的職
位：黨裡面的職位、報界、合作社、醫療保險機構、地方政府或國家
的職位。**一切**黨爭，所爭的固然是實質的目標，但更是爭奪官職任命
權的鬥爭。在德國，主張各邦分權制的人和主張中央集權制的人之間
主要的鬥爭，集中在一個問題上：官職任命權歸誰——柏林的人？慕
尼黑人？卡爾斯魯人？或德列斯登人？對於政黨來說，謀官職分派權
而不成，比它實質的目標受挫折，是更嚴重的打擊。在法國，若地方
首長因爲政黨政治的緣故而發生易動，一向被認爲是重大的轉變，比
政府修改施政綱領，造成更大的轟動——政府的施政綱領，意義好像
不過虛文徒具。有些政黨，特別是美國的政黨，在關於憲法解釋的舊

日衝突消失了之後，已經變成了純粹以獵取官職爲目的的政黨；至於實質的綱領，乃是可以按照獲取選票的機率而隨時改變的。在西班牙，直到近年，兩個主要的大黨，按照習成的慣例，通過由上面導演的"選舉"，輪流掌權，以便讓它們的追隨者獲得官職。在西班牙的殖民地，無論在所謂的"選舉"中、或是在所謂的"革命"中，所爭的一直是勝利者可望取食的國家麵包籃。在瑞士，政黨以和平的方式，按照比例均分官職。我們的某些"革命"的憲法草案，比如巴登（Baden）邦憲法的第一次草案，曾想把這個制度推廣到部長級的職位。國家和國家的官職，被認爲純粹是提供俸祿的機構。天主教中央黨對這個構想最熱心支持。在巴登，這個黨所提出的政綱之一，就是要按照各教派的比例來分配官職，而不論其實力表現如何。隨著普遍官僚化造成的官職數目增加、隨著愈來愈多的人因爲官職代表著特別**有保障**的生計而要求官職，任何政黨的這種趨勢都會增強。對於它們的追隨者來說，政黨愈來愈變成了獲得這種有保障的生計的手段了。

　　[§18　**專業官僚的興起**]　　和這種趨勢相對的，是近代官僚體制的發達過程。受過長年的預備訓練，這是一支有特長、具備專業訓練、高度合格的腦力勞動力量。爲了保持廉直，他們對自己的團體身分，發展出了高度的**榮譽感**。沒有這種榮譽感，可怕的腐化和鄙陋的庸俗，將如宿命一般，對我們造成威脅；即使國家機構純粹技術性的運作，都會受到危害。在經濟方面，這種運作的重要性已在日增；隨著社會化（Sozialisierung）❷❹的逐漸擴大，情形尤其如此；並且這種重要性，會愈來愈增強的。在美國，隨著總統選舉的結果，獵官式的政治家（Beutepolitiker）❷❺組成的素人（Dilettanten）❷❻政府，要更動成千上萬的官員，直到郵差爲止。政府中不見終身職的職業官吏。不過

這種素人式的政府行政體制，已經逐漸被文官改革法案(Civil Service Reform)❷所穿透。政府工作純粹技術性的、無從躲避的諸般需要，決定了這種發展。在歐洲，按照分工原則的專業官吏體制，是在歷時五百年的發展中，逐漸出現的。義大利的城邦和"市政門閥"(Signorien)❷開其端緒；就君主政體而言，諾曼征服者諸國❷則首開濫觴。但是最具決定性的一步，起自君主的**財政**問題。在麥西米倫一世(Maximilian I)的行政改革中，我們可以看到，雖然財政這個領域是最經不起素人式的統治者來調弄的——在當時，統治者大致不脫一個騎士而已——但是，官吏要想在這個領域中剝奪君主的權力，卻依然十分困難，即使是在極度的迫切情況中、和落入土耳其人支配的威脅下。戰爭技術的發展，造成了對於專業軍官的需要；司法程序的精密化，則造成了對於受過訓練的法律家的需要。到了十六世紀，在財政、軍事和司法這三個領域，專業官吏體已在較先進的國家中，取得了明確的勝利。在君主壓倒身分等級(Ständen)之後，君主的絕對政體興起；不過，與此同時，君主的親臨政事，也逐漸讓位給專業的官吏。因為正是借這種官吏的助力，君主對身分等級的勝利才有可能。

[§19　首席政治家的出現]　在具備專業訓練的**官吏階層**之崛起的同時，"首席**政治家**"(leitende Politiker)的發展也告完成，雖然這中間的轉變過程容或甚難察覺。當然，在實際上具有決定性權威的君主顧問，在任何時代、任何地方都曾存在。在東方，為了盡可能解除蘇丹對政府施政後果所負的責任，便創造了"大相"(Groβwesir)❸這種典型的角色。在西方，在卡爾五世(Karl V)的時代——也就是馬基亞維利(N. Machiavelli)的時代——主要是受到了威尼斯使節送回的報告的影響，外交首次變成了一種**有意識地**培養的技藝。在專業

外交圈中，人們以強烈的熱情，閱讀威尼斯使節送回的報告。嫻熟於
這種技藝的人，主要都受過人文主義的教育；他們互以業已入門的圈
內人相待，有如中國戰國時代後期的人文主義政治家。這種情況下，
整個政策——包括內政——要求有一位首席政治家，在形式上作一種
統一的領導。不過，最後是因爲立憲國體的發達，這種必要才明確而
迫切地表現了出來。誠然，在此之前，個別的人物，比如君主的顧問、
或者甚至在實質上領導君主的人，都曾不時出現。但是，包括最先進
的國家在內，行政機構的組織，在開始的時候是另循他途的。**合議制**
(Kollegialität)❸的最高層行政機構，在先便已出現。理論上，這種機
構在君主本人的主持下合議，由君主作成決定；在實際中，這種情形
卻逐漸地消退。在合議制度下，產生了正反兩面的方案、以及因不同
考慮而造成的票決上的多數派和少數派。可是在這個正式的最高機構
之外，君主身邊尚有純粹私人的親信——"內閣"(Kabinett)；君主在
考慮過樞密顧問——或者任何這類的最高國家機構——的議決之後，
再針對這些議決，透過身邊親信形成決定。愈來愈落入一種素人地位
的君主，藉著合議系統和內閣，設法減輕受過專業訓練的官僚對他綿
綿增強而無從躲避的壓力，讓最高的領導權能夠留在自己手裡。君主
親自主政和專業官僚體之間這種潛在的鬥爭，在任何地方都存在。這
種情況，直到國會和政黨領袖對權力的興趣逼到眼前時，才有所改變。
〔這個新發展在各國有〕極爲不同的條件，但是卻都導致了外觀上一樣
的結果；而當然，這不是說這些結果之間，並沒有一些差別。在王朝
仍然掌握實權的地方——德國便是一個突出的例子——君主的利益與
官僚階層的利益結合，共同**對抗**國會以及國會對權力的索求。官僚的
利益所在，是要讓領導的地位，也就是部長的位置，由他們自己人來

佔取，好讓這些地位，成爲官吏晉昇的目標。君主的利益所在，則是
要能夠按照自己的判斷，從忠誠的官吏行列裡，指派出部長。兩方面
的共同利益，在於保證政治領導能夠以一種統一、團結的方式面對國
會；這也就是說，保證合議系統由一個統一的內閣揆首來取代。再有
者，君主爲了在純粹形式上避開政黨鬥爭和黨派的攻擊，需要有一個
特定的個人來護在他的前面，負起責任，也就是說替他向國會負責，
以及和政黨進行斡旋。這些利益和考慮共同作用的時候，指向同一個
方向：一個統一領導的行政首長出現了。至於在國會凌駕王室的地方，
比如說英國，國會權力的發達，更有力地促進了政治領導的統一。在
英國，"內閣"的最高人物，是國會中的統一領導人，所謂"領袖"
（Leader）；內閣則演變成爲居於多數的**政黨**〔組成〕的一個委員會。擁
有多數席次的政黨的這個權力〔機構〕，爲正式法律所忽視，但它卻是
在政治上具有決定性的權力。正式的合議機構本身，並不是實際支配
力量的機關——政黨，因此它也不能夠成爲眞正的政府管理之所在。
執政黨需要一個強而有力的機關，只由該黨中實際的領導人物充任成
員；他們可以進行祕密的討論，以便對內維持權力，在外則進行堂皇
的政治。內閣者也，不過就是這個機關。但面對公衆，特別是國會內
的公開場面，黨需要有一個領袖，對所有的決定負責——這卽是內閣
揆首。在歐陸，這種英式的制度，在國會內閣制的形式下被採用。在
美國，以及受美國影響的民主政體中，相對於這套英式的制度，採用
的是一套相當駁雜的制度。在美式制度下，獲勝政黨的直接民選黨魁，
從頂峰點領導由他指派的官吏系統；只有在預算和立法方面，他才受
國會的同意權所拘束。

　　[§20　**政務官吏和事務官吏**]　政治逐漸演變成一種"經營"的

之後，因爲這種經營需要從業者受過權力鬥爭的訓練、受過近代政黨政治(Parteiwesen)發展出來的權力鬥爭方法的訓練，所以政治的這種演變，決定了公共官吏分爲兩類；這兩個範疇之間的分野，雖然不是僵固而一成不變的，但卻清楚有別。這便是事務官吏(Fachbeamte)和政務官吏(politische Beamte)兩個範疇。一般言之，在道地意義之下所稱的"政務"官，表面上有這樣一種特徵：他們在任何時候，都可以調職、撤職、或者甚至"休職備用"。在這一點上，他們和法國的省長(prefects)或其他國家的類似官員很相像；而就這一點而言，他們和從事司法職能的官吏的"獨立性"，呈現強烈的對比。在英國，當國會中的多數黨有了變換，因此更換內閣的時候，按照固定慣例必須辭職的官員，也屬於這一個範疇。在這一類官員之列，還必須算上負責一般"內政"之管理的人；這種工作的"政治"性，主要在於維持國境內的"秩序"，也就是維持現存的支配關係。在普魯士，依照普特卡默告示(Puttkamerschen Erlab)❷，若要避免處分，這類官員有義務"支持政府政策"。同時，正像法國的地方省長，這類官員還被用來作爲影響選舉的工具。和其他國家相反，在德國的體制之下，因爲職位的取得要求受過高等教育、通過專業考試、以及特定的職前實習，因此，大多數這類政治官員，都具有和其他官吏一樣的品質。在我們這裡，不具有近代專業官吏的這項特徵的，只有政治機構的首長；部長。在〔革命之前的〕舊制度❸之下，一個人即使從來不曾受過高等教育，也可以擔任普魯士的教育部長。但是，在原則上，你如果要成爲參事官(Vortragender Rat)，必須先通過指定的考試。受過專業訓練的司長(Dezernent)和參事官——比如說普魯士教育部在阿爾特霍夫(Frie-drich Althoff)的時代——對於業務上的技術問題，和他們上面的部

長比起來，所知當然要豐富得多了。在英國，情形也是如此。這樣一
來，就各種日常業務而言，他們比部長還要來得有權力，也不是沒有
道理。部長只不過是**政治**權力配備態勢的一個代表；他必須支持和執
行這種權力態勢所提出來的要求，針對〔他〕屬下專家的建議作出決定，
或者是對他們下達政策性的適當指令。

　　畢竟，民間的經濟性經營，情況也十分類似。眞正的"主權人"
——股東大會——在業務的經營上，和受專業官吏統治的"人民"一樣
沒有影響力。決定一個企業的政策的人，也就是銀行控制的董事會，
只下達指示性的經濟命令、選擇經理人；他們本身沒有能力站出來，
對企業作技術上的指揮。就此而言，革命國家❸當前的結構，在原則
上並無新意。在這種結構中，行政聽命於控制了機關鎗的素人，他們
只願意把專業官吏當成實際執行事務的頭腦和手腳來使用。當前這種
體制的困難在別處而不在此，我們今天對這些困難不擬加以討論。

四

　　[§21　**職業政治家的性格和類型**]　　現在，我們想知道的，是
職業政治家——這包括"領袖"和領袖的追隨幹部——有什麼典型的特
性。職業政治家的性格曾經有過改變；在今天，各類職業政治家的性
質，有很大的差異。

　　我們已經見到，在過去，"職業政治家"是從君主與身分階層(St-
and)的鬥爭中發展出來的；他們的服務對象是君主。現在，讓我們簡
略地整理一下這些職業政治家的主要類型。

　　[§22　**僧侶**]　　面對身分階層，君主從不具有身分階層的性格、

但有政治上使用價值的階層中，取得助力。在這類階層中，首先我們可以舉出僧侶階級(Kleriker)。在印度次大陸和中南半島、在佛教的中國和日本、在喇嘛教的蒙古、和在中世紀時的基督教世界一樣，都有這個階層的存在。僧侶之所以能夠扮演這樣的角色，有一個技術上的原因：他們識字。婆羅門、佛僧及喇嘛等之被引入宮廷、主教和教士之被用爲政治上的顧問，目的是得到一股能讀能寫的行政管理力量，由皇帝、君主或者可汗，在和貴族的對抗中使用。僧侶——特別是守獨身的僧侶——位在正常的政治利益和經濟利益的追求之外，也不會爲了子孫而覺得有必要向君主爭奪一己的政治權力；就這一點而言，僧侶和會與君主對抗的封臣不同。因於僧侶的特殊地位，僧侶和君主的行政經營工具是"分離"的。

〔§23 文人〕 這類階層中的第二種，是受人文主義教育的文人(Literaten)。過去有一度，人們學習用拉丁文作演說，用希臘文寫詩，目的是成爲君主的政治顧問，最好是能成爲君主的政治文書(Denks-chriften)的執筆者。這是人文主義書院的第一次興盛期，也是君主設立"詩學"講座的時期。對我們來說，這是一個短暫的過渡時期；這個時期，對我們的教育體制，有持久的影響，但在政治上，卻沒有產生比較深入的後果。在東亞，情況就不同了。中國的官大人(Mandarin)在出身上，和我們文藝復興時期的人文主義學者大致相似：一種以人文主義方式、用古代經典加以訓練並且通過測驗的文人。試讀李鴻章的日記，你會發現，他最引以爲傲的，就是能賦詩和擅於書法。這個階層，挾其取法中國古代而發展出來的規矩，決定了中國的整個命運。如果當年的人文主義學者，曾稍有機會取得同樣的影響力，我們的命運也許也是一樣。

[§24　宮廷貴族]　宮廷貴族(Hofadel)，構成了這類階層中的第三種。君主在剝奪了貴族作爲一個身分階層的政治權力之後，把貴族延入宮廷，讓他們從事政治方面或者外交方面的職務。我們的教育制度在十七世紀時的轉變，部分原因是宮廷貴族式的職業政治家，取代了人文主義學者式的文人，開始爲君主服務。

[§25　士紳]　第四個範疇，是英格蘭特有的制度。這是一種地方名門(Patriziat)階層，由小貴族和城鎮中靠租貸及利息收入的人組成；用術語來說，這叫做士紳(gentry)。英格蘭的士紳階層，原來是一個君主爲了對抗封建豪族(Baron)而引爲己用的階層。君主讓這個階層擁有"自治政府"(self-government)的職位；後來君主本身也愈來愈依靠這個階層。士紳爲了自身社會力的利益，不求報酬而接受了地方行政的所有職位，由而對這些職位取得了所有權。士紳使得英格蘭免於官僚化，但這種官僚化卻是所有歐陸國家的命運。

[§26　法律家]　第五個階層爲西洋所特有(特別是歐洲大陸)，那就是受過大學教育的法律家(Juristen)。這個階層，對於歐陸的整個政治結構，有決定性的意義。經過晚期羅馬官僚國家修訂之後的羅馬法，對後世的龐大影響，最明顯的表現就是，不論在何處，政治經營以理性國家(rationale Staat)爲發展方向的革新，都是由受過訓練的法律家所帶動的。這在英格蘭也沒有例外，即使英格蘭法律家的龐大本土性基爾特組織，阻擋了羅馬法的移入(die Rezeption)。在世界任何地方，我們都看不到和羅馬法理性化過程類似的情形。印度的彌曼薩學派(the Mimansa school)❸中，雖然已有理性法學思想的端倪；回教對古代法學思想，也有進一步的培育；但這些都無法阻止神學的思想形式，逐漸湮沒了理性法的觀念。尤其是司法訴訟的程序，在印

度和回教中，沒有能充分的理性化。這種理性化之在歐洲大陸出現，完全是靠義大利的法律家，借來了古羅馬的法理學。羅馬的法理學，是一個從城邦國家上昇到支配世界地位的政治結構的產物，具有十分獨特的性格。它的"借用"見諸中世紀晚期註釋羅馬法滙編(Pandect)❸的法律家及教會法學家的"今用"(usus modernus)，以及源自法律思想和基督教思想、但後來俗世化了的自然法理論。義大利的城邦共和國中的最高執法官(Podesta)❸、法國的王室法律家(王權破壞封建領主的支配地位時，他們提供了形式的工具)、主張主教會議至上(Konziliarismus)❸的教會法律家和依自然法思考的神學家、爲歐陸君主服務的宮廷法律家和學院派法官、荷蘭的自然法學者和主張有權抵抗王室的人(Monarchomachen)❸、英國的王室派和國會派法律家、法國高等法院(Parlamente)❹的法服貴族(noblesse de robe)❶，以及在大革命時期的辯護律師，都是這種法律理性主義的偉大代表。如果沒有這種法律方面的理性主義，絕對國家的興起和法國大革命都無法想像。試讀法國高等法院的諍議(Remonstrationen)❷、或者法國等級會議(Estate General)❸從十六世紀到 1789 年的陳情書(Cahiers de doléances)，你會發現法律家的精神無所不在。諸君去看一下法國國民會議(National Assembly)❹議員的職業構成，就會發現，雖然國民會議的議員是由平等的普選產生的，其中卻只有一位無產階級，以及極爲少數的資產階級企業家，但各種法律家卻成堆。要是沒有這些法律家，那種曾經對激進的知識份子和他們的計畫起過激奮作用的特殊心態，便完全無法設想。從那時開始，近代辯護律師和近代民主，絕對是在一起的。而我們所謂的辯護律師──也就是一個獨立的身分團體──也只有在西洋才存在。他們的發展，從中世紀開始，在司法

訴訟過程理性化的影響之下，從形式主義的日耳曼司法訴訟程序中的
"代辯人"(Fürsprech)蛻變出來。

[§27　律師和官吏的不同性格]　在政黨出現後的西方政治中，
律師之所以居於重要的地位，並不是偶然的。由政黨來從事的政治經
營，也就是由有利益關係的人來進行的經營❹。這是什麼意思，我們
很快就會看到。最有效地處理客戶的利益問題，是受過訓練的律師的
看家本領。在這種工作上，律師勝過任何"官吏"；這一點，敵人❻的
宣傳之優勢，已足以讓我們學到。毫無疑問地，一個主張、一個說法，
卽使本身只有在邏輯上言之脆弱的論據支持，也就是說一個在這個意
義下"不利"的主張或說法，律師也可以挺身爲它申辯並獲勝。不過，
他之所以能獲勝，是因爲他爲這個主張或要求，提供了一個在技術上
言之"有利"的論證。但是，一個在邏輯上言之有"堅強"論證支持的主
張或立場，唯有律師才能加以成功地處理，也就是說唯有律師，才能
"有利"地處理一個"有利"的主張或立場。官吏作爲政治家，往往因爲
技術上"不利"的處理方式，把一個"有利"的主張或立場，弄成了一個
"不利"的立場。對於這一點，我們必然都有過經驗。今天，在很大的
程度上，政治是公開用言詞或文字進行的一種活動。合適地拿揑字句
的效果，乃是律師工作的一部分，但絕對不是專業官員的職責的一個
部分。專業事務官吏不是群衆鼓動者；他們志也不在此。如果他們竟
企圖變成群衆鼓動者，通常他們會成爲非常差勁的群衆鼓動者。

[§28　官吏和政治家的不同性格]　眞正的官吏，就他本身的
職份來說,是不應該從事政治的(這一點,對於評價我國以前那個政權,
有決定性的意義)。他應該做的是"行政"，最重要的是這種行政是**非黨
派性**的。至於所謂的"政治"行政官員，只要"國家理由"(Staatsräson)

❹——也就是牽涉到整個支配體制生死的利益——沒有受到直接影響，那麼至少從正式的角度來說，情形也是如此。他應該"無惡無好" (sine ira et studio)地從事他的職務。因此，他絕不應該做政治家(不論是領袖或其追隨者)必須去做、同時也始終在做的事——**鬥爭** (Kämpfen)。採取立場、鬥爭、有所動情——有惡有好：這乃是政治家的本色，尤其是政治**領袖**的本色。支配政治**領袖**言行的**責任**原則，和官吏的**責任**原則十分不同，甚至正好背道而馳。官吏的榮譽所在，是他能夠出於對下命令者的責任，盡心地執行上級的命令，彷彿這命令和他自己的信念、想法一致。即使他覺得這命令不對，或者在他申辯之後，上級仍然堅持原來的命令，他仍然應該如此。沒有這種最高意義之下的倫理紀律和自我否定，整個系統便會崩潰。可是政治領袖、也就是居於領導地位的政治家的榮譽之所在，卻是他對自己的作為，要負無所旁貸的**個人**責任，要負無法也不可以拒絕或轉卸的責任。就其本性而言，具有崇高道德的官吏，會變成惡劣的政治家，尤其是會變成在政治意義上不負責任的政治家。在這個意義上，他們乃是道德地位低下的政治家，就像我們不幸一再在領導地位上看到的情況。我們所謂的"官吏之治"(Beamtenherrschaft)，便是指此。現在我們揭發這種體制就其後果而言在政治上的錯誤，當然不致讓我國官吏界的榮譽，受小瑕之累。但是，讓我們還是回來討論政治人物的類型吧！

五

[§29 *群眾政治家*] 從立憲國家出現之時開始，或者更確定地說,從民主政體建立之時開始,在西方,"群眾政治家"(Demagoge)❹

一直是領袖型政治家的典型。我們誠然不會喜歡這個字眼，但我們不要因此忘了，頭一個被稱為群眾政治家的人，不是克里昂(Kleon)，而是伯里克里斯(Perikles)。在古代民主中，官職人選由抽籤來決定；毫無官職，或者說位居唯一選舉出來的官職──最高司令官(Ober-strategen)❹──的伯里克里斯，居然領導雅典市民的最高大會。近代的群眾政治家自然也利用演講；如果我們考慮到，在近代一位候選人要作多少競選演說，就知道這在量上，已經到了極高的程度。不過，印出來的文字效果更持久。在今天，群眾政治家最重要的代表性人物，乃是政治評論者(Publizist)，尤其是**新聞工作者**(Journalist)。

　　[§30　新聞工作的特殊地位]　近代政治性新聞工作的社會學，不論從任何角度來看，都應該自成一章。在我們這次演講中，便是稍作素描都不可能。不過，在這裡，有幾件事，卻和我們的題目有關，因此必須一說。新聞工作者和所有的群眾政治家一樣，同時和律師(以及藝術家)也差不多，有一項共同的命運：缺乏固定的社會分類。就律師而言，至少在歐洲大陸情形是如此，英國以及從前普魯士的情形則不一樣。新聞工作者彷彿屬於一個賤民階層(Pariakaste)❺，"社交界"總是根據他們之中品行最差的代表來評價他們。由而，對於新聞工作者和新聞工作，流行著一些最奇怪的想法。很多人不了解，在新聞工作上一件真正**優秀**的成就，所需要的"才氣"(Geist)，絕對不下於任何學術上的成就所需者；特別我們要考慮到，新聞工作必須隨令當下交卷，也要考慮到，新聞工作者必須在顯然和學者完全不同的創作條件下立即見到**效果**。大家幾乎從來沒有承認，和學者比起來，新聞工作者的責任要大得多，而平均而言，任何一位有榮譽感的新聞工作者的責任**感**，和學者比起來，非但不見遜色，反而，〔這次大〕戰時的情形

已證明，要比學者來得高。人們之所以對新聞工作者的評價較低，乃是因爲在這種問題上，人們記得的，乃是不負責任的新聞工作表現，以及這類表現所帶來的往往十分可怕的後果。說任何一位夠格的新聞工作者，在行止的思慮判斷上，比一般人高明，沒有人會相信。但是實情卻正是如此。和別的職業比起來，新聞工作這個職業，有最龐大的誘惑與之俱來；在今天，新聞工作又有其他的特殊條件與環境。這些因素所造成的結果，使得公眾習於以一種由鄙夷和可憫的卑怯交織而成的態度，去看新聞工作。在今晚，我們無法討論這該怎麼辦。在此，我們所關心的，只是新聞工作者**政治**方面的職業命運，以及他們獲得政治領導地位的機會。到目前爲止，只有在社會民主黨❺裡面，新聞工作者有比較有利的機會。但是在這個政黨裡，編輯的位置主要還是一種黨工的位置，不足以構成**領袖**地位的基礎。

[§31　新聞工作者的缺乏餘裕]　至於在資產階級政黨裡，整體而論，走這條路攀取政治權力的機會，和上一輩人比起來，情況反而惡化了。自然，每一個重要的政治家，都需要新聞界的影響力，因此也需要和新聞界的關係。但是從新聞界內部產生政黨**領袖**，那是絕對的例外，連想都不應該想。之所以如此，原因在於新聞工作者日甚的"缺乏餘裕"，特別是沒有資產、而必須靠職業維生的新聞工作者的"缺乏餘裕"；這種"沒有餘裕"，是由新聞工作在緊張度和時效性方面的急劇增長，所決定了的。每天或者每週都必須寫出文章來，以謀生活，就像是在政治家的腳上綁上了鐵鐐。我便知道有人，雖然具有領袖的氣質和能力，卻因爲這種逼迫，而在向上追求權力的過程中，在有形的方面但尤其是精神方面，遭到了永久的癱瘓。在舊政權❷之下，新聞界和國家及政黨中居支配地位的力量保持的關係，對於新聞工作

水平的傷害，是不可能更大的了。但這是必須另外處理的一個題目。在我們的敵國中 ❸，情況並不相同。不過卽使在他們那裡，以及所有近代國家中，新聞工作者的政治影響力似乎愈來愈小，而資本主義的報業大亨，如諾斯克里福“爵士”(“Lord” Northcliff) 之流，卻取得了愈來愈大的政治影響力。

[§32　新聞工作的政治前途與艱辛]　不過，到目前為止，我們的大資本主義報紙事業——它們控制的，主要是登“分類小廣告”的“大眾報”——通常都是政治上冷漠態度的典型培養者。因為對它們來說，獨立的政治立場沒有什麼好處；尤其重要的是，持有獨立的政策，從在政治上居於支配地位的權力那裡，不會得到什麼在商業上言之有利的照顧。在大戰期間，廣告業務曾經被大規模地用來對報業施加政治性的影響；而現在，似乎這個作法會繼續下去。雖然我們有理由相信，大報可以躲開這種壓力，但是小報的處境，就困難多了。不論在其他方面，新聞工作有什麼樣的吸引力、有什麼程度上的影響力、什麼程度的行動可能、尤其是負什麼程度上的政治責任，在今天我們身處的環境裡，新聞事業的生涯，不是政治領袖向上爬昇的正常管道——它也許不復是這種管道，也許尚不是這種管道，這就只好等著看了。某些新聞工作者——不是全部——認為應該放棄不具名原則；但是放棄掉這個原則，是不是就能給上述的情況帶來改變，實在很難說。在大戰期間，德國報紙用特別聘請的文壇名流擔任“指導”❸；他們雖然始終是直接以真名出現，但我們在好幾個有名的例子中的經驗顯示，責任感並**沒有**因此如大家所想像的那個樣子增加。無分黨派，有些這類報紙，正好就是以低級而出名的煽情報刊；藉著放棄匿名原則，它們追求並且獲得了銷路。這些先生們、發行人、及煽情式的新聞工作

者所得到的是鉅利，而當然不是榮譽。我們在此所說的話：毫無反對
署名原則的意思；我們談的，是一個十分複雜曲折的問題，某一個現
象，自然不等於問題的全部。不過，**到目前爲止**，署名的新聞工作，
仍然不是走上眞正的領袖地位的道路，也不是**負責任地**經營政治可循
的途徑。事態在未來會如何變化，尚有待觀察。話說回來，新聞工作
這條路，在任何情況中，都是職業性的政治活動最重要的途徑之一。
這條路不是每一個人都能走的。性格薄弱的人，絕對不能走這條路，
特別是那些只有在安定的地位上才能維持心靈平衡的人。一位年輕學
者的生涯，雖然靠的是機運和僥倖，但是至少學者的身分，會使他受
到一些堅固規範的約束，讓他不至於失足。可是新聞工作者的生涯，
在每一方面來說，都是徹底的冒險，而身處的條件，又以一種在其他
任何情境中都無法見到的方式，考驗著個人內在的安定有主(Sicher-
heit)。在新聞職業生涯中往往十分辛酸的經驗，可能還不是最糟的事。
成功的新聞工作者，相應於外在的試探，而必須具備的內在力量，才
是最難企及者。的確，在一種看來平起平坐的姿態下，出入豪門的沙
龍中當座上客，常常因爲被人所懼，所以受到大家的阿諛奉承，但自
己心裡卻清楚知道，只要自己一離開，背後的門甫關上，主人可能就
必須向他的貴賓們解釋，爲什麼他會和「那個報界挖人隱私的低級作
家」有關係──這的確不是容易的事。同樣地，你必須隨"市場"的需求，
對任何一件事、對生活中任何可以想像到的問題，迅速而言之成理地
表達自己的意見；你的意見不能完全膚淺，尤其不能因爲暴露了自己
的底盤而喪失尊嚴──這是會有不堪卒睹的後果的。因此，許多新聞
工作者，到頭來在人性方面完全失敗，喪失了一切價值，也就不足爲
異。值得吃驚的，是在這些情況之下，這個階層中居然還有許多可貴

的、道地的人存在；這個事實，不是外人能輕易想像的。

六

[§33　黨工]　如果新聞工作者，作爲職業政治家的一種型態，要求我們對頗爲久遠的過去作一回顧，那麼黨工(Parteibeamten)則僅是過去幾十年來的新發展，甚至有一部分是近年來才有的發展。爲了從歷史的沿革演進上，掌握到這一型人物的位置，我們必須對政黨之爲物以及政黨的組織，作一番考察。

[§34　政黨經營型態的起源]　任何政治團體，只要它有相當規模，也就是說在地域上和職掌的範圍上，超過了一個小的農村行政區，同時其掌權者是定期選舉產生的，那麼在這樣一個團體中的政治經營，就必然是一種由有利益關係的人來進行的經營(Interessenten-betrieb)。這也就是說，一群相對而言數目不大的人，主要的關心所在是政治生活，亦即對分享政治權力有興趣；他們通過自由的招攬勸誘，替自己尋得追隨者，推自己或手下爲候選人，募集財源，爭取選票。如果沒有這種經營型態，我們很難設想，在大規模的團體中，選舉要如何進行。在實際中，這種經營型態表示，有權利投票的公民，要分成在政治上積極活動的人、和在政治上消極被動的人。由於這個區別所涉及的是自由意志的問題，所以諸如強迫投票制、或者"職業團體"代表之類的措施、或者其他公然或在事實上針對這種事態、以及針對職業政治家的支配所設計的措施，是無法消除這個區別的。領導層和追隨者，屬於積極活動的份子，他們要以自由招攬勸誘的方式，擴大追隨者的範圍；追隨者以同樣的方式，爭取把票投給領袖的被動選民。

這些主動與被動的部分，都是每個政黨不可缺少的生命元素。但是政黨的結構多有差別。舉例來說，中世紀城市的政黨——比如敎皇黨(Guelfen)和皇帝黨(Ghibellinen)⓹，就完全是個人的追隨者組成的黨。試觀敎皇黨的章程(Statuto della parte Guelfa)，我們會聯想到的是，布爾什維克黨及其蘇維埃：貴族——原先這是指所有以騎士爲業、並因此有采邑資格的家族——的財產被充公；他們不得任官職，亦無投票權；章程規定了超地區性的黨委員會、嚴密的軍事性組織、對打小報告的人加以餽賞。這使我們想起布爾什維克黨的經過嚴格過濾的軍事以及(特別是在俄國)祕密警察組織、對"資產階級"——也就是企業家、商人、以租金及利息爲所得的人、僧侶、王室後代、警探——的解除武裝、剝奪政治權利、以及財產充公政策。這中間的類比，如果我們作進一步的觀察，會顯得更爲明顯。就敎皇黨而言，它的軍事組織，是一支按照登錄在冊的封建莊園爲準，建立起來的騎士軍隊，貴族幾乎佔有一切領導位置。在另一方面，蘇維埃則保留了——或者不如說重新引入了——高薪企業家、論件工資制、泰勒制度(Taylor System)⓺、軍事紀律和廠房紀律，並引入外資。一言以蔽之：蘇維埃不得不再度接受他們曾經當作資產階級體制而對抗的**一切**事物。他們必須接受這些事物，以便經濟和國家能夠運作。此外，蘇維埃還重新建立了以前沙俄的祕密警察制度(Ochrana)，作爲國家武力的主要工具。不過，在這裡，我們毋須討論這類武力的組織。我們所要討論的，是在選票市場上，透過冷靜而"和平"的政黨競爭，以爭奪權力的職業政治家。

[§35　**政黨在英國初起時的型態**]　在我們通常意義之下所謂的政黨，最初都純粹是貴族的追隨者之組合。英格蘭便是一個例子。

當一位貴族，因爲某種原因，改變了自己的黨籍，所有依附於他的人，也都跟著跳黨。直到改革法案(Reform Bill)❺❼之時，很大數目的選區的議員席次，是由大貴族家族以及(此一事態意義同樣重要)國王所控制的。與貴族政黨相近的，是名門望族(Honoratioren)❺❽的政黨；隨著市民階級力量的上昇，這種政黨在各處出現。在西方的典型知識份子階層的精神領導下，有"敎養和財產"的圈子，部分因於階級利益、部分因爲家族傳統、部分則由於純粹意識型態方面的原因，分化成爲各類政黨，並且由他們擔任領導。敎士、敎師、大學敎授、律師、醫師、藥劑師、富農、製造業者——在英格蘭整個自認爲"紳士"(gentle-men)的階層——起先形成了偶然性的團體，甚至於地方性的政治俱樂部；另一方面，在動盪的時代，小市民階級會顯示自己的存在；而無產階級，如果有領袖——通常這種領袖不會來自無產階級內部——也偶然會表現自己的力量。在這個階段，還沒有作爲全國性常設團體、跨越了地區組織起來的政黨可言。凝聚的工作完全仰仗國會議員；地方望族則在候選人的選擇上，有極大的重要性。選舉時提出的政綱，部分源自候選人的政見訴求，部分則遵循望族聚會或者國會黨部的決議。地方性俱樂部的領導，或者在沒有俱樂部的情況下(這是大部分的情況)，完全不具固定形式的政治經營，在正常時候是少數始終有興趣的人來作的；這種工作是一種偶務性的零工，在性質上屬於一種副業性的、名譽性的工作。只有新聞工作者，才是接受報酬的職業政治家，只有報紙的經營，才是持續的政治經營。在報紙以外，唯一稱得上持續的政治經營者，只剩下國會會期。國會議員和國會裡的黨領袖，當然知道在需要有政治行動的時候，應該向哪些地方望族求助。但是只有在大都市裡，才見得到常設的政黨機關；它們有不多的黨費收入、定期的聚會、和公開的集會供議員報告國會裡的活動。黨的生命，只有在選舉期間，才眞正活起來。

　　[§36　政黨發展的第一個階段]　國會議員所關心的，是地區之間在選舉時達成協議的可能性、是全國廣泛階層承認的一個統一的綱領、以及在全國一致進行的宣傳活動，所能形成的衝擊力。在這種關心的推動下，政黨的組織，遂逐漸緊密和強化。不過，雖然地方性的黨機構逐漸開始在中等城市建立，心腹人(Vertrauensmänner)也在全國伸展，同時國會中有一個本黨議員，作爲中央黨部的領袖，和這些地方組織構成的網，保持固定的聯絡，黨機構的性格在原則上是一種"望族"團體這一點，卻並沒有改變。在中央黨部之外，仍然見不到受薪的黨工。地方黨組織，仍然完全是由"有名望"的人領導；而他們之所以擔任這種工作，爲的是他們原本便享有的名望。這些人，是所謂的"望族"；他們雖然在國會之外，但他們可以和那些適巧在國會中有席位的望族階層一起施展影響力。不過，黨所編輯的黨通訊，已經對新聞界和地方集會，提供愈來愈多的思想性影響。黨員繳納的定期黨費，逐漸變得不可或缺；這中間有一部分，必須拿來供中央的開銷。德國的政黨組織，在不太久之前，大部分都處在這個發展的階段上。在法國，政黨發展的這種頭一個階段的某些部分，仍然完全居於主要的地位：國會議員的結合仍然十分不穩定，在國會以外的全國範圍上，我們見到的是數目很小的一些地方望族，以及在個別選舉活動中，由候選人本人、或者他們背後的大支持者，爲他們擬定的綱領。當然，在或多或少的程度上，這些綱領都是參考國會議員的決議和綱領、再適應地方情況而得出來的。這種體制，起先只在局部上有所突破。主業的職業政治家數目依然很小，主要只包括了選出的議員、黨

總部的少數職員、以及新聞工作者。在法國，這類人還包括了已得到
或正在謀求"政治官職"的官職獵取者。就形式上來說，到此為止的主
要情形是，政治仍然是一種旁騖性的副業。在議員中，夠得上部長資
格的人，數目非常有限，而候選人因為他們的望族性格，更是如此。
但是，在政治的經營中有間接的利害關係可言的人，特別是物質方面
的利益，數目非常大。既然政府部會的一切行政措施，特別是和人事
有關的一切決定，在考慮的時候，都注意到了它們對選舉有利與否的
影響，於是各種各樣的要求，都託付給本區議員去斡旋，以求其實現。
而不論利弊如何，部長必須傾聽這位議員的話，特別如果這位議員是
站在部長的多數黨這邊的時候——因此，成為多數黨乃是每個人的追
求目標。個別的議員，控制了他自己選區的一切官職的任命權、以及
一般而言他選區內所有事務的各種照顧。反過來，為了連任，議員也
必須維持和地方望族的結合。

　　[§37　政黨組織的獨立和強化]　　這種在望族的圈子、以及特
別是在國會議員支配下的寧靜祥和狀態，和政黨組織最近代的形式，
構成十分尖銳的對比。最近代的政黨組織形式，乃是民主、普選權、
贏取群眾和組織群眾的必要性、以及在領導上發展出最高度的統一性
和形成最嚴格的紀律這兩方面的要求，所共同孕育的產物。望族之支
配、國會議員之操縱，都告式微。在國會**之外**的"主業"政治家，把政黨
的經營掌握在自己的手中。他們或者是以"企業家"的方式行事——
美國的老大(boss)或者英國的"選舉經紀人"(election agents)，在
事實上便是這種"企業家"——或則是領固定薪水的政黨職員。在形式
上，民主大為廣泛化。國會黨部不再制定具有最高地位的綱領，地方
望族不再決定候選人的名單。現在，已經組織起來了的黨員集會選擇

候選人，並送代表去參加上一級的黨會議。這樣子一級一級的會議，可能有好幾層，直到全國黨代表大會。自然，權力事實上是在那些在組織中**持續**地工作的人手中，或者是組織的運作在金錢方面或人事方面必須依賴的那些人手裡——例如說梅賽納斯(Maecenas)型的支持恩護者(Mäzenaten)，或者強有力的政治利益團體(比如塔曼尼廳〔Tammany Hall〕❺)。最具決定性意義的，就是這種由人構成的整個機構(在盎格魯撒克遜國家中，根據其特色，這種機構被稱爲"機器"〔Maschine〕)——或者不如說指揮這機構的人——向國會議員挑戰，有條件把自己的意願，在幾乎是非常大的程度上，強加在國會議員的身上。對於黨**領袖**的選擇，這更具有特別的重大意義。現在，黨魁就是整個機器所追隨的那個人，可以無視於國會黨團。換言之，這種機器的登場，意味著**直接訴求民意認可**的民主制(plebiszitäre Demokratie)的到來。

　　[§38　黨工的期待]　追隨黨魁的黨員，尤其是黨工和黨的企業家，當然會期待他們領袖的勝利，給他們帶來個人的報酬——不論是官職，或其他的利益。最要緊的是，他們會期待他們的領袖給他們這類利益，而不會期待——尤其不會只期待——個別國會議員給他們這些利益。他們特別期待領袖的**人格**在黨的選戰中訴諸民心(demagogische)的效果，會增加選票和人民的托付(Mandate)，由而增加權力，使機會盡可能地擴展，好讓追隨者得到他們所冀望的報酬。爲了一個自己樂於效忠皈依的人工作，而不是爲了一批平庸人物組成的政黨的抽象綱領工作，帶來的滿足是精神性的——這是所有領袖所具備的"卡理斯瑪"成分；但這面的滿足，只是黨工們的動機之一。

　　[§39　政黨新舊型態之間的衝突]　政黨的這種〔新〕型態，在

和追求自身影響力的地方望族及國會議員的不斷潛在鬥爭中，在極爲不同的程度上，有了突破和進展。這種情形，首先在美國發生在資產階級政黨的身上；然後，同樣的情形也發生在社會民主黨身上，主要是德國社會民主黨。沒有普遍承認的領袖存在，挫折會接踵而來；而即使有這樣的領袖存在，各種各樣的讓步也無法避免，方能滿足黨內望族的虛榮和私人利益。但是，在另一方面，黨機器也有可能進入**黨工**的支配之下；畢竟，日常的事務原本便是由他們來處理的。按照某些社會民主黨圈子的看法，他們的黨已經屈從於這種官僚化(Buro-kratisierung)了。不過，只要一個領袖的人格，具備了強烈的群衆吸引力，要黨"官僚"向他輸誠，仍是比較容易的。〔這是因爲〕黨工在物質方面或精神方面的利益，都和領袖的吸引力可望形成的政黨權力，有著密切的關係。再者，爲了一位領袖工作，本身便比較有精神上的滿足感。可是，如果在一個政黨中，黨工和"望族"並坐掌握對黨的影響力——資產階級政黨常有這情形——領袖的崛起便困難多了。因爲這些盤踞著主席團或委員會小職位的望族，正是藉著這些職位，**在精神上**"取得自己生命的意義"。他們對群衆政治家的新人(homo novus)身分感到反感，深信自己在政黨政治的"經驗"(這在實際上確實是十分重要的)上勝過來者，在意識型態上則憂心黨的老傳統會崩壞；這些，決定了名門望族的行爲。黨裡面一切傳統取向的份子，都會支持他們。尤其重要的，是鄉村以及小資產階級的選民，都要找他們所熟悉的望族的名字，而不信任他們不曾聽過的人。不過，這種〔作爲群衆政治家的新〕人**一旦**成功，這類選民對他的認定也會更堅定。現在，我們舉幾個主要的例子，以窺望族式的結構型態和近代政黨式的結構型態之間的爭鬥；我們特別要考察奧斯綽葛爾斯基(M.　J.

Ostrogorskij)所描述的直接訴求民意認可型態的抬頭。

七

[§40 早期英國政黨的組織] 首先，我們來觀察英國的情形。在1868年以前，英國政黨的組織，幾乎純粹是一種名門望族的組織。托利(Tories)⑩保守黨在農村的支持者，是安立甘(Anglican)國教⑪的牧師，此外的支持者則大部分是學校的資深教師、最主要的則是郡內的大地主。輝格(Whigs)⑫自由黨的支持者，主要是非國教派(Non-conformist)⑬的牧師(如果地方上有這種人在)、郵局局長、鐵匠、裁縫、繩匠——也就是因為能時常和人聊天，而有機會散播政治影響力的工匠之類的人。在城市裡，各政黨則按照人們的經濟觀點、宗教觀點、或者只是因於家庭中留傳的政黨觀點，而有各自的支持者。但無論怎麼樣，望族總是政治經營的承當者。在望族之上，另外存在著國會及各政黨，包括其內閣和黨魁(Leader)——這個人是部長會議的主席、或者是反對黨的領袖。在黨魁之側，是黨組織中最重要的職業政治家——國會黨部書記長(Whip)⑭。官職的分配權，在國會黨部書記長手裡，因此求官者必須找他，而他則就這些問題，和各選區的議員磋商。在各個選區，也慢慢發展出了一個職業政治家的階層：在地方上招募來的代理人(Agenten)；起先，這類人不受薪酬，和德國的"心腹人"的情況差不多。但是在這型人之外，選區內又發展出了一型資本主義式的企業家：所謂的"選舉經紀人"。這種人的存在，在英國近代的、以保障選舉公正為旨的立法下，是無可避免的。這種立法的目的，是要控制競選時所耗的費用，對抗金錢的影響力；它規定候選人有義

務申報在選舉中用了多少錢。這是因爲在英國——那裡比原來在德國類似的情形嚴重多了——候選人在啞掉喉嚨之外，還會嚐到錢包空扁的滋味。有了選舉經紀人之後，候選人只需付他一筆總數；通常選舉經紀人會用這筆錢達成最大的效果。在英國，無論是在國會內或者在民間，就"黨魁"與黨內名門望族山頭之間的權力分配而言，"黨魁"經常居於一種非常重要的地位。這是因於一個迫切的理由：非如此，則不可能有能瞻望全局並因此而具有穩定性的政策可言。不過，國會議員和黨內山頭大老的影響力，仍然是相當可觀的。

[§41　黨務會的崛起]　在以前，黨的組織大體上就是這個樣子。這種組織方式，是一種混合體，一半由望族來營運，一半是一種職員和企業家從事的經營。從 1868 年開始，"黨務會"制度(caucus system)❻開始發展。起先，這只是在伯明罕(Birmingham)的地方選舉中用的，但它逐漸擴及全國。一位非國教派的牧師，和張伯倫(Joseph Chamberlain)一起建立了這個制度。發展這個制度的起因，是選舉權的民主化。爲了要贏取群衆的選票，就必須建立起由看來民主化的團體所結合成的龐大組織。在都市的每一個區，都要組成一個選舉團體，以使整個經營體系不歇地運動，也使每一件事都最嚴格地官僚制度化。結果，受薪職員的數目逐漸增加；整體說來，可能已網羅百分之十選民的地方選舉委員再從這些職員中選出有互選權利的黨幹事(Hauptvermittler)，作爲政黨政治的正式運作者。整個驅動力量，在於地方的圈子，尤其是對社區共同體政治有興趣的人——社區共同體政治，總是最有實質利益可圖的地方。這類地方性的圈子，也是籌募資金的第一線。這種新興的機器，既然已擺脫了國會議員的領導，很快地便開始和原來的掌權者——特別是國會黨部書記長——展開鬥

爭。在有地方利益的人支持下，這種機器得勝，國會黨部書記長必須
認輸，和這種機器妥協。結果，所有的權力集中到少數人手中，最後
則集中到位於黨的頂峰的那一個人手裡。在自由黨裡面，這整個體制
的興起，是和葛萊斯頓(W. E. Gladstone)的搶上權力寶座連在一起
的。這個機器之所以能夠如此迅速地壓倒名門望族，是因於葛萊斯頓
"偉大的"群眾鼓動力的魅力，因於群眾堅定地相信他的政策具有道德
內容、信任他人格的道德性格。一種凱撒—直接訴求民意認可式
(cäsaristisch-plebiszitäre)❻的因素——一種選舉戰場上的專政者
——在政治中登場。它十分迅速地有了表現。1877 年，黨務會首次在
全國大選中開始活動，成果驚人：狄斯雷利(Benjamin Disraeli)在
他成就的最高峰時刻垮台了。在 1886 年，這個機器已經完全接受葛萊
斯頓個人的卡理斯瑪式領導。當愛爾蘭自治(Home-Rule)問題❼出現
的時候，整個機器從上到下沒有人問：「我們是站在葛萊斯頓的立場上
嗎?」而是完全聽信葛萊斯頓的話，和他一致。大家說的是：「不論他怎
麼做，我們聽他的。」——結果，他們拋棄了這個機器的創造者本人：
張伯倫。

　　[§42　新式政黨機器在幾個方面的影響]　這樣的一套機器，
需要可觀的人事架構。在英國，直接依賴政黨政治為生的人，大約有
兩千之數。當然，純粹為了謀取官職，或者為了可圖之利，而在政治
中活躍的人，數目更多，特別是在地方的自治政治中。除了經濟上的
機會之外，對於黨務會中有能力的政治家，還有讓他滿足虛榮的機會。
變成一位"J. P."或者甚至"M. P."❽, 在性質上和最大的(也是正常的)
野心所發的追求，並非二物。明顯地具有良好教養的人(也就是"紳
士")，可以達成他們的這種目標。貴族的榮銜，則是最高的目標，特

別是對那些以鉅金資助的人——黨的財務, 大約有百分之五十依賴〔這些〕匿名的捐助者。

那麼, 這套體制有什麼影響呢? 在今天, 除了少數內閣閣員(和幾個獨行客)之外, 英國國會議員一般而言, 都不過是紀律良好的投票動物罷了。在德國, 一個帝國議會的議員, 至少在自己的桌子上處理私人信件, 由而表現他還在爲了國家福祉而行動。在英國, 連這種姿態都沒有必要。國會議員唯一要做的事, 就是投票和不要做出背叛黨的事情來。國會黨部書記長要他到場的時候, 他一定要在議場出現; 內閣或者反對黨領袖有指示時, 他必須依令行事。當一個強人式的領袖存在時, 全國的黨務會機器都絕對控制在他手中; 這些機器本身, 幾乎完全沒有意見可言。這樣一來, 凌駕於國會頭上的, 是實質上直接訴求民意認可的專政者。他利用黨機器把群衆召集起來跟從他; 對他來說, 國會議員僅是追隨他的政治俸祿者罷了。

[§43　英國新式政黨機器下的領袖] 　這種領袖是怎麼挑選出來的呢? 首先, 就能力而論, 哪一種能力是挑選時的考慮? 姑不論在任何地方都是最具決定性的"意志"這個性質, 最重要的能力自然是能作具有鼓動群衆力量的演說。從以前像柯布登(Richard Cobden)之輩訴諸理智的時代, 到葛萊斯頓之擅於運用彷彿"讓事實自己說話"的技巧, 政治演說的性質, 已經有了許多改變。在今天, 我們見到的, 往往是純粹訴諸情緒的手法。救世軍在鼓動群衆的時候, 所用的也就是這類手段。今天的情形, 我們可以稱之爲"利用群衆的情緒性而建立的專政"。不過, 因爲在英國國會裡面非常發達的委員會制度的緣故, 任何有意進入領導階層的政治家, 都能夠而且必須參與委員會的工作。近幾十年來所有重要的閣員, 在背景上都有這一段眞實而有效的工作

訓練。這套從提出委員會報告到公開檢討其中建議的實際作業，保證了這段歷練有其選才的實際效果，把那些除了作動人演說外別無所長的人淘汰掉。

[§44 早期美國政黨的發皇] 以上是英國的情形。可是和美國的政黨組織比較起來，英國的黨務會制度不過聊具雛型。在美國的政黨組織身上，直接訴求民意認可這個原則，得到了特別早、也特別純粹的表現。照華盛頓的理念，他所締造的美國，應該是一個由"紳士"(gentlemen)來治理的共和國。在他那個時代，"紳士"指的是地主或者受過大學教育的人。在開始的時候，美國的情形也確實是如此。當政黨初度開始組織的時候，眾議院的議員聲稱自己才是領導者，一如名門望族在英國當道時的情形。當時，黨的組織相當鬆散，一直到1824年都是如此。在某些地區——這些也是最先展開近代發展的州——黨的機器在1820年代以前便在成形中了。到了傑克森(Andrew Jackson)這位西部農人所支持的候選人當選爲總統，舊傳統終告推翻。1840年代初期，當重要國會議員如卡爾洪(John C. Calhoun)和韋伯斯特(Daniel Webster)從政治生活退休之後，主要議員對黨的領導，便正式結束，因爲到了這時候，國會面對全國性的黨機器，幾乎所有的權力都被奪去了。直接訴求民意認可制的"機器"能如此早就在美國有所發展，原因是唯有在美國，行政部門的首腦，也就是——這是最重要的一點——分派官職的首腦，乃是在直接訴求民意認可制下投票選出的總統；以及因於"三權分立制"，總統職權的行使，幾乎獨立於國會。因此，在總統當選之後，官職俸祿者眞正的掠奪對象，也就被當作戰利品而分發到手。在傑克森時代，"獵官制"(spoils system)❻相當系統地被化成一項原則；其後果也已成形。

[§45　獵官制]　這種獵官制、這種以聯邦官職獎賞得勝候選人的跟隨者的作法，對於今天的政黨構造來說，代表著什麼？完全沒有定見(gesinnungslos)的政黨互相對立；它們純粹是獵官者的組織，端看如何能獲得選票，而擬出隨時可以改變的綱領；它們立場的改變，即使在別的國家有類似的情形，在程度上也無法相比。各政黨都是完全地、絕對地以最重要的選戰爲著眼點來配備設計的。至於最重要的選戰，自然是指攸關官職分派的選舉：聯邦總統及各州州長的選舉。各政黨在"全國代表大會"(national conventions)中，決定綱領和候選人，不經過國會議員的干預；這個黨代表大會，又是在形式上非常民主地由各地代表團所組成；這些代表的授權委託，來自黨的最基層投票人會議："預選會"(primaries)。在預選會的階段，出席黨代表大會的代表，便已是在總統候選人的旗號之下當選的。在各政黨的**內部**，最激烈的鬥爭，是在"提名"(nomination)的問題上。在總統的手中，大約有三十萬到四十萬個職位，要由他來指派；這些任命，只須和各州來的參議員諮商即可。因此，參議員是有權力的政治家。對比之下，衆議院在政治上來說權力甚微，因爲它不能過問官職的任命，而閣員們旣然只是總統的助手，那麼因爲總統獨立於所有的人(包括國會)而從人民得到正當性，閣員便可以獨立於〔衆議院的〕信任或者不信任，逕自執行職務。這便是"三權分立"的一個結果。

以這種運作方式爲基礎的獵官制度，在美國之所以在技術上有**可能**，是因爲年輕的美國文化，經得起這種純粹素人的管理方式。挾三十萬到四十萬個這種除了有功於黨之外，本身再無其他資格的黨人——這種事態當然不可能不造成嚴重的弊害。舉世無匹的腐敗和浪費，只有這樣一個在經濟機會上尙沒有受到限制的國家，才能承受得起。

[§46　黨老大]　現在，隨著這種直接訴求民意認可式的政黨機器登場的人物，是"老大"(Boss)❼。老大是什麼？他是一種自行計算得失風險而經營選票的政治上的資本主義企業家。他可能以律師、酒店老板、或者類似場所的經營者身分，也可能以借貸收息者的身分，開始發展關係。從這裡出發，他把線放長，直到他能"控制"某一數目的選票。到了這一步，他開始和鄰近的老大建立聯繫，藉助於熱情、機巧、特別是審慎，他贏得同道先輩的注意；從此，他開始爬昇。對於黨的組織，老大是不可或缺的。這種組織，集中在老大的掌握中。資金中的最大部分，是由老大所提供的。他哪來的資金呢？有一部分，來自黨員的捐獻，特別是從藉老大和黨的幫助而獲得官職的官員的薪金抽成。再有者，有賄賂以及辦事的酬勞。若有人想觸犯法網而不受處罰，他必須得到老大的默許；這時他必須付代價。不然的話，他就會立刻惹麻煩上身。但是僅此，尚不足以積累起經營所需的資本。要從大財閥拿錢的時候，必須由老大作直接的收受者。大財閥不會願意把為了選舉而捐的錢，交給受薪的黨職員、或其他任何必須留下公開帳目記錄的人。對這種以資金援助選舉的資本家圈子來說，在財務問題上精明審慎的老大，乃是最自然的受贈者。典型的老大是一種絕對冷靜的人。他不求社會上的榮譽；在"上流社會"中，"職業性的人物"(professional)是受人輕蔑的。他所追求的只是權力，因為這種權力乃是財富的來源；但是他也為了權力本身而追求權力。和英國的黨領袖(leader)對比，美國的老大在暗中工作。人們不會聽到他作公開演講；他只對演講者提示配合目的該說什麼，但是他自己保持緘默。除了聯邦參議員的席位之外，通常他不接受官職。因為根據憲法，參議員參與官職的任命，重要的老大常親自擁有參議院的議席。官職的分派，

首要是看對黨的功績；但也常有憑出價拍賣官職的情形發生，個別的官職有其固定的價碼。這樣一種出售官職的制度，在十七、十八世紀包括教廷在內的君主制國家中，也早已存在。

老大沒有固定的政治"原則"。他完全沒有信念可言（gesinnungs-los），而只關心如何才能獲得選票。老大往往沒有受過多少教育。但通常他的私生活無可非議而規矩正常。論及他的政治倫理，他很自然地隨著政治行爲的一般既存倫理標準作調整，就像論及經濟倫理時，我們中間大多數人在〔戰時〕囤積時期的作法一樣。作爲一個"職業性的人物"、一個職業政治家，因此受到社交界的輕蔑，並不讓他在意。他本人不擔任聯邦的重要職務，也無意於此；這有一個好處，那就是和黨沒有關係的知識份子階層，乃至於有名望的人，如果在老大看來在投票所有比較大的吸引力，他便往往會用他們爲候選人。因此，黨的舊望族不會一再競選，像在德國的情形一樣。這種不談信念的政黨的結構，加上它們在社會上受蔑視的掌權者，反而能把有能力的人送上總統寶座——在德國，這種人是不會有任何機會爬得那麼高的。自然，對於可能危害到財源或權力基礎的冷門候選人（outsider），老大是避之惟恐不及的。不過，在爭取選民好感的競爭中，老大們常常必須委屈自己，去接受向腐敗挑戰的人作候選人。

[§47　美式官吏制度的變化]　這是一種高度資本主義式的、從上到下嚴密、徹底地組織起來的政黨經營，由十分強固的、類似修會方式組織起來的俱樂部（例如塔曼尼廳）所支持。這類俱樂部所追求的，完全在於藉著政治支配——特別是對地方自治政府的控制，因爲這是最重要的榨取對象——獲取利益。政黨生活的這種結構之所以可能，是因爲美國作爲一個"新國家"，有高度的民主。不過，這個關係，

也正是爲什麼這套體制現在正在逐漸凋謝中的緣故。美國已不再能由
素人來統治了。不過十五年前 ⑦，如果你問美國工人，爲什麼願意讓
他們也說是受他們輕蔑的政治家來治理，他們的答覆是：「我們願意讓
我們可以往他們臉上吐口水的人來當官員，而不要讓當官的人往我們
臉上吐口水，像在你們那裡一樣。」這是美國式"民主"的老觀點；在當
時，社會主義者已經有完全不同的想法。美國的這種狀態，如今已不
復存在。素人政府已不管用，公務員改革法案設立了數目愈來愈多的
終身且有年金的職位。經過這場改革，受過大學教育而清廉、能幹均
不遜於我們的公務員的官吏，取得了職位。就現在而言，有大約十萬
個職位，已經不復是選舉後的分贓對象。這些職位現在都提供年金，
同時憑資格取人。這樣一來，獵官制將會逐漸消退，而黨的領導在性
質上也會有所改變——不過我們尚不知道會怎麼樣改變。

　　[§48　在德國政治工作的三項基本態勢]　　在**德國**，到目前爲
止，政治經營的決定性態勢，基本上是這樣子的。第一，國會的無力。
這個因素的後果，是具有領袖資質的人，都不肯長期留在國會裡。現
在我們假定有人想進入國會，在國會裡他能做出什麼呢？總理府有一
個空缺時，你可以向相關的行政長官說：「我的選區裡，有個很能幹的
人，適合這個職位，用他吧！」行政長官欣然同意。一個德國的國會議
員，要滿足自己的權力本能——如果他有這種本能——他能做的差不
多就是這麼多。在議會的無能之外，我們要舉出第二個因素：具有專
門訓練的專業官僚層，在德國有無比的重要性。這個因素，決定了國
會的無力。在這一點上，我們在全世界拔頭籌。官僚層的重要地位造
成的後果，是專業官吏不僅擔任事務官職，甚至還要擔任部長。去年，
當巴伐利亞（Bavaria）邦議會在辯論國會制政府時，有一個說法便認

爲，如果內閣部長讓國會議員來擔任，有才能的人就不再樂意擔任公務員了。再者，官僚的行政體系，會以一種有系統的方式，規避像在英國制度裡的委員會討論過程那樣的控制。這樣一來，除了少數例外，國會實際上根本無法從本身培育出行政的首長。

　　第三個因素，就是和美國的情況相反，在德國，政黨有政治上的信念和主義(gesinnungspolitische)。德國的政黨，至少在主觀上認定，它們的黨員都信奉一定的"世界觀"。德國政黨中最重要的兩個：在一邊的〔天主教〕中央黨和在另一邊的社會民主黨，生來在性質上便是屬於少數人的政黨(Minoritätsparteien)**⑰**，同時也志在作少數人的政黨。帝國(Reich)的中央黨領導人圈子，從不諱言他們反對議會制政府，原因在於他們一向對政府施加壓力而給獵官者覓得職位，因此他們怕一旦身爲少數黨(Minderheit)，這樣做就困難多了。社會民主黨是一個有堅定原則的少數人政黨，它也是政府國會化的一個障礙，原因是社會民主黨不願意讓現存的資產階級政治秩序，沾汙了自己。這兩個政黨都不願意捲入國會制政府，逐使國會制政府在德國成爲不可能。

　　[§49　*德國政黨的望族派系傾向*]　　在這些態勢之下，德國的職業政治家的處境如何呢？他們沒有權力，也沒有責任，只能扮演一種相當次要的望族角色。在這種狀況的影響下，一種在各處都很典型的派系本能(Zunftinstinkt)，又開始在他們的心中鼓動。在這種將生命意義寄託在他們卑微地位上的望族圈子中，任何在他們看來非我族類的人，都沒有爬得高的可能。從每一個政黨——社會民主黨自然也不例外——我都可以舉出許多名字來，在每一個名字底下，都是一場政治生涯的悲劇；悲劇之來，是因爲當事人具有領袖的素質，而正是

因為他具備這些素質，逐遭望族山頭的排擠。我們的每一個政黨的發展，走的都是這樣一條路、一條走到望族派系的路。舉個例子來說，倍倍爾（F. A. Bebel）雖然在思想才智上無甚可觀，但在性格上、在人格的純潔上，他仍然是一位領袖之材。他之是一位殉道者、他之（在群眾看來）從來不曾背叛過群眾對他的信任，使他得到了群眾絕對的支持。在〔社會民主〕黨內，沒有任何勢力足以向他挑戰。可是到了他去世之後，這種情況告終，〔黨〕官吏的支配開始。工會幹部、黨書記、新聞工作者踞高位，官吏的本能支配了黨。這一群黨官吏無任何堪非議之處；和別的國家的情況（尤其是往往十分腐敗的美國工會幹部）比起來，我們甚至可以說他們的品格罕見地高潔。但是官吏支配所造成的後果，如我們在前面已討論過的那些，已開始在黨內出現。

從 1880 年代開始，資產階級各政黨已完全變成望族的派系了。不錯，偶爾各政黨為了宣傳的目的，也必須引入黨外的知識份子，好讓它們可以說：「我們有某某人、某某人」。但只要可能，它們避免讓這類人參加選舉。只有在當事人堅持而無法避免的時候，他才能成為候選人。

同樣的精神〔也支配了〕國會。今昔無二，我們的各國會政黨都是派系。在帝國議會的會場中發表的每一篇演講，事先都經過黨的透徹審查。這些演講前所未聞的沉悶無趣的程度，即可證明這一點。只有在事先被指定的人，才能發言。這和英法兩國的慣例——雖然法國乃是基於完全不一樣的因素——構成絕對的對比。

八

[§50　新式政黨機構的出現和領袖的關係]　今天，因為這場大崩潰———一般稱之為革命——也許一場新的改變已經開始。也許——但是不一定。首先，各種新式的政黨機構開始出現。頭一種是業餘的機構(Amateurapparat)。這種機構，特別見之於各大學的學生之間。他們向一位他們認為有領袖素質的人說：我們來替你作必要的工作，你就下命令吧。第二種是經紀人(Geschäftsmannische)的機構。在這種情形中，一個人如果被認為有領袖素質，就有人找上門來，願意負責替他拉票，按照固定的價碼，依票數收錢。要是諸君誠心問我，在這兩種機構中，從純粹技術政治的角度來看，我認為哪一種比較可依賴，我想我會選擇後者。但是，這兩種機構，都是突起突滅的泡沫。現存的機構經歷過了重新組合，不過它們仍繼續活動。上面提到的新生現象只是徵候，表示只要有領袖，新的機構仍有可能產生。但是比例代表制在技術上的特性，已經註定了它們不會真正成功。寥寥幾個街頭專政者興起又垮掉。而以嚴格的紀律組織起來的，本來也僅僅是街頭專政者的追隨者：這些凋零中的少數派的力量，就是在此了。

[§51　領袖民主制的前景和機會]　讓我們假定這種情形有所改變。那麼，我們必須要從早先所言，清楚地了解到一點：直接訴求民意認可式的領袖對政黨的領導，造成了追隨者的"喪失靈魂"(Entseelung)，甚至可以說是精神上的無產階級化。要成為對於領袖有用的機構、成為一套美國意義下的機器，讓望族的虛榮和個人觀點的固執都不至於干擾它的運作，跟隨者必須對領袖作盲目的服從。林肯的當選之所以可能，便是借助於政黨組織的這項特性。至於葛萊斯頓，正如我們在前面說過的，在黨務會中也有同樣的情形。這不過是受領袖領導必須付出的代價。不過，我們所能作的選擇只有二途：挾"機器"

以俱來的領袖民主制(Führerdemokratie)，和沒有領袖的民主，也就
是沒有使命召喚感(ohne Beruf)、沒有領袖必具的那種內在精神性
的、卡理斯瑪要素的"職業政治家"的支配❼。後者的情況，就是黨內
反對派習慣上稱爲"派系"支配的情況。目前在德國，我們只能作後面
這種選擇。在未來，因爲聯邦參議院(Bundesrat)將會恢復，對帝國議
會❼的權力，以及帝國議會作爲領袖的選取場所的重要性，必然構成
限制，這種〔政客支配〕情況的持續，至少在帝國的層次上，得到了有
利的條件。再者，就其目前的形式而言，比例代表制也會有同樣的效
果。比例代表制乃是沒有領袖的民主一種典型的現象：之所以如此，
一方面是因爲比例選舉方式，有利於望族山頭在爭取提名時的暗盤操
縱，另一方面，也是因爲在未來，這種制度讓利益團體有可能迫使政
黨把它們的幹部列入名單，由而產生了一個非政治性的國會，沒有眞
正的領袖存身的餘地。對於領袖的需要，唯有在一位循直接訴求民意
認可的方式、而不是由國會選出來的帝國總統(Reichspräsident)身
上，才能得到滿足。當在較大的地方自治體中，以直接訴求民意認可
方式選出的專政市長，挾著自行安排他的官府人事的權力出現的時候
——在美國，當有人要認眞和腐敗對抗時，情形更是如此——以工作
成績爲基礎的領袖，便可能產生，領袖的挑選也可能開始。這就決定
了要有配合這種選舉而組織起來的政黨組織。不過，鑒於各個政黨
——社會民主黨尤其不例外——對於領袖有一種完全小資產階級式的
敵意，政黨未來的組成方式，和所有這些機會，都仍在未定之天。

　　[§52　志業政治家的出路]　因此，政治作爲一種"志業"的經
營，在具體外在的方面，會表現出什麼樣的型態，在今天尚無法看出
來。也因此，更難看出來的，是有什麼管道存在，好讓有政治稟賦的

人能夠利用,去從事遂心的政治工作。那些因爲物質條件而必須"依靠"政治爲生的人,大概都必須另取新聞工作或者黨工之類的典型直接途徑。不然,他們就得去擔任工會、商會、農會、技術行會、勞工委員會(Arbeitskammer)、僱主組織等利益團體的代表,或者是在地方自治體的政府中,找一個合適的位置。可是黨工和新聞記者一樣,總是背負著"次等地位"(Deklassiertheit)的包袱;這是在此我們對於政治作爲一種志業在外在的層面上唯一能說的。即使沒有人眞的說出來,新聞記者和黨工的耳朵裡,不幸總是迴響著"受僱文人"和"受僱說客"這類字眼。一個人,如果在心理上對此沒有堅強的防禦,無法給自己找到正確的答案,最好遠離這條生涯。因爲不管怎麼說,除了必須抵抗強大的誘惑之外,這條生涯也會帶來不時的失望。

九

[§53　政治作爲志業的心理意義]　既然如此,那麼政治作爲一種志業,就內在的滿足感而言,能給當事人帶來什麼呢?把政治當成一種志業來獻身的人,必須具備哪些人格上的先決條件呢?

政治作爲一種志業,最主要的,是可以讓人獲得權力感(Machtgefühl)。即使身居正式說來不是很高的位置,那種對人有影響力的感覺、插手在控制人的權力中的感覺、尤其是親手覺觸到歷史性重大事件之脈動的感覺,在在都使得志業政治家覺得自己擺脫了日常庸碌刻板的生活。但是,他必須面對一個問題:憑什麼個人的性質,他才能不負這種權力(不論在個別當事人的情況來說,這權力多麼有限),以及這權力帶給他的責任?在這裡,我們開始進入倫理問題的領域了;

因為"什麼樣的人才有資格把手放到歷史舵輪的握柄上"這個問題，乃是一個倫理性的問題。

[§54 志業政治家人格上的條件] 我們可以說，就政治家而言，有三種性質是絕對重要的：熱情(Leidenschaft)、責任感(Ver-antwortungsgefühl)、判斷力(Augenmaß)。所謂熱情，我指的是**切事**(Sachlichkeit)的熱情、一種對一件"踏實的理想"(Sache)的熱情獻身、對掌管這理想的善神或魔神的熱情歸依。我所謂的熱情，和我已故的朋友齊默嘗稱為"沒有結果的亢奮"(sterile Aufgeregtheit)的那種心態，是兩回事。後面這種心態，是某一類知識份子——特別是俄國知識份子(不過，也許他們不是每一個人都如此)——的特色；而在今天，在這場被傲稱為"革命"的狂歡會中，這個心態對我們的知識份子，也發生了很大的作用。這種心態，是一種不會有任何結果的"以理知上的有意思為尚的浪漫主義"(Romantik des intellektuell Interessanten)，沒有絲毫切事的責任意識。不論如何誠心，只有熱情是不足的。政治家不在於熱情本身，而是要在用熱情來追求某一項"踏實的理想"之同時，引對這個目標的**責任**為自己行為的最終指標。這就需要政治家具備最重要的心理特質：**判斷力**。這是一種心沉氣靜去如實地面對現實的能力；換句話說，也就是一種對人和事的**距離**。"沒有距離"，純粹就其本身而言，是政治家致命的大罪之一；也是我們新起一代的知識份子，一旦養成便會註定他們在政治上無能的性質之一。因此，問題是熾烈的熱情和冷靜的判斷力，怎樣才能在同一個人身上調和起來。政治靠的是頭腦，不是靠身體或心靈的其他部位。政治要不淪為輕浮的理知遊戲，而是一種真實的人性活動，對政治的獻身就必須起自熱情、養於熱情。但是熱情的政治家的特色，正在於其精神

的強靱自制；使政治家和只是陶醉於“沒有結果的亢奮”中的政治玩票人物有別的，也正是這種堅毅的自我克制。要想臻於這種境界，唯一的途徑，便是養成習慣，保持一切意義下的距離。政治“人格”的“強靱”，首要便在於擁有這些性質。

[§55　虛榮的破壞力] 　準此，政治家必須時時刻刻克服自己身上一種全然平常、全然屬於人之常情的敵人：**虛榮**（Eitelkeit）。虛榮心絕對是普遍的，但**虛榮**是一切切事的獻身和一切距離（在此指對自己的距離）的死敵。

　　虛榮是隨處可見的一種性質，可能沒有人能全然避免掉。在學院界和知識界，虛榮甚至是一種職業病。不過就一個學者來說，無論虛榮的表現是如何令人討厭，但是因爲虛榮通常不會干擾他的學術工作，在這個意義上說來，它相對而言是無害的。可是就政治家來說，情況就完全不同了。在政治家的工作中，必須追求**權力**，作爲不可或缺的工具。因此，“權力本能”——如人常說的，乃是政治家正常性質的一個部分。不過，一旦政治家對權力的欲求不再“**切事**”，變成純粹個人自我陶醉的對象，而不再全然爲了某項“踏實的理想”服務，他就冒瀆了他的職業的守護神。因爲在政治的領域中，最嚴重的罪惡，歸根究底來說只有二：不切事和沒有責任感（這兩者常常——但不是始終——是同一回事）。而虛榮——盡可能讓自己站在台前受人矚目的需要——在最強烈的時候，會引誘政治家犯下這兩項罪惡之一、甚至兩者皆犯。群衆鼓動者之被迫考慮效果（Wirkung），便最足以見此。正因爲如此，這種領袖時時都有危險變成一個演員，有危險輕忽了對自己行動之後果的責任，而只關心自己留給別人什麼“印象”。他的不切事，使他追求的是權力的閃亮表象，而不是有作用的（wirkliche）權力；他的缺乏責任感，使他只爲了權力本身，而不是爲了某種有內容的目的，去享受權力。不錯，權力是一切政治不可或缺的工具，同時因此是一切政治的動力之一；但即使如此，或者正**因爲**如此，政治家像一個暴發戶似地炫耀自己的權力、虛榮地陶醉在權力感裡——簡言之，崇拜純粹的權力本身——乃是扭曲政治動力的最嚴重的方式。徹頭徹尾的"權力政治家"，在我們之間，也有熱狂的信徒加以最高的崇拜；這種政治家或許會造成強烈的影響，但在現實裡，他們不能成事、不能具有任何眞實的意義。就這點來說，批評"權力政治"的人，是絕對正確的。從權力政治心態的若干典型代表內在突然崩潰的例子，我們可以窺出，在他們囂張但完全空虛的作態後面，隱藏的是什麼樣的內在軟弱和無力。這種作態，來自對人類行動的**意義**(Sinn)最廉價、最淺薄的虛脫麻木(Blasiertheit)態度；在事實上，人類的一切行動，特別是政治行動，永遠都帶有悲劇的成分；但是這一點，卻是這種態度全然無所知的。

　　[§56　信念以及價値對政治行動的意義]　政治行動的最終結果，往往——甚至經常——和其原先的意圖(Sinn)處在一種完全不配當的關係中；有時候，這種關係甚至是完全弔詭難解的。這完全是事實，甚至是整個歷史的一項基本事態。不過，在此我們不擬去證明這一點。可是，正是由於這個事態，政治行動若要有其內在的支撐定力(Halt)，就必須要有追求一個**理想**的意圖。爲了這樣一個理想，政治家追求權力、使用權力；但是這樣的一個理想究竟**以什麼形式**出現，乃是一個由信仰來決定的問題。他追求的理想可以是關於一個民族的、或全人類的，可以是社會和倫理性的、或者文化性的，也可以是屬於此世的或者宗敎性的。他可以完全投入他對"進步"❼(不論在哪一種意

義之下)的強烈信仰，也可以冷靜地否定這種信仰。他可以堅持應該為了某一"理想"服務，也可以在原則上否定這類要求，致力於日常生活的具體目標。總而言之，一定要**有**某些信念。不然的話，毫無疑問地，即使是在外觀上看來最偉大的政治成就，也必然要承受一切世上受造物都無所逃的那種歸於空幻(Nichtigkeit)的定命。

[§57　政治的道德地位]　說到這裡，我們已經開始討論今晚我們要談的最後一個問題：政治作為一件"理想事業"(Sache)所具有的**精神風格**(Ethos)。如果完全不考慮它的具體目標，政治在人生的整體道德安排(die sittliche Gesamtökonomie)中，能成全什麼志業？或者這麼說：在道德世界的什麼地方，才是政治的居身之所？自然，在這裡互相衝突的，乃是最終極的世界觀；在世界觀之間，最終只有選擇可言。最近，又有人在討論這個問題(雖然在我看來，他們討論的方式，是完全倒錯的)；在此，讓我們果敢地來面對這個問題吧！

[§58　自鳴正義的道德和責任的道德]　不過，首先讓我們去除一種對這個問題全然淺薄不足道的扭曲。當人們開始考慮道德問題的時候，道德可能扮演一種從道德的角度來看最致命的角色。我們舉些例子。很少有男人在對一個女人移情別戀的時候，不會覺得有需要對自己說：這個女人不值得我愛、或者這個女人令我失望、或其他類似的"理由"，以表示自己的作為正當。這當然不夠風度；但更不夠風度的，是他要編造出理由，去"正當化"他不再愛這個女人、以及這個女人必須接受這一事實這樣直截了當的定局，以便證明自己沒有錯，並且把責任都加到已經在痛苦中的她的頭上。在情場上得勝的人，有同樣的運作：他的情敵一定不如他，否則這個人也不會輸掉。在打了一場勝仗之後，勝利者會以一種不見尊嚴(Würde)的道德優越感(Rechthaberei)宣稱：我勝利了，因為我與正義同在；很明顯的，這也完全是同一種心態。或者，當一個人因為不堪戰爭的慘酷而精神崩潰時，不是率直承認他承受不了，而是覺得有必要向自己正當化自己對戰爭的厭倦，告訴自己：我不喜歡這場戰爭，因為我被迫去為了一個在道德上邪惡的目標作戰；用這個理由取代了原來真正的理由。戰爭中的失敗者，也會有同樣的情形。在戰爭結束後，與其像老婦人一樣，汲汲於找出"禍首"(而畢竟，造成戰爭的，乃是社會的結構)，倒不如果敢嚴峻地對敵人說：「我們敗了，你們得到了勝利。這些都是過去的事了。現在，讓我們就牽涉到的**實質**利害，以及(更重要的)根據對**未來**要負的責任(這尤其是勝利者必須關心的)，來談應該得出來的結論」。除此之外，任何其他作法，都不見尊嚴、都會留下報應的禍根。一個民族可以原諒它的利益所受到的傷害，但不會原諒對其榮譽所施的傷害，尤其當這傷害來自一種教士式的道德優越感。每一份新的文件，在幾十年後公佈於世之時，都會造成羞怒的吼聲、仇恨、憤怒，而不是讓這場戰爭及其結局，至少在**道德**上被掩埋掉。要把戰爭及其結局掩埋掉，我們必須採取一種切事的、有風度的、最重要的是一種**尊嚴**的態度。堅持"道德"，無足以臻此。所謂堅持道德，實不啻雙方都有失尊嚴。堅持道德的人，關心的並不是政治家真正關懷的問題──未來、以及政治家對未來的責任；相反，這種人關心的，是在政治上沒有結果(因為無法取得結論)的過去罪衍的問題。政治上若有罪衍可言，**這**便正是政治上的罪衍。尤有者，這種人沒有看到，整個問題如何因為實質的利害，而無可避免地受到扭曲：勝利者的利益，在於榨取物質上及精神上最大的好處，失敗者的利益，則在於希望藉著承認罪過，而獲得某些好處。若有"**庸俗**"可言，這便是"庸俗"；而這正是以道德爲"取得公道"的手段的結果。

　　[§59　道德和政治的離與合]　那麼，**道德**(Ethik)**和政治**之間
實際的關係，到底是什麼樣的呢？難道這兩者之間，眞的如某些人所
說的那樣，是完全無關的嗎？或者，完全相反，一如生命的任何其他
領域，政治也無分軒輊地受"同一套"倫理管轄？有時候有人認爲這兩
個命題是互相排斥的二擇一選擇，兩者中間只有一個是正確的。但是
世界上可有一套倫理，能夠把**同樣**的行爲規準，施加到性愛的關係、
商業關係、家庭關係、職業關係上？一個人和妻子、賣菜的女人、兒
子、競爭對手、朋友、法庭上的被告的關係，豈可都用在內容上**一樣**
的行爲規則來決定？在決定政治所須滿足的倫理要求的時候，政治運
作的特有手段是以**武力**在背後支持的權力這一事實，難道毫無特殊的
意義？我們難道沒有看到，布爾什維克和斯巴達克團(Spartakus-
bund)❼的意識型態黨人，正是因爲使用了政治的這種手段，達到了和
任何軍國主義式的專政者完全**一樣**的結果？工人士兵委員會的支配，
和舊體制裡面任何一個掌權者的支配，除了在掌權的人事方面、以及
這些人的素人玩票上面之外，可有什麼區別？所謂"新道德"絕大多數
的代表人物，在批評他們的對手時所發的論戰言論，與隨便一個群眾
鼓動者的叫罵方式，又有什麼不同？有人會說，他們的意圖是高貴的。
那很好！但我們談的，是他們使用的手段和工具。他們所攻擊的對方，
同樣可以宣稱——並且從這些人的觀點看來同樣誠實——他們終極的
意圖也是高貴的。「凡持劍的必死在劍上」❼，鬥爭在哪裡都是鬥爭。好
吧！那麼**山上訓詞**❼的倫理又如何呢？今天，有人很喜歡引用山上訓
詞的要求；但是山上訓詞、或者說福音的絕對倫理，是比這些人想像
的來得嚴重的一回事。它不是開玩笑的。人們說科學中的因果原則不

是一部計程車，可以招之即來，隨意上下；這對於山上訓詞中的倫理
也適用。若我們不故意把它平俗化，它的眞義是：要就全有，**不然**全
無。舉個例子來看，想想那位富家少年，他「憂悶的走了，因爲他擁有
許多產業」❼。福音的誡命清楚而不打折扣：把你擁有的東西施捨掉
──**任何**東西，無條件地。可是政治家會說，這個不合理的過份要求，
如果要在社會的角度言之有意義，就必須應用於**每一個人**。因此，就
非得有稅、捐、充公等等，簡言之也就是**對每一個人**都有效的強迫和
秩序。但是倫理誡命**根本不管**這些；它的本質便是如此。那麼，「〔若
有人打你的右頰〕，把左頰也轉給他」❽ 又如何呢？這個誡命也是無條
件的：我們不應去追問別人有什麼權利打這一掌。這是一種全然放棄
了尊嚴的倫理(eine Ethik der Würdelosigkeit)──對聖人除外。但
這正是要點：一個人一定要在**每一件事**上都是聖人，至少要有這樣的
心志(Wollen)：一個人一定要生活得像耶穌、使徒、或者像聖方濟各。
唯有如此，這種倫理才具有意義，才能表現出當事人的尊嚴。**非如此**，
它們**不會**有意義，不會有尊嚴可言。如果出世(akosmistische) ❾的愛
之倫理涵蘊的結論是「不要用武力抵抗惡行」❿，那麼，對政治家來說，
「你**應該**用武力抵抗惡行」這個相反的命題才適用──不然，對於邪惡
的得勢，你便要**負責任**。要遵循福音的倫理行事的人，應該退出罷工，
因爲罷工乃是一種強迫：這種人應該去加入黃色工會 ❽。這種人尤其
不應該再談"革命"。因爲福音的倫理，絕對不會教導人說：內戰才是
唯一的一種正當的戰爭。以福音爲行動圭臬的和平主義者，會拒絕接
過武器，甚至把武器丟掉；德國的和平主義者，得到的建議便是如此；
因爲這乃是一種倫理義務，目的在於終止這場戰爭，甚至終止一切戰
爭。可是政治家則會說，要讓人們在**可見的**未來時期內，都不寄任何

希望與價值於戰爭，最穩當的方法，就是依現狀締結和平。能做到這
一點，交戰的民族就會問了：戰爭到底是爲了什麼？讓戰爭變成一件
荒謬的事！這在目前仍無可能，因爲勝利者(或者至少某些勝利者)仍
然有政治上的利益可圖。之所以如此，原因在於癱瘓了我們的抵抗能
力的那種態度。到了此刻，到了疲竭的時期已將過去之時，**人們不寄
以希望和價值的乃是和平，而不是戰爭**：這是絕對倫理的一種結果。

　　最後，說實話的義務又如何呢？在絕對倫理看來，這是無條件的
義務；因此，有人得出這樣的結論：一切文件，特別是顯示自己的國
家有過錯的文件，都應該公諸於世；根據這種單方面的公開發表，過
錯應該單方面地、沒有條件地、不計後果地加以承認。可是政治家則
會認爲，這樣做的結果，非但不是彰揚眞相，反而使眞相因濫用、因
挑激起的激情，而變得模糊不清。政治家會認爲，唯一有實際收穫的
作法，是由中立的裁判，把各方面都列入考慮，有計劃地理清事實。
其他任何作法，對於採取它的民族，都會造成幾十年無法補救的後果。
不過，對於"後果"，絕對倫理是正好不會**過問**的。

　　[§60　心志倫理與責任倫理]　**這裡**，便是問題的核心所在。
我們必須明白，一切具有倫理意義(ethisch orientierte)的行動，都可
以歸屬到**兩種**準則中的某一個之下；而這兩種準則，在根本上互異，
同時有著不可調和的衝突。這兩種爲人類行動提供倫理意義的準則，
分別是心志倫理(Gesinnungsethik)❿和責任倫理(Verantwortung-
sethik)。這不是說心志倫理就是不負責任，也不是說責任倫理便無視
於心志和信念。這自然不在話下。不過，一個人是按照心志倫理的準
則行動(在宗教的說法上，就是"基督徒的行爲是正當的，後果則委諸
上帝"❺)，**或者**是按照責任倫理的準則行動(當事人對自己行動〔可預

見〕的後果負有**責任**），其間有著深邃的對立。對一位衷心接受心志倫理的工團主義(syndicalism)❽份子，你可以提出一套十分服人的說法，指出他的行動在後果上，將使得反動的可能大為增加、他的階級會受到更強的壓迫、這個階級的上昇會遭到更多的阻礙，但這些對他不會有任何作用。若一個純潔的意念(Gesinnung)所引發的行動，竟會有罪惡的後果，那麼，對他來說，責任不在行動者，而在整個世界、在於其他人的愚昧、甚至在於創造出了這班愚人的上帝的意志。與此相對，按照責任倫理行動的人，會列入考慮的，正是平常人身上這些平常的缺陷。這種人正如費希特(J. G. Fichte)的至理名言所說，不以為自己有任何權利去假定人類是善的或完美的，也不覺得自己可以把自己行動可以預見的後果，轉移到他人的肩上。這種人會說：這些結果，都應該歸因於我的行動。以信念及心意為倫理原則的人，覺得他的責任，只在於確保純潔的意念(Gesinnung)——例如向社會體制的不公所發出的抗議——之火焰常存不熄。他的行動本身，從其可能後果來說，是全然非理性的；但這種行動的目的，乃是去讓火焰雄旺。這類行動的價值，只能在於並且也只應該在於一點：這個行動，乃是表現這種心志的一個楷模。

[§61　目的與手段之間的緊張關係]　即使說到這裡，我們的問題仍未結束。世界上的任何倫理，都不能迴避一個事實："善"的目的，往往必須藉助於在道德上成問題的、或至少是有道德上可虞之險的手段，冒著產生罪惡的副效果的可能性甚至於機率，才能達成。至於在什麼情況下，在什麼程度上，在道德角度言之為善的目的，能夠"聖潔化"(heiligen)在道德上說來堪慮的手段及副作用，就不是世界上任何倫理所能斷定的了。

對政治來說，決定性的手段是武力。手段與目的之間的緊張關係，從倫理的角度來看，可以擴展到多麼大的程度，諸君可以從下一事實窺其一斑。人所週知，(齊美爾瓦爾得派的)**❽** 革命社會主義者，就是在戰爭期間，也一直主張一個原則；這個原則，或可用這樣簡潔的話來表達：「如果我們必須要在戰爭繼續進行幾年然後發生革命、與和平馬上到來而沒有革命之間作選擇，我們選擇戰爭再延續幾年」。若有人追問：「這場革命能達成什麼?」每一位受過理論訓練的社會主義者都會說：當然這場革命不會帶來**他**心目中可冠以社會主義之名的經濟體制；一套資產階級的經濟會再度出現，不過已不見其中的封建成分及王朝的遺緒。──爲了這樣小小的結果，竟願意面對"再幾年的戰爭"！我們若以爲這樣一個必須要用這樣的手段才能達成的目的，是連具有最堅定社會主義信仰的人也不能接受的，當不會有人以爲不然吧? 這一點，對布爾什維克及斯巴達克團(以及一般而言對每一種革命派社會主義)也成立。這條陣線上的人，若要因爲舊政權的"權力政治家"運用了同樣的手段，而對他們作**道德**上的非難，當然是可笑的，不論他們對於這類政治家的**目標**之否定，是多麼正當。

[§62 **用目的來聖潔化手段的困難**] 一般來說，心志倫理正是在用目的來將手段聖潔化這個問題上觸礁的。在邏輯上言之，心志倫理實際只有一個選擇，就是**凡是**行動會用到在道德上言之有可虞之險的手段者，皆在**排斥**之列。這是從邏輯上來說，它唯一可走的一條路。不過，在現實世界中，我們卻一次又一次不時看到，秉持心志倫理的人，突然變成預見千年王國**❽**的先知。舉個例子來說，剛剛還在宣揚"以愛對抗暴力"的人，突然敦促他們的追隨者使用武力：**最後一次**使用暴力，以求能消除**一切**暴力。這正像軍事指揮官在每次攻勢發

動之前，對士兵說：這是最後一次進攻，這次攻擊成功，和平便將到來。信仰心志倫理的人，無法接受這個世界在倫理上的非理性（Irrationalität）。他們乃是宇宙－倫理觀上的"理性主義者"（kosmisch-ethischer "Rationalist"）。諸君中讀過杜斯妥耶夫斯基（F. Dostoyevsky）的人，當會記得大審問官那一幕❽；在那裡，對這個問題有精妙的剖析。心志倫理和責任倫理，永遠不可能併存；而即使我們開始向目的使手段聖潔化這個原則作任何讓步，我們也永遠沒有辦法從道德上判定，哪一個目的該聖潔化**哪一個**手段。

　　[§63　*惡的存在之事實*]　我的同事佛斯特（F. W. Förster）心志的誠篤不容懷疑，對他的人格，因此我有最高的尊敬；但我必須要說，我完全不能同意他在政治方面的態度。佛斯特相信，在他的書裡，他已經迴避開了上述的難題，因為他提出了一個簡單的論點：善因必有善果，而惡因必有惡果。這樣一來，我們所說的難題自然就不會存在了。在《奧義書》❾之後二千五百年，居然還有這種說法出現，也實在令人愕然。不要說整套世界史的過程，就是日常經驗每一次沒有保留的檢驗，都明白顯示，眞相正是其反面。世界上所有宗教的發展，基礎都在這個事實上。神義論（Theodizee）❾的古老難題所要問的，正是這個問題：一個據說既無所不能而又慈愛的力量，是怎麼回事，居然創造出了一個這樣子的無理性世界，充滿著無辜的苦難、沒有報應的不公、無法補救的愚蠢？全能和仁慈兩者中必定缺一；要不然就是生命遵循的乃是完全另外一套補償和報應的原則──一套我們只能從形上學來說明的原則、甚至一套始終不容我們的解釋近身的原則。人對於世界之無理性的這種經驗，是所有宗教發展背後的推動力量。印度的業論（Karmanlehre）❾、波斯的二元論、原罪說、預定說❾、隱藏

的神(deus absconditus)❹，都起自這種經驗。連古代的基督徒也很淸楚，這個世界是魔神所統治的，知道捲入政治的人——就是取權力和武力爲手段的人——和魔鬼的力量締結了協定 ❺，知道就這類人的行動而言，"善因必有善果，惡因必有惡果"絕對**不是實情**；反之，情況往往正好相反。不了解這一點的人，在政治上實際是個幼童。

[§64　倫理的多元論] 我們處在許多不同的生命秩序之中，這些秩序各自遵循其獨特的一套規則。各種宗教倫理，以不同的方式，接受了這個事實。希臘多神敎雖然知道阿佛羅黛特和赫拉(Hera)常有衝突、戴奧尼索斯(Dionysos)和阿波羅互不相容❻，但希臘人對他們一體獻祭。在印度敎的生命秩序裡，不同的職業有不同的規範、不同的"法"(Dharma)❼來作主，按照種姓(Kaste)的方式，彼此永遠隔開。這些職業，構成了嚴格的等級次序；生在某種職業中的人，非待來世重生，永遠逃不開他所屬的職業；而不同的職業和最高的宗敎至福——得救——也有不同的距離。各種種姓，因此便可以按照和各種職業特定的固有誡律相稱的方式，培育發展自己的法；從苦行者、婆羅門到小賊和妓女，皆是如此。戰爭和政治的職事亦不例外。諸君試讀《薄伽梵歌》(Bhagavadgita)❽，在克里史那(Krishna)和阿尊那(Arjuna)的對唱中，可以見到戰爭在各種生命秩序的整體系統中，被安排的位置。"該做的工作"——也就是去做按照武士階層的法及其規則爲本份、相應於戰爭目的有實質必要的"工"(Werk)。對〔印度敎的〕這套信仰來說，做這些事非但不會妨礙宗敎上的得救，反而有助於它。從很早開始，印度武士就相信因陀羅(Indra)❾的天堂是他們英勇戰死後的必去之處，一如條頓武士相信他們會在瓦拉殿(Walhall)❿中安息。在另一方面，印度的戰士之鄙視涅槃(Nirvana)，正如同條頓戰士之瞧

不起迴盪著天使歌聲的基督教天堂。倫理的這種分工專職化，讓印度
的倫理在處理政治這門尊貴的藝術時，可以不受干擾地以政治自身的
規律爲準則，甚至從根本上強化之。一般所謂馬基亞維利主義(Ma-
chiavellismus)的眞正激進型態，在印度文獻中的典型表現，要見諸憍
提利耶(Kautilya)的《利論》(Arthashastra)⑩(成書在基督紀元前很
久，據說是在旃陀羅笈多〔Chandragupta〕的時代)；和它比起來，馬
基亞維利的《君王論》實在無足以傷。至於在天主教的倫理中(佛斯特教
授的立場，一般言之，原是接近天主教的)，衆所週知，"福音勸告"
(consilia evangelica)⑩是那些被寵以神聖生活之恩典(charisma)
的人的一套特別倫理。在修道士而言，流血和求利都是不可以的；與
此相對的是敬虔的騎士和市民：前者可以流血，後者可以營求利益。
倫理分成許多層次，和救贖論的整個有機體系取得調和。不過，在天
主教的思想中，這方面的徹底性尙遜於印度；這毋寧是基督教信仰的
基本預設導致的結果，甚至是必然的結果。原罪已經敗壞了世界這個
想法，旣然已經存在，那麼用來匡正罪以及危害靈魂的異端所需的暴
力，也就比較容易在倫理系統中找到一個位置。可是別忘記，山上訓
詞所提出來的要求，是純粹心志倫理性的、他世性的；以這種要求爲
根據的宗敎性自然法，同樣具有絕對要求的性格。它們仍保持了其產
生革命效果的力量，幾乎每逢社會動盪，便挾其原始性的力勢出現⑩。
這些誡命，特別產生了激進的和平主義敎派。在賓夕法尼亞(Penn-
sylvania)有這樣一個教派，曾經實驗過一個毫無具體武力的國家；但
其結局卻是一場悲劇，因爲當獨立戰爭發生的時候，這些貴格派人士
(Quaker)⑩無法拿起武器去捍衛他們自己的理想，雖然這場戰爭正是
爲了這些理想而爆發的。不過，與此相反，一般新教仍把國家(也就是武

力這種手段)無條件地正當化爲神所賜予的制度,對於具有正當性的威權國家,更是如此。路德(Martin Luther)把戰爭的道德責任從個人的肩上卸下,轉移到政府身上;除了和信仰有關的問題之外,個人在任何問題上對政府服從,都不致有罪。至於喀爾文敎派,在原則上便認定,武力乃是捍衛信仰的手段;所以,在回敎生活中一開始便是一個重要因素的宗敎戰爭,在喀爾文敎派中也得到了許可。綜合以上所言,很明顯的,政治倫理這個問題,**絕對不是**文藝復興時期英雄崇拜衍生出來的近代無信仰心態(Unglaube)才產生的問題。所有宗敎,都面對這個問題加以處理,而有極爲多樣的結果;根據以上所說的,事實也必然如此。人類團體所運用的手段是**具有正當性的武力**;這種特定的手段本身,決定了關於政治的一切倫理問題的特殊性。

[§65　**以武力爲手段的後果**]　任何人,不論其目的爲何,一旦同意採用(每個政治人物都採用)**武力**這種手段,就必須聽任它的特定後果的擺佈。信仰之鬥士——不論宗敎上的抑革命上的——更是特別如此。讓我們鼓起勇氣,用今天的情形來作例子。任何人想要用**武力**,在世界上建立絕對的正義,就需要爲此有跟從者——由人所構成的"機構"(Apparat)。對這些跟從者,他一定要能描繪出必然可得的精神方面和物質方面的報償的遠景——不論這報償是在天上或在人間;非如此,這個機構就不會運作起來。先說精神性的報償:在近代階級鬥爭的情況下,仇恨及報復的欲望、特別是憤懣之感、貌似道德性的一種自命與正義同在的道德優越感的需要、以及因此而起的對敵人加以誣蔑和侮辱的需要,若得到滿足,便構成了精神方面的報償。物質方面的報償,則是冒險、勝利、戰利品、權力和俸祿的獲得。領袖的成功,完全有賴於他創造出來的這個機構的運作。這樣一來,他所依

賴的是**他們**的動機，而不是他自己的動機。這也就是說，他所依賴的，是看他能不能**持續地**向他所亟需的跟從者——赤衛隊、祕密警察、煽動者——保證這些報償。在這種活動條件之下，領袖事實上能達成的結果，並不由他本人來掌握。他能達成什麼，是由他的跟從者的行動的動機來決定的；而從道德的觀點來說，這些動機絕大部分都很庸俗。跟從者中間，至少有一部分人(在實際上這恐怕永遠不會是多數人)，確實對領袖本人及他的理想有真誠的信仰，領袖才能對跟從者有所控制。但首先，這種信仰(即使出於衷心)，在事實上往往只是讓報復、權力、利益和俸祿等欲望得到道德上"正當性"的工具：讓我們在這一點上不要自欺，因為唯物的歷史解釋，同樣不是一部隨招即來的計程車；它不會因為碰到的是革命者，就不適用。其次，也是最重要的一點，情緒激揚的革命之後，隨之而來的是習常守成的**日常**現實生活。信仰的英雄，尤其是信仰本身，都會消逝，或者淪為(這更徹底)政治上的庸俗人物和政治技術家習用咒語的一個部分。這種發展，在和信仰有關的鬥爭中，完成得特別快，因為這種鬥爭，通常是由真正的**領袖**——革命的先知——所帶領或發動的。之所以會如此，是因為在這種情況裡，一如在其他所有的領袖型機構(Führerapparat)中一樣，成功的條件之一，便是讓一切空洞化、僵固化、為了"紀律"而讓心靈和思想無產階級化。信仰之鬥士的這班跟從者，一旦取得了支配的地位，會特別容易墮落成徹頭徹尾常見的俸祿階層。

[§66　志業政治家應有的警覺]　任何人，想要從事一般政治

工作，特別是想取政治爲使命所在的志業，都必須先意識到這些倫理上的弔詭，意識到在這些弔詭的壓力之下，**他自己**內在所可能發生的改變，是要由他自己來負責任的。讓我們再重覆一次：在武力之中，盤踞著魔鬼的力量，從事政治的人，因此是在撩撥魔鬼的力量。擅於出世性的人類之愛及慈悲的大師們，不論來自拿撒勒、阿西西、或印度王公的城堡 **⑩**，都不曾用過政治所使用的手段——武力。他們的王國"不屬於這個世界"**⑩**，雖然他們的工作一直是在這個世界中進行的：卡拉塔耶夫(Platon Karatajew)**⑩** 和杜斯妥耶夫斯基筆下的聖人型人物，反而是他們最逼眞的造型。一個人所關心的，如果是自己靈魂的救贖、是他人靈魂的得救，不會以政治作爲達到這些目標的途徑。政治有其完全不同的課題，這種課題唯有用武力才能解決。政治的守護神——你們也可以說是魔神——和愛的上帝以及敎會所設想的基督敎上帝，處在一種內在的緊張關係之中，任何時刻，這種緊張的關係，都有可能爆發成無可解消的衝突。在敎會支配的年代，人們就看出這一點了。當時，對人和他們靈魂的救贖來說，敎會的禁令(Interdikt)**⑩**所代表的力量，遠遠超過康德式道德判斷"冷冰冰的要求"(用費希特的字眼來說)。但是當禁令一再地落到佛羅倫斯的頭上時，佛羅倫斯的市民仍然反抗敎廷。如果我沒有記錯，馬基亞維利在他的《佛羅倫斯史》中，有一段美麗的文章，借他的一個英雄的口，讚揚這個城市的公民，因爲他們認爲他們城市的偉大，比他們靈魂的得救，來得更重要；在這裡，馬基亞維利心中已經意識到了上面所述的那種情況。

在今天，這個問題是以什麼面貌出現的呢？諸君只要用"社會主義的未來"或者"世界和平"，來取代自己的城市或"祖國"這些在今天已不是人人都認爲代表明確價値的東西即可。因爲如果要透過**政治**行動，

也就是以武力爲手段，按照責任倫理行事，以求達成這些目標，必然
會危害到"靈魂的救贖"。但是，如果我們按照純粹的心志倫理，在一
場信仰的鬥爭中追求這些目標，這些目標會受到傷害，在未來世代的
眼中失去價值和地位，因爲在這裡，缺乏了對於**後果**的責任。之所以
會如此，原因在於行動者沒有認識到魔鬼力量的作用。這些力量是一
刻都不會放鬆的：它們對人的行動產生影響，甚至對他本人的內在人
格發生影響。人如果沒有了解它們，便只能束手無策地聽憑這些魔性
力量的擺佈。「魔鬼是個老年人，所以要了解它，你得先變老」⑩——這
句詩句所指的，並不是年齡上的老。在辯論中，出生證明書上的一個
日期，從來壓不倒我；不過某人二十歲而我已超過五十歲這個事實，
也絕對不會讓我覺得這是一件我應該爲之驚懼而黯然的成就。重要的
不是年齡。重要的，是在正視生命的諸般現實時，那種經過磨練的一
往無旁顧的韌性，和承受這些現實以及在內心中料理這些現實的能力。

[§67　**能以政治爲志業的眞人**]　不錯，政治確實要靠頭腦，
但絕對不是僅以頭腦爲已足。在這一點上，提倡心志倫理的人絕對正
確。沒有人能告訴另外一個人他**應該**採取心志倫理還是責任倫理，或
在什麼時候採取一種倫理、在什麼時候採取另一種倫理。不過，我們
仍然可以說一件事。在今天這個亢奮的時刻裡——照諸君的看法，這
種亢奮，是一次**不會**"沒有結果"的亢奮(亢奮和眞正的熱情，畢竟是會
有不同的兩回事)——當整批的心志政治家(Gesinnungspolitiker)**突
然**如雨後春筍般地蹦出來，異口同聲地複誦著：「愚蠢而庸俗的是這個
世界，而不是我；對後果應負什麼責任，與我無關；這個責任，是那
些受我辛勞服務、並有待我來掃除其愚蠢和庸俗的其他人的事」。在這
個時刻，我公開說，我們首先要問，在這種心志倫理的背後，有多大

的**內在力量**。我的印象是，我碰到的十中有九，都是大言炎炎之輩；他們並沒有眞正認識到，他們想承擔的事是什麼樣一回事，而只是陶醉在浪漫的感動（Sensation）之中。就人性方面而言，我對這種東西缺乏興趣，更毫無使我感動之處。眞正能讓人無限感動的，是一個**成熟**的人（無論年紀大小），眞誠而全心地對後果感到責任，按照責任倫理行事，然後在某一情況來臨時說：「我再無旁顧；這就是我的立場」**⑩**。這才是人性的極致表現，使人爲之動容。只要我們的心尙未死，我們中間**每一個人**，都**會**在某時某刻，處身在這種情況中。在這個意義上，心志倫理和責任倫理不是兩極相對立，而是互補相成：這兩種倫理合起來，構成了道地的人、一個**能夠**有"從事政治之使命"（"Beruf　zur　Politik" haben）的人。

[§68　艱苦前途的考驗]　屆此，在座的各位貴賓們，讓我們約定，**十年**之後再來討論這個問題。很遺憾，我不能不擔心，到了那個時候，由於一系列的原因，反動的時期早已開始，你們之中許多人以——我坦然承認——我自己都在盼望、期待的東西，竟幾乎無所實現——也許不能說毫無所成，但至少看起來是太少的成果；到了那一天，如果實情恐怕很難免地眞是如此，我個人是不會喪志崩潰的；但不容諱言，意識到這種可能性，也是心中一大負擔。到了那一天，我非常希望能夠再見到你們，看看諸君當中在今天覺得自己是眞誠的"心志政治家"、投身在這次不啻一場狂醉的革命中的人，有什麼在內在方面的"變化"。假如局面竟然一如莎士比亞十四行詩第 102 首所言：

當時正當春天，我們的愛情甫綠，

日日我譜歌曲，吟咏我們的風流，

像夜鶯在夏天錦簇的花叢中啼唱，

到了夏日漸深就住了她的歌喉。⑪

那就太美好了。

可是事情不會如此。不論現在在表面上看起來，勝利的是哪一群人，在我們面前的，不是夏天錦簇的花叢，而首先是冷暗苛酷的寒凍冬夜。當一切都蕩然無存，喪失自己權利的不僅是皇帝，無產階級也不會例外。到了長夜逐漸露白之時，在今天看來擁有花朵燦爛的春天的人，尚有幾個仍然存活？到了那個時候，諸君的內在生命又已變成何種面貌？恨怨還是已轉爲庸俗？對世界或者自己的職業一種麻木的接受？或者第三種可能（這絕對不是最少見的）：有此道秉賦的人，走上了神祕主義的遁世之途，甚至（這種情況更尋常，也更可厭）爲了跟從流行，而強迫自己走上這條路？不論一個人淪入這三種情況中的哪一種，我都會認定他**沒有**資格做他現在做的事，**沒有**資格去面對眞相下的世界、日常現實生活中的世界。客觀而平實地來說，在這種人的內心最深處，並沒有要他們取政治爲志業的使命感和召喚，雖然他們自以爲有。他們其實應該去培育個人與個人之間一種單純、直接的博愛。至於其他，他們應該踏實地去進行他們日常的工作。

　　[§69　政治作爲一件工作的眞義]　　政治，是一種並施熱情和判斷力，去出勁而緩慢地穿透硬木板的工作。說來不錯，一切歷史經驗也證明了，若非再接再厲地追求在這世界上不可能的事，可能的事也無法達成。但要作到這一點，一個人必須是一個領袖，同時除了是領袖之外，更必須是平常意義下所謂的英雄。即使這兩者都稱不上的人，也仍然必須強迫自己的心腸堅韌，使自己能泰然面對一切希望的

破滅；這一點，在此刻就必須作到——不然的話，連在今天有可能的事，他都沒有機會去完成。誰有自信，能夠面對這個從本身觀點來看，愚蠢、庸俗到了不值得自己獻身的地步的世界，而仍屹立不潰，誰能面對這個局面而說：「卽使如此，沒關係！」(dennoch)，誰才有以政治爲志業的"使命與召喚"。

附　錄

〈附錄 I 〉
韋伯兩篇演講發表的日期●

　　關於韋伯兩篇演講的發表日期，文獻中的記載和討論充滿了混亂。根據瑪麗安娜韋伯所記，兩次演講都是在 1918 年發表，而在 1919 年出版❷。溫克爾曼（Johannes Winckelmann）從出版的日期——〈學術作為一種志業〉是 1919 年，〈政治作為一種志業〉是 1919 年 10 月——猜測兩次演講都是在 1918 年到 1919 年之交的多季舉行的 ❸。鮑姆伽騰則根據他對韋伯往來書信的通熟，認為兩次演講是在幾週之內先後發表的：〈學術作為一種志業〉大概是在 1919 年 1 月 16 日，〈政治作為一種志業〉則確定是在 1919 年 1 月 28 日❹。博恩包姆（Immanuel Birnbaum）是自由學生同盟（Freistudentischer Bund）巴伐利亞邦分部主辦“精神工作作為志業”演講系列時的主持人之一。據他回憶，他說動韋伯作兩次演講。起先，他請韋伯講“學術作為一種志業”；由於韋伯本人對這個問題的關心，他很快就答應了。但是韋伯不願意緊跟著 1918 年 11 月的革命之後，來談“政治作為一種志業”，因為他所面臨的狀況，讓他懷疑他有資格成為政治人物。韋伯建議由瑙曼來講這個題目；他「很久以來」便認為瑙曼是「領導德國走向民主的最適當人選」。但是瑙曼因臥病謝絕了邀請，激進學生提議邀請埃思納，這時，韋伯才同意講“政治作為一種志業”❺。按照博恩包姆的說法，這兩個演講發表的時間，一定隔了好幾個月 ❻。莫姆森跳出了這一團凌亂的回憶和猜測，用慕尼黑《最新消息報》(*Neueste Nachrichten*) 1917 年 11 月 9 日的一則報導，證明了〈學術作爲一種志業〉是 1917 年 11 月上旬在慕尼黑史坦尼克藝術廳(Kunstsaal Steinicke)對自由學生同盟巴伐利亞邦分部發表的。不過，因爲 1919 年年初韋伯在給托伯勒(Mina Tobler)的信中，曾提到兩個他必須數度延期的演講，莫姆森猜測〈學術作爲一種志業〉曾講過兩次，其中後一次是和〈政治作爲一種志業〉連在一起的，可能是在 1919 年 3 月的第二個星期 ❼。

　　即使莫姆森的這個考證，也有失精確。瑪克斯韋伯編輯室的瑞策波羅特(Martin Riesebrodt)斷定，〈學術作爲一種志業〉是在 1917 年 11 月 7 日發表，而不是如莫姆森所推定的 11 月 8 日 ❽。至於〈政治作爲一種志業〉，則正如鮑姆伽騰正確地證明的，發表於 1919 年 1 月 28 日 ❾。韋伯在 1 月 28 日無法發表演說，並不是不可能；到目前還沒有找到報紙的報導。不過莫姆森所提到的時間必須排除掉，因爲韋伯在他所指的時間是就另外兩個題目發表演說。1919 年 3 月 12 日，韋伯在慕尼黑大學對社會科學學會講"西洋市民階級"(Abendländisches Bürgertum)；1919 年 3 月 13 日，他對德國學生政治會(Politisches Bund deutscher Studenten，又稱 Bund deutschnationaler Studenten)講"學生與政治" ❿。

　　韋伯極不可能兩度演講〈學術作爲一種志業〉。要這樣作，他得在同一個演講系列中、在同樣的地點、對同樣的聽衆，重覆同樣的演講。之所以會有這樣的推定，是因爲鮑姆伽騰和莫姆森從韋伯的通信中，引出他提到 1919 年初在慕尼黑的兩次演講。但顯然，這兩個必須數度延後的演講，是我們在上段末提到的兩次演講。

　　諾克(Frithjof Noack)於 1924 年 10 月 25 日寫給瑪麗安娜韋伯的一封信，也支持我們所判定的日期。顯然是為了她的傳記工作作準備，瑪麗安娜韋伯請曾屬於自由學生青年團(Freistudentische Jugend)❶的諾克去查詢〈學術作為一種志業〉、〈政治作為一種志業〉、及 1918 年 11 月 4 日有關德國重建的演講。諾克在信中報告他的發現，其中包括了博恩包姆一篇很長的陳述。諾克指出，〈學術作為一種志業〉是在 1917 年 11 月初發表，〈政治作為一種志業〉是一年半之後在 1919 年 2 月或 3 月發表。韋伯根據速記記錄稿，對兩篇演講進行修訂以備印行。〈學術作為一種志業〉看來在 1919 年年初已印妥出版。〈政治作為一種志業〉大概直到 1919 年 3 月才準備妥當付印。

　　整個演講系列，是由巴伐利亞邦的自由學生同盟所舉辦。這是一個傾左的自由派學生團體，其立場如瑪麗安娜韋伯所言，「在革命運動與愛國運動的十字路口上」❷。這個演講系列之起源，來自施瓦布(Alexander Schwab)——阿爾佛烈德韋伯的一個學生——的一篇文章：〈志業與青年〉。鑒於選取一種行業似乎和本著科學的精神生活不合，施瓦布對於選取一項志業，表示不以為然。這個演講的系列，旨在討論這個觀點的正反兩面。照博恩包姆在〈學術作為一種志業〉第一版的附跋中所言，這些演講在安排時都假定為"專家的意見"。針對四種志業——學術、教育、藝術、政治——要回答的問題都是一樣的：在今天，道地意義下的職業——精神性的志業(geistiger Beruf)——在既不墮入遁世、亦不流於妥協從俗的條件下，如何可能？

　　在韋伯之外，克申史坦那(Kerschensteiner)、浩森史坦(Hausenstein)和瑙曼是原來邀請的演講者。(諾克說第三個演講者是謝佛爾，博恩包姆彷彿記得第三個主題是神學，邀請的演講人是李伯爾特

〔Lippert〕)。韋伯大概是在1917年9月下旬，在勞恩史坦堡(Burg Lauenstein)的聚會中❸結識這個學生團體的。他和托勒也是在這個聚會中見面的。1917 年 9 月 29 日，韋伯在這個聚會中講"人格與生命秩序"(Die Persönalichkeit und die Lebensordnungen)。這可能是以〈宗教拒世的階段與方向〉❹爲基礎的〈學術作爲一種志業〉的第一稿❺。從那時開始，似乎每逢韋伯在慕尼黑演講，自由學生同盟的成員都會參加──1917 年 11 月 5 日，他的主張透過談判達成和平、警告大日耳曼運動的危險的偉大演講；1917 年 11 月 7 日講〈學術作爲一種志業〉；1918 年 11 月 4 日講德國的政治新秩序❻，以及演講結束後在卡岑史坦(Erich Katzenstein)家中的聚會(卡岑史坦在〔幾天後的〕革命中扮演了重要的角色)；1919 年 1 月 28 日講〈政治作爲一種志業〉；1919 年到 1920 年之交多季學期裡，韋伯和史賓格勒(Oswald Spengler)進行了一次精彩討論❼。藉著這些演講，韋伯和慕尼黑的革命波西米亞文人圈也保持了公開的接觸 ❽。在諾克寫給瑪麗安娜韋伯的報告中，我們讀到：「韋伯很重視自由學生同盟的成員及一群年輕人革命派(杜魯末勒〔Trummler 〕、霍特〔 Roth 〕、及其他人)來聽他演講；他和這些人在私下也進行辯論。兩篇演講(〈學術作爲一種志業〉及〈政治作爲一種志業〉)中，有很多話是對這些人說的。第二個演講的對象，大概也包括托勒；有時候，在博恩包姆的陪同下，韋伯到綠林旅館(Hotel Grünwald)去看托勒。從韋伯想要和李維安(Max Levien)見面的欲望，我們可以猜測韋伯何等強烈地想和革命派辯論；他曾說，他已有相當時間沒有和俄國布爾什維克派的人接觸過了。」

　　韋伯與自由學生同盟的關係，對他來說尚有深一層的意義。他認爲，在德國經歷過了一個精神崩潰的階段、一個"噁心的暴露狂"、一切尊嚴淪喪的階段之後, 這類團體代表著新政治文化興起的明確契機。
這種新的政治文化, 乃是一種踏實切事、知恥虛心的文化, 不再容許
私人事務與公眾事務、個人的意義問題與集體的意義問題長久混為一
談。韋伯相信, 德國不僅在軍事上業已敗北, 在精神方面也已經喪亡：
「目前, 我們"顏面"喪盡, 未見任何民族在類似狀況中有如此失態者,
雅典在艾格斯波達姆斯(Aigospotamos)海戰大敗後(405 BC)以及
凱洛奈亞(Chaironaia)大戰失敗後(338 BC)固然未曾如此, 更不用
提 1871 年時的法國。」在韋伯看來, 能擔當精神重建大任者, 唯有教派
(Sekten), 而非教會, 唯有志願團體(Verein), 而非強迫團體(An-
stalt)──易言之, 他心目中的典型是美國式的俱樂部(Club), 因為它
的原則正是自願參加與會員制。自由學生同盟在韋伯眼裡象徵著這方
面的一個開端, 在政治上及社會學的意義上他均感到相契。(參見韋伯
於 1918 年 11 月 24 日寫給慕尼黑的古文字學家克魯蘇斯〔Friedrich
Crusius〕的信, 引在瑪麗安娜韋伯《韋伯傳》, p.636 以下。不過, 引文
顯然有誤, 參見 Mommsen, *Max Waber,* p.347。筆者無幸目睹原
件。)

〈附錄II〉

韋伯論學者與政治家

　　阿宏(Raymond Aron)的這篇文章, 是他爲韋伯兩篇演講的法文譯本所撰導論 (Introduction)的前半部, 見 Max Weber, *Le Savant et le Politique*, trad. par Julien Freund (Paris, 1959, 1982), pp.7-30；文章的題目, 係由編譯者所加。阿宏原 文的後半部(pp.31-51), 討論的是德裔美籍學者史特勞斯(Leo Strauss)對韋伯價 值論的評論, 比較專門, 在此沒有譯出。

　　阿宏(1905-1983)是二十世紀法國最重要的學者及思想家之一, 也是國際上公 認的一位韋伯權威。梁其姿直接從法文將這篇文章譯出；在編譯者對譯文提供一 些意見後, 由梁女士定稿, 文後的譯註, 亦係梁女士所撰。

　　阿宏此文寫於 1959 年, 因此, 文中對於當時局勢的一些分析(例如歐洲政黨 的性質、和平主義在國際局勢中扮演的角色等), 已失去其時效性。同時, 阿宏對 共產主義的批評, 在今天的人看來, 亦稍嫌欠缺新意。這些是讀者在讀本文時應 該先注意到的。

　　瑪克斯韋伯是學者。他不是政客，也不是政治家，只是偶爾作政治評論。但是他一生熱誠地關注公衆事務，他對政治的某種眷戀，從未有過間斷；這似乎意味著他的思想最終的目標是行動的參與。

　　在韋伯成人之年，正是德意志帝國意氣風發之際。俾斯麥倒下了，年輕的德皇獨挑大樑。十九世紀的最後十五年間，韋伯從年輕的二十歲到成熟的卅五歲。這個時期最引人注目的事情，有社會立法(législa-tion sociale)的成長、德皇的首次干預外交、以及更具深遠影響力的對俾斯麥傳統的反省。統一後的德國任務該是什麼？它在世界舞台上該扮演哪種角色？何種政體會可能重建國家的團結？韋伯一代的德國人自然地會思索這些問題，而歷史所給予的答覆，是悲劇性的。

　　韋伯個人的動機亦同樣地解釋了他的態度。他不斷地強調政治不應進入講堂。他一再重覆，參政的人的美德，與治學的人的美德，是不相容的。不過，他對這兩種活動的關係的反省，並不下於他要分開兩者的關切。我們不可能同時是參與〔政治〕行動的人和〔學問〕研究者。如果這樣做，必然會傷害到這兩種職業的尊嚴，亦不可能對兩者皆盡忠職守。不過，我們可以在學院以外採取政治立場。而且客觀知識的具備，如果不是必需的，至少絕對能幫助我們採取較合理的行動。簡單地說，在韋伯的思想中，學術與政治之間，並非如一般所說的，只見必然的分別。他心目中的學問對行動者應有所幫助，而行動者的態度，只應在目的上，而不是在結構上，異於學者。

　　行動者在某種獨特與唯一的情況下，依著自己的價值，在決定論的網絡中，創造一件新的事實。他所作的決定的後果，並非可以嚴謹地預知，就算情況是唯一的。除非整串事件的賡續可以重演，即是說能從具體事實中抽出一些關係，同時把這些關係提升到某種普遍性的層次，否則毫無科學性的預知可言。但一個合理的決定，依然要求人就整個形勢施展他所有的抽象知識，這樣做不能消除不可預知的獨特因素，但可以減低這個因素的作用或把它挑出來。韋伯在理論上企求的，是一種分析因果關係的學問，而這種學問正是行動者所需要的。

所謂歷史上的因果論，是對於已發生的事件之概率作回溯性的計算——我們會問：如果事情是如此這般，那麼結果會是什麼樣子的呢？所謂歷史的因果論，不外是把行動的主角的各種考慮或他該作而沒有作的考慮，重新儘量求逼近但難完全還原地建立起來。

理性地行動，就是在反省之後，作出一個決定，讓原定的目標有最佳的機會實現。行動的理論，亦同時是出險率(risque)的理論和因果(causalité)的理論。歷史學家在探討歷史性因果時，就是把歷史人物在作出決定之前考慮過的因素或該考慮過的因素，再在自己心裡重演一番。

因果的研究，並不局限於一個或數個人的經過考慮的決定。當我們問：如果事情是如此這般，那麼結果又會怎樣呢？我們不但想到別人的決定，同時亦會考慮到一些沒有人能控制的事件(如自然現象的介入、風暴、金礦的枯竭、戰爭中的勝敗等……)。政治史學家亦具有同樣的特點：努力地要避開宿命論追溯以往的幻想。史學家在研究人以及人的鬥爭時，在重建歷史之時，都希望維護行動本有的層次(dimension)——即未來的不可知。要維護這點"不可知"，他必須避免認定諸事件所造成的事實不能逆轉、堅持現實並非決定於事前；如果碰上某些人或某些其他情況，歷史的步向就不一樣。

除了因果關係，韋伯心目中的學術與政治的連繫，在另一方面，顯得更為密切，那就是有關價值的問題。學術所關心的是與價值的關

係，行動則是價值的肯定。韋伯說，我們好奇心的取向，影響事實
(faits)的選擇、概念的設計及對象(objet)的決定。自然科學在無窮可
覺察的材料中，挑選最有可能會重覆發生的現象，以求建立定律架構。
而"文化"的學科，則在無窮人為的事件中，挑選其中關乎價值者。所
謂價值，是歷史人物的價值或史學家本身的價值。如果研究者把注意
力集中在事件單一的序列、或在個別社會上，他會寫出歷史。如果他
考慮的是按照規律出現的連貫性或相對較為固定的整體，他所處理的
便屬於各種社會科學的範疇。

　　韋伯概念中的歷史性的科學或"文化"的科學，就是對人在過去的
生活方式、他們給予生存的意義及為不同價值所建立的等級的了解
(compréhension)。而政治行動，則是在一些我們不曾選擇的情況下，
維護這些價值的努力。這些價值構成我們的共同體，甚至我們的存在。

　　了解他人並不意味自我反省。了解別人在過去的行動，並不必然
地導致我們為當前而行動的決心。但在哲學上或──讓我們用個時髦
的術語──在我們存在的經驗中，在自我反省及對他人的認識間，有
某種關連，在前人所發動的鬥爭的重建及自己為當前採取立場之間，
亦有某種關連。

　　其實，不少史學家雖努力地去了解前人的生命，但從不同樣地質
詢自己。也有不少從政的人，從不考慮在他們的職業及他們生存的最
終意義之間，有什麼關係。這種生存的意義，或者是由本身、或者是
由團體，在今天所賦予他們的。探討過去，在理想上離不開自我的意
識；而行動之所以成為人的行動，是因為在理想上，它和一連串的事
件相關聯，而且訴諸崇高的目標。在面對他人和自我發現之間，有某
種互惠性(réciprocité)，這種互惠性附麗於史學家的工作之中。而知

識與行動之間的互惠性，則內存於歷史性人物——而非史學家——的生命之中。韋伯禁止教師在學院範圍內參與公眾論壇的各種糾紛。但是他不得不承認，行動——至少以言語或文字所表達的行動——是學者工作最終極的實現。

我們曾懷疑，韋伯本身的思想，在何種程度上，能妥當地以里克特的新康德主義的字彙和範疇來表達。我覺得韋伯有所知但很少採用的胡塞爾(Edmund Husserl)的現象學，本該可以提供他所探求的哲學工具與邏輯。他研究"了解"此問題時，不停地在雅士培的"心理主義"(psychologisme)(雅士培當時正在寫他的心理病理學)和新康德主義的間接方式(繞過價值之後始達到意義)之間搖擺不定，而胡塞爾的現象學，本可避免這點。同時我們亦可以問，在何種程度上，韋伯的實際研究符合他的理論架構。因果關係在他的實際研究中，是否居於和在理論中同樣的份量？宗教社會學主要的難道不是探討各種信仰及思想系統，以求顯示觀念與制度的交織、宗教價值與社會態度的關係，而並非孤立個別因素的影響力嗎？《經濟與社會》一書主要的難道不是把各種權力和經濟類型所本有的可理解的結構加以披露嗎？在特定的情況下，就算一個關係可以很充分地被了解，並不足以說明這是一個真實的關係；這算這個關係不單可以被了解，同時又可以從因果關係來解釋它，這與證實(vérification)，仍是完全兩回事。這個關係並不因此而被"證實"。

韋伯的確在簡化。他在理論方面簡化了，同時亦簡化了史學家與社會學家所得出的可理解的關係的繁多性、簡化了了解(compréhension)和說明(explication)之間的複雜關係、以及簡化了研究資料內存的關係與經過構思的關係(透過對已發生事情的概率作回溯性的計算)之間的聯繫。從符合抽象經濟定律的行為，到為某些救世教義的詮釋所支配的行為，再到符合不滿情緒的邏輯的行為，裡面有各種可了解性的類別。證實過程並不是指出這其中任何一種可了解的關係。而韋伯則有把"證實"同時放在他的了解方法論中處理的傾向。不過對一般的研究，修正和增補不會為研究的主題帶來決定性的改變。除非在處理有關經濟理論、或以某個理論架構來解釋一個事件時，我們會強調可用的客觀性和普遍性。但就算這樣，我們也不必作基本的修正。

讓我們看看了解(compréhension)的例子。我們說，愛與恨是了解的真正原動力。要求客觀是徒勞無功的，如果客觀是指當我們論及今天或過去的人物時、以及他們被稱許或唾罵的事蹟時，把價值擱在一邊。如果我們不能從這些已消逝的人物的行止裡體會到一些感情──一些亦可以激起當世人的感情，那麼我們便無法捕捉前人在深處的靈魂。這些話所帶的幾分真理，韋伯大概很容易便會承認。但是他卻在實際的研究中，減低心理學的重要性，而不是科學的邏輯。他會同時堅持兩件事：指向"無惡無好"(sine ira et studio)式了解的道德命令；以及把生命與事蹟認定為認識的對象，而非待評估的價值。

至於經濟學或社會學的各種理論，它們所表達的真相，無論是屬於某個特定社會的、或是可放諸四海皆準的更高層次抽象化，與當前現實的關係，都比韋伯所提出的為薄弱。這些理論並不能主要地改變有關抉擇與行動的分析。它們所提供的"真相"是局部的，而人卻訴諸無數的價值；一個決策的可預見的後果，極少能符合所有的價值，或令每個人都滿意。抉擇的需要並非基於學術的主觀性與相對性，而是學術所提供的真相的局部性和價值的多元性。

有人會認為，如果韋伯提出一個政治抉擇的現象學，那將會是錯誤的，因爲韋伯會用的，乃是過時的基本觀念，如事實與價值、手段與目的等。我認爲這個想法完全抓不住要點。我們得承認，事實誠然與價值相對，但是史學家在重建事實時，不得不利用價值。價值並不是憑空塑造或肯定的，它們是從人與其環境間不斷的交流之中產生的。這種交流亦是人的歷史性的特徵之一。同樣地，下一個目的將會成爲另一更高目的的手段，就如目前的手段可能是另一行動的目標。而且，人所採取的態度是否能化約到這樣的一個分別，也值得懷疑。如果我們從某個角度看歷史，則我們會很自然地參與某個政黨，同意某種組織與行動的技術。一個人的整體觀念，同時決定了他的手段以及目的的抉擇。

韋伯並不是不知道這些。馬克思主義者自以爲他把握著對一種歷史運動的真切的解釋，這種運動不但是必然的，而且是適當的。這套解釋導致他參與某政黨、採取某種行動方式。經驗告訴我們，這種哲學並不曾消除對政黨及對行動方式的懷疑。雖然信徒有共同的祖師，但他們之間的鬥爭最不容情。就算撇開這些經驗不談，韋伯亦會否認一種歷史哲學可以同時宣佈一個確定的未來，和支配某種行爲。對未來的預測，必以決定論爲前提，而決定論解釋未來與解釋過去，同樣地有偏差，而且更陷入或然論中。而我們在最佳的情況下可能預知的未來社會的特徵，會引起各種矛盾的價值判斷，因爲這些特徵不會滿足人所有的欲望。學術向我們宣佈的東西，我們從不需要在道德上逼使自己喜歡。我們有自由去加速或控制一個被稱爲是不可避免的歷史發展。於此，我們會發現自己在面對一個整體觀念的抉擇，與一個政治家在某個獨特形勢下所面對的處境極爲相似：我們觀察各種事實，希望實現某些訂定的目的，我們自擔一切風險地作出抉擇，而並無權

利去援引某種遙不可及的整體性(totalité)，或某種其實是放棄態度或
信仰的托詞的所謂必然性，又或者是某種人神之間的調和；這些，都
不過是在歷史的眼界盡頭的意念。

所以，問題不在於手段與目的的基本觀念，因爲這個基本觀念的
確過份簡單，亦不在於事實與價值的分別，因爲這個分別的哲學性意
義是成問題的。要駁斥韋伯，我們必須證明學術爲我們發現整體歷史
的眞理，或者學術可預知某個決定在先的未來，又或者學術一定會解
決團體與價值之內的各種矛盾。

韋伯所耿耿於懷的，是要說明學術雖然最後把迷魅從世界祛除，
而且雖然在本質上是不完整的，但是卻有某種意義，值得人爲其獻身。

於此，他在兩條戰線上奮鬥。他一方面反抗那些腐蝕理性思想之
純粹性的人：他們以政治立場或個人感情的抒發，滲入理性思想之中；
另一方面，則反抗歪曲學術意義的人，這些人認爲學術把握了自然或
人的奧祕。在韋伯的論說中，當他爲學術作辯護或說明時，他的語氣
總帶著一種悲愴性，因爲我們隱約地感到一個行動家的懷舊情緒與不
耐煩。他緬懷著一個過去的時代，那時知識並非只是一條無盡的鎖鏈
中的一環，而是全部、是成全。他不耐煩學術所能給予行動者的有限：
他一方面要求學術提供他手段與後果的知識，而另一方面事前已知道，
學術不能爲他解除抉擇的責任，因爲神不只一個，價值之間又充滿矛
盾。

Die Entzauberung der Welt durch die Wissenschaft(學術對
世界的除魅) ❶。學術把迷魅從世界消除掉的這個過程，仍在繼續中。
眞正的學術——無論是物理學或社會學——從來不曾像今天那樣不會
給予世界一種宇宙性或人性的完整面貌，人也因此不會於其中看見自

己的命運或本份。不過，兩個新現象，使歐洲的學術界承受著一種沉重的焦慮。〔其一關乎現代武器〕。科學進步，讓政治或軍事的領導人，支配著各種破壞性的工具，今天這些工具已達極過量的程度，因此發明這些武器及負責其使用的科學家，不得不對本身的責任提出質疑。〔其二關乎對學術界的壓迫〕。在本世紀中，我們亦目睹了某種"實證主義"專制，這些政權強迫科學家向國家宣誓效忠——這樣做可能讓人感到反感，但不會置科學家於死地——對政權而言，**客觀地**探討及道出真相，是不能忍受的。這些專制政府自以為是把某種追求整體的主義，強加於學術界之上，而其實這種主義，不過是過去的強大宗教性綜合的一個可笑的諷刺的模仿。

就這第一個現象，我只簡單地說幾句，幾個世紀以來，生產能力的增強，往往同時帶來破壞力的增強。我之所以稱之為新現象，完全基於這種破壞性的空前強大的程度。這是質的增強引至質變。科學家，作為個人，並無任何能力預防戰爭工業利用他的發明。作為團體，如果他們不為自己的國家服務，很可能他們即間接地幫助了其他國家一臂之力，即那些最善於剝奪個人自由的國家。科學家學會一旦討論有關戰爭或和平的事，就是政治的組織，不是科學的組織。他們的種種聲明往往難以令人信服，那是因為他們就外交問題所表現的幼稚，與他們作為核子物理學家所具的權威(於此，我們對他們的確心悅誠服)比較，真是不遑多讓。

對關心人文科學的人來說，第二種現象尤其重要，即某些政權對學術界及科學所施加的恐嚇。我們曾見識過"雅利安人的數學" ❷。今天我們又目睹某國想解決有關後天特徵遺傳性的科學性爭執，或有關孟德爾(G. J. Mendel)理論的爭執 ❸。這兩個例子性質上有所不同。

無論怎樣，我想不會有很多德國數學家，把"雅利安人數學"與"猶太數學"間的分別看得很認真。亦不會有很多物理學家，因爲愛因斯坦的種族和宗敎，而否認他的成就。不過，在一個如德國的國家，如此多的科學家被迫沉默地忍受一場可恥的鬧劇，還要裝成煞有介事的樣子，這是很嚴重的一件事；同時，這件事爲國際科學界——科學家自然而必要的社群——帶來了嚴重的損傷。

科學家單獨地、依著他的幻想或天才去工作這個觀念，是極端錯誤的。數學家、物理學家、生物學家雖然領域不一，分散世界各地，但是卻爲一個研究性的社群——這個社群有其思想規則，雖不曾書諸筆墨，卻爲衆人所嚴守——的無形而有力的聯繫結合在一起。他們要解決的問題，是由科學進展的現狀所提供(所以常有同時產生的新發現)。對眞理的某種不明言的、幾乎是出於本能的概念，使他們排除某類的答案、接受互相批評、以及在交流中自我充實起來。

某些數學上或物理的思辨，已發展到非常精妙的境界，以致這個科學學界在全世界只找到少數的成員。但是這並不減低這類思辨在理想上的世界性，所有能把握這些思辯的智士皆可參與研究，所有外於這些思辯的本質的指示皆受到排斥。我的好友，數學家及哲學家卡瓦耶斯(J. Cavaillés)在警察的追踪之下，撰寫一本數理邏輯學的書。作爲法國人及士兵，他反抗入侵者。但作爲邏輯學者，他仍是康托爾(G. Cantor)、希爾伯特(D. Hilbert)、胡塞爾的信徒。在預審法官之前，他表示對日耳曼文化的最優秀部分極爲仰慕。雖然他甚至願意爲群體〔德法〕的紛爭犧牲自己的性命，但是這些紛爭卻絕不會走進他忠於其志業——即忠於他對純粹眞理的探索——的思想的深處。

當一個政權或政黨，把研究對象或職業的法規強加於學術之上，

如果它把某些人或國家排斥於學術界之外，如果它甚至為屬於實驗或
理性思考的爭辯作仲裁，那麼，我們便不能簡單地老生常談式地說，
這是團體對個人的壓迫。這是一個政治團體不正當地干預一個精神團
體的活動。換句話說，這就是極權主義、是其根源。極權主義最可怕
的發明，就是一黨或有時一人的專橫意願，竟支配了人所創造的所有
事業。齊默在他的《社會學》❹中，才氣橫溢地描寫了我們每人所屬的
社會圈子的多元性，而在他眼中，這種多元性正是個人的逐漸解放的
條件。這本書讓我們就極權主義的企圖本身作出評價：這些企圖是不
折不扣的反動性的努力，其旨在於把社會拉回其原始的階段，讓社會
科學籠罩所有個人及個人的全部。

　　當然，社會性、歷史性、甚至有時種族性的因素，會部分地決定
了學術。某種族在從事某些工作方面比其他種族出色，或某種族傾向
於某種對宇宙的思維方式，這些都不是不可思議的。撇開種族問題甚
至幾乎不可能。但這些概括性的說法，大部分被證明是錯的，其餘小
部分，則是不可證明的。不過，無論科學性質的決定──即科學所提
出的問題、及它用來表達自己的哲學性觀念──在何種程度上依賴外
在的情況，那些用已成事實的決定，來為政權專橫地支配科學辯護的
人，犯了必會帶來不幸的錯誤。

　　科學家也是屬於某個特定社會和時代的人。研究的作風與方向不
只是由科學家的性格，而是由那時空的人的性格所左右的，因為前者
與後者從來就難以嚴格地分開來。無論如何，我們必須認清一個基本
的分別：在學術環境對科學本身的影響(科學家的自發性亦包括在內)
與政治領袖施諸科學家的影響──他們竊取權利，擅自決定科學的對
象、方法及結果──之間，有基本的分別。在第一種情況下，科學的

社群仍繼續在基本上服從本身的法則，而在第二種情況下，科學的社群已放棄其自主性，亦因而使其志業與進步陷入岌岌可危的狀況。

就算在英國，於大戰剛結束之時，就曾產生過有關科學自主的討論。一些科學家，在折服於蘇聯的例子之餘，希望成立一個研究計劃，合理地把人力物力分配於不同的研究中心，這些研究中心則各有任務。英國的科學家最後放棄了這個重實效的想法。他們拒絕承認國家有權向學者指定其研究內容。理論研究的放棄或隸屬於他人，不單置科學發展於死地(我們永遠無法預知哪個理論能付諸實行)，而且更是科學家社團放棄自主與權利的第一步。孟德爾派的生物學家的消失，及物理學家必須以唯物辯證的術語來發表他們的研究結果，說明了這第一步會帶來什麼後果。

社會科學受到極權主義的威脅是異於自然科學的。專制者需要後者來充實他的軍力，因此，為了保持某種效率，他對自然科學的干涉是有限的。他會強迫物理學家倚仗唯物辯證，但不得強迫他們接受一些方程式。追根究底，對核子物理發展的興趣是無上的。而認為有關剩餘價值或工資等馬克思主義理論為不易之真理，並強加諸人民，不會碰到嚴重的困難：具體的全國規劃不會因此承受不可彌補的損害。正統的意識形態不會減低(至少不是直接地)管理的效率，因此變成一種工具，造成一種人為的民意一致。各式的專制就掌握了這種工具，以求保證穩定。

對政治的干預，社會科學往往比自然科學更難抗拒。在過去，毫無疑問，在分析模式與政治偏好或哲學概念之間，有一定的連帶性。在政治經濟學方面，把理想的方案與真實混淆起來是最容易、最富吸引力的。我們把嚴格上只屬於後者的優點歸諸前者。古典的市場理論以為所謂平衡狀態，包涵了社會產品的**極大值**(maximation)與資源的最佳運用。但這並不等於證明我們所謂自由的(即部分自由的)具體經濟是最理想的，亦不能證明最適當的作法是讓市場不完美的機制(mécanisme)自己運轉。這種說法不外以完美的機制會帶來最佳方案作為藉口。曼罕(Karl Mannheim)就曾創造"知識社會學"(Wissens-soziologie)一名詞，以說明一種學科，這學科就是要釐清歷史情況與思想結構之間的關係的各種形態。

社會科學永不是從空白開始的，各種問題的方位是受實際事件所影響的，研究方法並非獨立於哲學和歷史環境，而研究成果往往受國家及階級的左右，這一切，我們並不妄想推翻。但如果就此下結論說，社會科學不過是階級或種族的意識形態，或者說極權國家所強施的正統思想，在本質上無異於多元社會的自由研究，這更是遺害無窮的說法。無論怎樣說，**社會科學的社群**是存在的，就算其自主性弱於自然科學的社群。

構成這社會科學社群的規條有哪些？

一、首先，**是研究及事實本身的建立不受限制**。我們有權提供未加工的事實，以及把這類事實與詮釋分別開來。就哲學上的嚴謹說法而言，我們可能堅持所有歷史事實都是建構而成的，即經過選擇與詮釋的過程。但在實際的研究上，兩者之間的分別仍具其重要性。托洛茨基在紅軍組織中扮演了重要的角色，這事可真可假；齊諾維也夫(G. E. Zinoviev)與布哈林(N. Bukharin)曾陰謀刺殺斯大林，這事可真可假；華爾街操縱了美國的政客，組織了反蘇維埃的十字軍，這事可真可假。而所有極權國家把某些事實宣判為非法，因為它們不能配合官方的模式。所有極權國家把事實與詮釋之間的連帶性，推至荒謬的程度。

二、其次，**是討論及批評權利的不受限制。這些討論及批評，不僅涉及局部的研究成果，而且還涉及研究的基礎理論及方法。**有關社會的知識之所以稱得上科學，是由於研究者同時能準確地意識到這些知識的範圍及它們有限的妥當性。例如，在政治經濟學裡，理論透過新的模型建立得以進步，但認清一個舊模式在何種準確的條件下被採用，亦是理論進步所不可或缺的。凱因斯(J. M. Keynes)的一般理論的原創性，基於多個不同因素：提出問題的狀況(所謂持久失業現象)；從某個嶄新的方案出發，重新再得一個古典理論，而此理論是在充分就業的假設中有效的特別例子；幾件具體事實(名目工資的固定)的被決定為必須；與傳統理論中經濟人的理性心理不同的企業家心理 ❺。只有能同時考慮這些在事實上及方法上各種不同因素的人，才可以發現《一般理論》❻的貢獻及意義。知識的理論，在社會科學的範圍內，是離不開知識本身的。所有主義，不論是自由主義或馬克思主義，如果以教條建立理論或模式，而其意義曖昧、其範圍模糊，那麼這種主義便從科學流入迷信(mythologie)。批評的良心在社會學或政治經濟學上，構成了科學良心本身。

三、最後，**為現實袪除迷魅的權利的不受限制。**於某個政體的概念及同一政治的實際運作之間、於在極權制度下所有人曾夢想過的民主制及後來在西歐建立起來的多黨制之間，有一段不短的距離。但，在某方面，這種失望是無可避免的。所有民主制皆是寡頭政治，所有制度的代表性都不是完美的，所有必須獲得多方面的人或團體的贊同的政府，都得緩慢地工作，同時得把人性的愚昧及私心考慮在內。社會學家傳授給學生的開宗明義第一講，除了在他們信仰及獻身的熱情上澆冷水外，還必須告訴他們，從來沒有過一個完美的政制。

學者同時地、無限地使用這三種自由的情況很稀有。如果他這樣做，他可以說是很不近人情。社會科學的社群的作用，本來就是透過交流和互相批評，以創造符合這三種自由的情況。我以為是原始事實的東西，別人可能證明其中已經有詮釋的成分在內。我以為是充滿優點的制度，別人可能證明是後禍無窮的。在社群之中及透過整個社群，社會科學得不放過任何事實，不會輕縱對任何價值的批評，而且得以同時積累各種知識與懷疑，並準確地、毫不容情地，把一般理論的眞相所虛懸之處——所有外在條件及先決的假設——指出來。

於此，我們恍然大悟，這個自由的社會科學社群所追求的是什麼，以及為何如此多的政府懼怕這個社群。只有科學性批評，才能阻止歷史學或社會學從實證知識流入迷信。但很多政體，並不希望阻止這種轉化的發生。

歷史事件很容易被轉化為迷信。因為這種事件十分接近我們，它們充滿人性：我們不免會把這些事情，解釋為某些人物或團體的清楚而肯定的意志所引發的。這些人物或團體不是被視為天使、就是被目為魔鬼，視乎後人認為他們曾散播的是無限的善、還是無限的惡。二十世紀大部分的人，都不懂得如何解釋那些不久之前被認為是奇蹟的事：比空氣重的東西能飛、影像及聲音可以長距離傳播。但是他知道這些現象是可以用理性解釋的，只有童蒙才驚訝於電流的神奇。而資本主義、共產主義、華爾街等，卻是成千上萬的成年人心目中的魔鬼。促使歷史轉化為迷信的，正是歷史結構本身，是可理解的局部及謎樣的全局之間的對比，是明顯的人的意志的重要性、及事件給予這些意志無情的但同樣明顯的否認之間的對比、是旁觀者在義憤——他認為每個人都應爲發生的事負責——與恐懼——我們似乎在面臨一次非人性的厄運——之間的徬徨。

如果掉之以輕心，學術的概念，便極易變爲在一個神話世界中活動的人物。只要我們把模型與眞實混爲一談。只要我們忘記一些如資本主義或社會主義等名詞所代表的各種分散現象的各種意義。這樣，名詞很快便會取眞實的位置而代之。我們不再面對人和制度，以及人的行爲及制度的結構內存的意義，而是面對一種神祕的力量，這種力量保存了我們給予某些名詞的意義，但卻與事實失脫關連。歷史從此變爲抽象的偉大的"歷史"，是抽象的偉大的"觀念"的崇高戰鬥的場地。歷史科學不會把超個人的整體所具的神祕性除掉，但卻會除去這種神祕性的詩情畫意。學者對群體的變化的討論，並非宣揚懷疑主義或不敬，而是禁止把塵世的事神化，把被人或政權提升爲神祇的事物，重新帶回塵世。

社會科學如果不止於研究行政技術的問題，而貫徹它們的任務，政府自然會感到不安。

就算社會學家或歷史學家不敢或不能碰古代或現代的凱撒政體的性質問題、就算他把研究只限於異於本國的制度，但是研究者不可能不因此而了解，同樣的方法亦可施用於本國的強人，而且這方法把這些強人頭上閃著完美、無錯的光芒的聖圈，弄得黯然無光。而我們，難道就不是爲了害怕被指爲反民主，而在分析議會制度時，駐足於現今歐洲制度之前，不敢跨越雷池半步嗎？

學術不會告訴我們應該贊成民主，亦不會告訴我們，在本世紀中，擺在眼前的民主制比其他任何實行的政體爲優越。學術向我們指出的，是一黨制的各種政體的無限危險性。對屬於悠久大學傳統的學者而言，這些政體無限地危害著他視為神聖的價值。學術告訴我們，多黨制能提出一些相對的保證，確保個人權利的受到某種尊重，以及權力及權力的運用所具有的憲法性質。學術亦同時告訴我們這種政體內存的危險：如果多數黨不能產生的話，行政部門即會不穩定；如果政黨之間與階級之間的鬥爭超過某種暴力的限度，社會便會瓦解；如果所有團體，所有個別利益都過份強烈地爭取自己的利益，當政的人即陷於癱瘓狀態。

往往，人們擔心政治科學會對民主制帶來不利，因為政治科學把民主制赤裸裸地呈現出來，其不可免的資本主義性格的不完美，因而盡露眼前。我毫不擔憂這種危險。請勿忘記，基本上，民主制是唯一能作如下公開承認與宣稱的政體：國家的歷史是，亦應該是，以散文而非詩句寫出。

※

無論討論的是學問或政治，韋伯所對準的是同一目標：釐清一種活動本有的倫理，而這種活動，與其合目的性(finalité)必須一致。學者必須抑制本身與研究對象間的感情關係，以及一切自然地在他心中浮起的價值判斷。這些價值會左右研究者對社會的態度，無論是他所探討的社會，或他身處的社會；對於後者，他會因而希望保持它、或毀滅它、或改變它。韋伯向選擇學術為志業的聽衆所揭露的、以學術之名責令他們承擔的，是一種悲愴的情況：接受實證研究的無定限的性質；同時，為了進行一種尚不知名的探索，必須祛除掉自然世界與人的世界的迷魅。

在韋伯眼中，行動的悲愴性在於兩種倫理的對立：責任倫理及心志倫理(morale de la conviction)。我或者順從我的信念——和平主義也好、革命主義也好，無關痛養——而毫不顧慮我的行動後果。又或者我以爲該爲自己的行動負責，就算我並非蓄意這樣行動。因此所有良好的動機及單純的心意，皆不足以爲行動者辯護。

同時，韋伯著意地強調，人的計劃與人的行動的後果之間有差距。某一代人自由地選擇的事物，對下一代來說是不可逆轉的命運。清教徒選擇爲志業而活，而今天的人卻不得不如此。人所希望的情形與他們被迫接受的情形之間永恆的距離，是我們無法懷疑的。讓我們回想列寧的希望，然後再觀察斯大林主義的眞相，或者 1932-33 年許多德國青年的熱誠信仰，然後再追憶納粹主義的恐怖行爲。是的，歷史就是人類創造一段他所不知道的歷史的一場悲劇。政治行動是一種百折不懈的努力，使得行動採取於理性清明之際，及行動原有的動機不會被其後果背棄。假若政治行動不是若此，它便不値一談。

行動的人的道德，就是責任的道德。我們不能輕率地對待這句話。這個肯定，排除了對康德式的形式倫理準則的屈服，以及對基督〈山上訓詞〉的超凡命令的順從。國家在一個特定團體之中，是壟斷合法暴力的組織。走上政壇，就是參與以權力——影響國家、亦因而影響這個團體的權力——爲賭注的各種紛爭。一旦走上政壇，人必須屈服於採取行動的規律，就算這些規律違反了他心底的喜惡，或違反了十誠。參政就是與地獄的力量締結協定，迫使自己委身於單求效率的邏輯之中。

韋伯寫〈政治作爲一種志業〉一文時，第一次大戰剛結束，他所針對的是什麼人呢？我以爲他主要針對兩種人，一種是我們在法國稱爲基督敎式和平主義者，另一種是以革命爲原則的革命份子。對第一種人，韋伯個人是十分尊重的，但他指責他們沒有顧及他們言論的後果。
把所有的責任推諉到他的〔韋伯的〕國家身上，並不能重建國際間的和
平。把戰敗國的道德地位削弱、及簽訂不公平和嚴苛的條約，只會阻
擾局勢的緩和與和解。對於第二種人，他所指責的是他們把一個正當
的目標——改變經濟和社會體制——改頭換面，變成一種絕對的價值。
因此，在虔信者眼中，革命的代價永遠不會是過高的。

　　在今天，韋伯關於基督教式和平主義者的討論，我以爲已失去其
意義。在目前這個幾乎經常處於戰爭狀態中的世界裡，已沒有這樣的
和平主義者。以這種姿態出現的人，大部分得掩飾其政治性強於其精
神性的立場。今天，較有力的該是反省後的和平主義，即以爲對戰爭
的主要受害者——戰地的居民——而言，現代戰爭無論如何都是一場
大災禍；這是一個合理的信念。但這個信念還不能成爲和平的因素，
除非所有政治家、各國的人民都持有同一信念。然而，共產主義者，
基於他們的主義，卻相信他們命名爲世界革命的歷史階段，必然充滿
大規模的鬥爭，而世界性的社會主義，將必然是這些鬥爭的結果。爲
了達到此一目標，就算要付出一場原子戰爭的代價，亦不爲過。

　　至於韋伯反對的革命主義者，以前他們主要是理想主義者，其中
有較接近基督教式和平主義者，有較靠攏無政府主義者或烏托邦主義
者。今天，革命份子是顛覆活動與專制的技術人員，但他們的思想仍
舊不出“至福千年說”(millenarisme)的框框。他們給予一個事件——
革命——一種獨特唯一的價值，把革命置於人類歷史的亙古巨流之外。
在抽象偉大的“歷史”的蛻變之前，一切都是不可能的。而於此之後，
一切即可能了。爲了達到這個至高的目標，任何手段都可以用。反正，
這個目標是歷史上不可避免的。

　　我們可毫不費力地猜想到韋伯對這種哲學的反應。他可能會說，
西方社會可能必然地(或更準確地說：很可能地)向一個集體財產或規
劃化的政體發展 ❼。但我們不能在事前假設，同一政黨必然地在各國
完成這個轉化過程。至於這種政體的利弊，我們可詳加討論，但學術
並不允許我們肯定，甚至相信，這種政體的好處，是美妙到能永遠地
改變人類社會數千年來的特徵的地步。

　　這論據不會動搖虔信者的信念，但卻能把他們的真面目完全地暴
露出來：他們仗恃著科學，而他們的信仰卻披著用一種過時的科學及
庸俗化的哲學編織出來的、華麗俗氣的敝衣。韋伯的研究本可帶來對
歷史的廣闊透視，然而，他從中得到的，卻是一個簡朴的信息。他並
不提出關乎未來社會的問題，而是駐足於當前要務之前。這個要務，
在三十年前，就是政治的重建，國家的重建。

　　他的一些分析直接涉及特定的歷史情況，今天已部分地喪失其時
間性。他把德國的災禍的責任，主要歸咎於德皇。敵視德皇的情緒，
一直困擾著他。他以為威廉帝國的失敗主要原因之一，是政治領袖來
自官吏。而"國會化"(parlementarisation)會把實際的責任轉移至議
院，因此應能讓精力充沛、戰鬥力強、充滿力量和鬥志的人物，有更
多獲得權力的機會。

　　韋伯追踪了一個社會階層、一種人歷經數世紀的發展。他稱這種
人為職業的政治人，即從政治中獲取生計的人。這種人不只依賴政治
為生，而且亦為了政治而活。僧侶、文人、宮廷貴族、英國的貴族、
法律家，於不同時代及國度中，曾在君主、傳統貴族與資產階級之間
的關係中(這些關係因國而異)，佔著首要的地位，因而決定了這些團
體之間的聯盟或紛爭。於此，我不再贅述韋伯在這方面非常有名的分

析。我只強調一點，而這點亦是韋伯自己相當重視的，那就是兩種政黨的決定性對比：名門望族的政黨與群眾的政黨，而在這個時代而言，法學家或律師、國家的官吏或黨工人員、以及名門望族即為主要的政治人類別。

今天的情形又如何呢？名門望族政黨與群眾政黨的對立，在某些國家已幾乎完全消失，如英國的保守黨，已變成與工黨差不多性質的群眾政黨。但在德國和法國，這種分別仍然存在。〔法國的〕激進社會黨和獨立黨，並不是像 S.F.I.O. 一樣的群眾政黨，在某種程度上，甚至不如 M.R.P.；而 C.D.U.❸卻似乎保留了名門望族政黨的一些特色，雖然有人努力嘗試把它改變為群眾政黨的組織。群眾政黨組織的需要與否，視乎社會的都市化程度及投票方式而定。在目前這個階段，在西歐，右派政黨及左派政黨的結構分歧正在逐漸減少，但還未到完全消失的情況。

隨著政黨結構的分異而來的，是選拔政治領袖方式的差別。選拔領袖，對所有的政體而言，尤其對民主政體，是決定性的一環，關係著成功與失敗。在德國，主要的領袖仍屬於希特勒之前的一代，因此他們大部分的生命，若不是在威廉帝國下度過，就是在威瑪共和之下度過。在法國，領袖大部分是第三共和的遺老。他們長時期扮演了二等角色後，自 1945 年開始，躍升首席。除他們以外，還有幾個在抗戰期間或在戴高樂運動中冒出來的人物。法國與德國不一樣，幾乎沒有政治領袖出身自政黨或工會的官吏。

學者如果想參政，主要的阻難來自於政黨的紀律與教條。世界上沒有任何一個國家，在任何一個時代裡，會有社會學家或經濟學家相信政黨的政綱的字面意義，不論是那一個政黨。如果入黨，他們能做到的，用最好聽的話來說，就是十分廣義地運用在宗教上所謂的象徵性詮釋。在爭權的過程中，沒有反對黨會不用不公平或捏造的論據來批評政府，他們指責政府沒有成功地完成一些沒有人能完成的事業、或者作出了任何人都不得不作出的讓步。就是在這一點上，希望活躍於政壇的學者，會體驗到經常的緊張。

這種緊張性的強弱，視乎討論的不誠實程度，程度的高低因國家而異，因黨對其黨員在紀律上的要求不同而異，亦因時而異。對學術與政治的關係這個很個人的問題，我們每人都有自己的答案。但參與國會工作的人，並不能享受這全部的自由。為學術而獻身的人，無條件地找尋真相；為政治而獻身的人，卻往往不能忍受道出真相。

今天對黨的順從，可能已沒有廿年前那麼絕對了，這是由於懷疑主義侵蝕了黨員的信仰。很幸運地，社會民主派的領袖和團體，並沒表現出對馬克思主義的堅守、或對集體財產的教條主義。政黨以本來的應有的面孔出現，它們是目的在運用權力的組織，它們維護某些利益，同時也看得出來，如果當權，它們會以模糊的一般的概念來統治人民。不幸的是，政黨在教條上所贏得的靈活性，卻有時在時事爭議上，以過份強烈的衝突來補償。

韋伯對民主式的招募選拔的質量，早已表示擔憂。沒有財產的人若投身政治，除了要承受職業的風險之外，還要體驗到經濟上的不安全。似乎，在目前的德國，大部分的政治人物都保留著，而且必須保留，他們原有的職業或副業，往往是官吏式的職業。只有政黨黨工人員，才是沒有其他職業的職業政治人。而國會的運作已極端的形式化，詭變莫測的鬥爭的特色已蕩然無存，再不能作為甄選的途徑。一個人如果要攀升，他必須在政黨裡肯定自己的聲望，而不是在國會中。在法國，政治生活保存了較多的不穩定和想像力，比較不可預料。偶然，某個人物會在黨的邊際上，而不是在黨裡，創造一番事業。目前德國的政治作風，似乎不能幫助一流的人物脫穎而出，即韋伯所夢寐以求的群眾政治家、那些同時獻身於政治並從中獲得生計的人、那些奇妙地把清醒的熱情、責任感與節制集於一身的人。

　　但是，可能韋伯對現代民主制的政治家要求太高了。在他的想像中，最優秀的政治家，該擁有某種卡理斯瑪的權威。的確，各種權勢的匿名、領導人的平庸、麻木的群眾的消極被動所帶來的腐敗，恆常地威脅著民主制。在悲劇性的情況下，當國家的生命受到牽連，或憲法需要重建，人民往往希望找到一個可信賴的人，同時又希望服從法令。就在此時，群眾政治家建立他的聲望。羅馬共和稱這種人為獨裁者，而以前的政治作家，則稱之為偉大的立法者。現存的政體，在危急之際，會讓有能力救國的人冒出。在平靜無事的日子裡，民主的領導人是誠實的行政者，有時是良好的組織者，更常見的是調解專家。若是他們有大政治家所具的遠大的眼光、敏銳的洞察力、清醒的熱情等，則是我們合理地不敢過份冀求的幸運。

〈附錄Ⅲ〉
韋伯論帝國總統❶

譯者導言

1918 年 11 月，德國在戰敗及內亂交相煎熬下，宣告結束帝制，成立共和，並由當時最大的政黨社會民主黨(SPD)黨魁埃伯爾特(Friedrich Ebert)組成臨時政府。次年 1 月，全國選出四百二十一名代表，2 月開始假威瑪(Weimar)召開國民會議。國民會議於 2 月 11 日選出艾柏特擔任第一任帝國總統(Reichspräsident)，並於 2 月 24 日由蒲羅伊斯(Hugo Preuss)提出新憲法草案。經過五個多月的討論，國民會議於 8 月通過新憲，史稱威瑪憲法，是為威瑪共和的體制骨架。

筆者在此不擬敍述威瑪共和的悲劇歷史，也無法討論威瑪憲法關於總統權力的特色，以及這些特色和後來希特勒的"合法"上台究竟有多少關係。但是威瑪憲法第四十三條規定，帝國總統由人民直接選舉產生，卻與當前台灣一股要求"總統民選"的呼聲不謀而合，特別值得我們注意。

威瑪憲法起草者提出總統民選的規定，背後有其關於民主理論以及德國現實的一些考慮。這些考慮是否能成立，容或有商榷的餘地。但是筆者不諱直言，今天在台灣主張總統民選的政客、學者、以及一般民眾，思慮的周詳和深度，恐怕尚不及威瑪制憲者的皮毛。一個在政治上尚停留在少年幫派層次上的民族，即使

心機和殘忍已十分老到，不過碰到憲政體制這樣的問題，還是以多吸取歷史經驗
爲宜。這是筆者迻譯韋伯這篇小文章的用意所在。

當年在德國主張總統民選的人物之間，韋伯是首倡者，也是理論上的導師。
這篇於 1919 年 2 月 25 日(也就是蒲羅伊斯提出新憲草案的次日)在《柏林金融時
報》(*Berliner Börsenzeitung*)發表的文章，雖然僅以德國現實狀況爲立論根據，
但其視角，卻來自韋伯對民主制度在現代社會中之特殊意義的分析。

照古典的民主理念，民主旨在人民的權力，肯定人民是國家主權所在，使政
治權力從屬於人民的同意，甚至表達人民的公共意志。對這類他稱爲自然法傳統
的民主觀，韋伯以爲極爲不足。

這不是說韋伯否定了民主所涵蘊的價值性信念，而是他發現了民主在近代社
會中尚發揮一種完全不同，卻更具份量的功能。民主不只是人民獲得權力的途徑，
同時也是統治者取得權位，加強己身正當性的工具。古典民主理念(以及台灣的民
主戰士)只知從被統治者的立場去了解民主，卻忘了從統治者的立場去體會民主的
妙用。

照韋伯的看法，在近代群衆政治的格局中，民主有兩層功用。第一，具有特
殊卡理斯瑪(Charisma)的人物，可以擺脫或獨立於政府及政黨官僚體系，扮演"選
舉戰場上的英雄"，成爲群衆中心服從的領袖。韋伯鑒於官僚化對政治生活的窒息
效果，非常重視由卡理斯瑪型領袖擔任政治上既能開創又能負責的角色。這種領
袖可以打破世族門第、地方山頭、利益團體、意識形態政黨的政治壟斷，開啓政
治上的新興活力。基於這方面的考慮，韋伯要求擴大民主，但目的不在於人民的
"人權"，而是爲了新領袖的出頭和飛黃騰達。

第二方面，一旦這種領袖上台，並且繼續保有大量的人民支持，便不啻獲得
了強大的託付(mandate)，讓他有足夠的正當性，去面對官僚行政體系、國會、
社會上的各種利益團體、地方山頭等等。韋伯非常重視帝國總統由人民直選，原

因完全在此。人民直選的總統才有力量去推行重大的政策，去摧毀社會上舊勢力的割據狀態，去壓制特殊階級政黨以及特殊利益團體的擴張。說到最後，韋伯的終極目標是德國的統一和強大，他相信唯有民選總統才能帶領德國走上這條路。他強烈主張總統直選，但他的考慮不是人民的"民權"，而是強化領袖權力，使他能解決德國的現實問題，完成德國的民族目標。

在韋伯這篇小文章中，我們可以清楚看到，他主張總統民選的七項理由，無一不是為了加強帝國總統的權威，無一是為了人民的"自主"、"自決"，或其他民主口號。當時德國的聯邦參議院(Bundesrat)，是代表各邦封建勢力的堡壘；國會(Reichstag——帝國議會)雖以代表整個德國(Reich)為旨，卻因利益團體、政治舊勢力，以及（這是韋伯最看重的）階級性意識形態政黨（影響強大，變成了各種特殊聲音謀求己身利益的講壇；1871 年德國雖在普魯士的覇權下統一，但普魯士的盟主地位並不等於德國的一統。這些因素使然，韋伯認為唯有"背後有千百萬張選票撐腰"的民選總統，才能達成德國的真正團結統一，並且達成最大的政黨社民黨所要求的公有化經濟改革。

台灣應否實行總統民選，是一個可以討論的問題。但筆者十分希望，主張民選的人，能暫時放下耀眼的民主詞彙，仿照韋伯的方式，以台灣的具體歷史及政經情勢為著眼點，拿出必須實施總統民選的理由。尤其在此已有近一半的民眾認為總統應該民選的時刻，我們更應該暫時放下民主的"自然法"意義，轉而從人民直選對總統的權威以及託付之重大意義，考慮一下民選總統對台灣憲政民主以及議會民主的前途有什麼影響。

韋伯這篇文章原題"Der Reichspräsident"，收在 Max Weber, *Gesammelte Politische Schriften*, 4 Aufl, (Tübingen, 1980)S. 498-501；英譯見"The Reich President", *Social Research* Vol. 53(1986) pp. 125-32。德文中"Reich"一字甚難譯為中文，爰依慣習，譯為"帝國"，因此會有"帝國總統"這樣看來不通的名詞。

翻譯中間，譯者曾向顧忠華先生及夫人請教，謹此致謝，但任何錯誤應由譯者自行負責。

帝國總統　　　　　　　　　　　　　　　　　(韋伯)

　　第一任帝國總統，已由國民會議選出。未來的帝國總統，絕對應該由人民直接選舉產生。這個主張，關鍵性的理由如下：

　　(一)既然各自治邦人民所產生的政府，也就是握有統治權力和國家力量的各邦政府，顯然不可能放棄插手帝國政策，尤其是帝國之統治運作的機會，聯邦參議院一定會在某種形式下保留在新憲法中，不論改稱什麼名字，或權限有怎樣的調整。這種情況下，設立一個不經中介，明白地以全體人民意志為基礎的國家元首職位，殆屬完全必要。各種職位均已取消間接選舉產生方式，為何這個正式言之居於最高的職位，卻要保留間接選舉？這確實可以說是嘲弄民主原則，方便了國會裡面的暗盤交易，並且令帝國的一統變成無聊空話。

　　(二)唯有一個背後有千百萬張選票撐腰的帝國總統，才有權威去推行公有化。要知道，所謂公有化，其實就是行政管理化，因此，法律條文完全不會達成目的，可是一個組織緊密而統一的政府，卻無往不利。至於推行公有化，是僅涉及必要的財政金融安排，抑係如社會民主黨所言，是經濟體制的改造，實際上並不重要。未來經濟體制的決定，並不是帝國憲法的責任。憲法只需為政府所需面對的各種可能任務——包括以上所言者，創造出施展的空間和條件。切望社會民主黨，不可因一套錯誤的、小資產階級的、假民主的想法，遽爾否定這些要件。願他們記得，即使是頻見討論的群眾"專政"，也需要一個"專政者"，一個由群眾選出來，獲得群眾信賴的人，同時只要這種信賴存在，群眾便對他服從聽命。無論是合議制的最高領導機構，或是國會推選出來的最高領導人，均絕對無法讓政府形成一元的領導，但若沒有這種統一的領導，我國經濟在任何基礎上的重構均無可能。若最高領導機構行合議制，較大的邦以及較大的政黨均會要求有自己的代表參加；最高領導人若由國會產生，法國總統那種悽慘的無能狀況便會上演。我們必須確保，一旦帝國總統企圖干犯法律，或是行獨裁統治，"吊繩與絞架"會出現在他眼前。若有必要，也可規定皇室成員不得擔任總統，以免藉全民投票造成復辟。可是帝國總統一職，必須有自己的牢固民主基石。

(三)唯有人民直接選舉帝國總統，才能形成挑選政治領袖的機會和時機，因而促成政黨改造組織方式，取代以前名門望族當道的過時體制。如果這套體制繼續存在，政治與經濟方面屬於進步的民主制度，在可見的未來便會告終。這次選舉已經證明，老職業政治家在各地均能不理會選民大眾的心意，排除這些選民所信任的人物，推出過氣舊人。結果，最好的人才根本不願一顧政治。唯有人民直接選舉最高的帝國執事者，才能爲這個僵局找到一條出路。

(四)這種需要，又因比例代表制的作用而更形迫切。下次選舉時，一個目前已現端倪的現象, 就會全面出現: 職業團體(乃至於擁有房產的人, 擁有文憑證書的人, 領固定薪資的人, 以及各式各樣的"團體")會迫使政黨以得票爲重, 將這些團體的受薪幹部排在候選人名單之首。國會會因此變成一個組合(Körperschaft), 在內部決定其基調的人物非但毫不關心全國政事, 甚至囿於其本質, 會根據經濟利益團體的"強制"指令行事。這樣的國會, 將是一個庸俗者的國會, 完全無足以成爲挑選領袖人才的場所。這一點, 在這裡必須公開而坦率地指出來。如果我們再考慮到, 聯邦參議院的決議在頗大程度上對首席部長(帝國總理)有約束力,那麼這一點便不啻對國會本身的純粹政治意義構成了無可避免的局限。欲使國會保有這種意義,一個以民主的民意爲基礎的抗衡力量乃是絕對的必要。

(五)針對地域主義的傾向,也迫切需要一個凝聚了帝國一統理念的職位。純粹區域性的政黨之發展,是否會延續下去,我們尚不知道,但是這種心向確實存在。長久以往,國會內多數派的形成,以及帝國部長的組成,都一定會反映這個趨勢。選舉方面走上由民選產生帝國總統的路子,有助於遏制這個趨勢的片面蔓延,因爲各政黨將被迫以全國爲範圍發展統一的組織、統一的觀點,一如民選的帝國總統本身,對於不幸必然存在的聯邦參議院構成一個維護帝國一統的平衡力量,而又不致於有侵犯各邦之虞。

(六)早先,在威權制國家下,鼓吹增加國會多數黨的權力,以便提升國會的意義和地位,是有其必要的。可是到了今天,情況是所有憲法草案都著迷在一種跡近盲目的信仰中,認爲多數——不是人民的多數,而是國會議員的多數——不會犯錯,無所不能。這是另外一種偏鋒,可是卻一樣違反民主。我們應該秉持一貫原則,對民選總統的權力加以限制,同時確保唯有在一時性的危機無法解決時,他才能干涉帝國的運作(運用擱置否決權,或是對常務次長下指令),其他情況下,均只能使用公民複決(referendum)。不過,我們必須讓他藉直接民選,雙腳站在屬於自己的基礎上。否則,只要遇到國會危機——既然政黨至少也有四到五個,這種危機爲數不會少——帝國的整個架構都會震撼。

(七)唯有一位由人民選出來的帝國總統,才能在柏林與普魯士的領導階層分庭抗禮,扮演非僅止於純粹被包容的角色。幾乎整個的任官權，尤其是所有與人民在日常發生接觸的內政官員之任命，軍官方面至少下級者大概也不會例外，均操諸個別邦政府手中，因此也操在普魯士領導階層手裡。這種情況下，帝國總統若不是由全民選出來的，面對普魯士的領導者時，他能扮演的角色其實非常寒傖。普魯士在柏林──進而在整個帝國──的霸權會再度出現，並且於其地域主義的形式，更具有危險性。

　　國會議員不情願以自我貶抑為奉獻，讓選擇帝國最高領袖的機會由手中失掉，完全可以理解。但這事必須實現，同時朝向這個目標的趨勢不會鬆緩停止。別讓民主把這項針對國會的煽動武器，交到民主的敵人手裡。當年的君主們，在時機到來之際，對自己的權力施加限制，讓國會代議制發達，其行事不僅高貴至極，並且也明智至極。願國會能同樣地主動認可民主的大憲章：直接選舉領袖的權利。只要部長仍然嚴密限制在國會的信任範圍之內行事，國會讓出總統選舉權，並不值得遺憾。因為民主的政黨生態，隨著這種人民直選而告發達成為蓬勃潮流後，對國會反有好處。一個總統，當選時若需依賴政黨之間在國會裡的特定組合或結盟關係，那麼一旦這個關係改變，便不啻是個政治上的廢物。但是一位人民普選產生的總統，身為行政部門的首腦，握有分派官位的大權，必要時尚可運用擱置否決權、解散國會權、以及公民複決權，卻是真正民主的守護者。畢竟，所謂民主，意思並不是軟弱地屈從於派系小團體，而是服從人民自己選出來的領袖。

註　釋

《韋伯選集》導論

Ⅰ.韋伯小傳

❶《韋伯傳》.pp. 46-47。

❷《韋伯傳》.p. 50。

❸卡蒂藍在與西塞羅及保守派爭權失敗後，曾意圖叛變。事發後卡蒂藍出逃，其黨派繼續鼓動，終遭人出賣，全數被捕。西塞羅未經正當法律程序，即將謀叛者處死，爲此西塞羅亦遭流放。爲卡蒂藍之事，西塞羅曾在元老院發表四次演說。

❹《韋伯傳》，p. 53。

❺《韋伯傳》，p. 54。

❻《韋伯傳》，p. 57。

❼〈哥林多後書〉3 章 17 節。

❽《韋伯傳》，p. 59。

❾《韋伯傳》，p. 68。

❿《韋伯傳》，p. 69。

⓫《韋伯傳》，p. 70。

⓬《韋伯傳》，p. 71。

⓭《韋伯傳》，p. 71。

⓮《韋伯傳》，p. 72。

⓯《韋伯傳》，pp. 72-73。

⓰《韋伯傳》，p. 88。

⓱《韋伯傳》，p. 89。

⓲〈宗教拒世的階段與方向〉(Religious Rejections of the World and Their Directions)指的是韋伯在《宗教社會學論文集》(*Gesammelte Aufsätze zur Religionssoziologie*)中的〈中間考察〉(Zwischenbetrachtung: Theorie der Stufen und Richtungen religiöser Weltablehnung)；英譯見 Gerth and Mills, ed., *From Max Weber*, pp. 323-

359。這篇重要作品的中譯，見本選集第 II 冊《宗敎與世界》, pp. 101-150。

⑲ *Jugendbriefe* (Tübingen, n.d.), pp. 191-2。──原註

⑳《韋伯傳》, p. 96。

㉑《韋伯傳》, p. 114。

㉒《韋伯傳》, p. 202。

㉓《韋伯傳》, p. 216。所謂"倫理文化"，指的是俾斯麥對天主敎進行"文化鬥爭"時的口號。參見下面〈韋伯的政治關懷〉註❷。

㉔《韋伯傳》, p. 389。

㉕這是挪威戲劇家易卜生(Henrik Ibsen)的劇本《柏克曼先生》(*John Gabriel Borkman,* 1896) 中的一句話。

㉖《韋伯傳》, p. 236。

㉗《韋伯傳》, pp. 240-41。

㉘《韋伯傳》, p. 242。

㉙《韋伯傳》, p. 242。

㉚《韋伯傳》, p. 245。

㉛《韋伯傳》, p. 248。

㉜見 Gerth and Mills, ed., *From Max Weber*, p. 356。

㉝除了韋伯與宋巴特之外，這份刊物的另外一位重要人物是亞飛(Edgar Jaffé)。

㉞ *The Autobiographies of Edward Gibbon,* ed. John Murray (London, 1896), p.270。──原註

㉟《韋伯傳》, p. 282。

㊱《韋伯傳》, p. 283。

㊲《韋伯傳》, p. 286。

㊳《韋伯傳》, p. 287。

㊴美國黑人敎育家華盛頓(Booker Washington)在阿拉巴馬州塔斯凱奇鎮創辦的黑人敎育機構，成立於 1881 年，以實用工藝敎育爲主。

㊵指知名的社會運動者凱利(Florence Kelley)；見《韋伯傳》, p. 302。

㊶《韋伯傳》, p. 302。

㊷《韋伯傳》, p. 296。

㊸ Charles Sealsfield, *Lebensbilder aus beiden Hemisphaeren* (Zürich, 1835), Zweiter Teil, pp. 54, 236。──原註

㊹所謂"沒有領袖的民主"，參見〈政治作爲一種志業〉註(73)。
㊺所謂"凱撒式的護民官"，參見下面〈韋伯的政治關懷〉註❺及〈政治作爲一種志業〉註⓭及註(66)。
㊻所謂"獵官制"，參見〈政治作爲一種志業〉註㉕。
㊼《韋伯傳》，p. 636。
㊽《韋伯傳》，p. 356。
㊾指俄國 1905 年的革命。
㊿《韋伯傳》，p. 359。
(51)《韋伯傳》，p. 359。
(52)指葛洛斯(Otto Gross)，見《韋伯傳》，p. 374。
(53)倫理學的一個部分，用宗教或道德上的一般性原則，來解決因爲環境不同、或牽涉到職責的衝突時，良心無法判斷如何行動的個案。
(54)《韋伯傳》，p. 376。
(55)《韋伯傳》，pp. 329, 367, 414 ff。
(56)《韋伯傳》，p. 598。
(57)《韋伯傳》，pp. 521-2。
(58)《韋伯傳》，pp. 535-6。
(59)《韋伯傳》，p.604。
(60) Max Weber, *The Religion of India,* trans. & ed. by Hans H. Gerth & Don Martindale(New York, 1967)，p. 169。
(61)《韋伯傳》，p. 358。
(62)《韋伯傳》，p. 607。
(63)《韋伯傳》，p. 668。
(64)《韋伯傳》，pp. 570-71。
(65)例如 *Gesammelte Aufsätze zur Religionssoziologie,* Vol. III, pp. 295, 319-20。——原註
(66)韋伯對"賤民"的定義，請見《經濟與社會》，p. 493。
(67)《韋伯傳》，p.599。
(68)〈以賽亞書〉21 章 11-2 節。
(69)《韋伯傳》，p. 637。
(70)《韋伯傳》，p. 399。
(71)《社約論》(*Contrat Social*)，第一編，第二章。——原註

II.韋伯的政治關懷

❶《韋伯傳》，p. 115。

❷俾斯麥從 1871 年開始致力於由普魯士統一德國，建立一個強有力的中央政府。因此他必須攻擊天主教認為教會獨立於國家的看法，以及壓制反普魯士的天主教中央黨(Centre Party)。1873 年開始，俾斯麥逐步立法，將天主教會納入國家約束，直到 1887 年才又恢復天主教徒的權利。1871年到 1887 年這段時期的鬥爭，即稱為"文化鬥爭"。

❸《韋伯傳》，pp. 115-6。

❹ 1878 年 6 月，破獲刺殺德皇威廉一世的企圖，俾斯麥即利用此機會，通過反社會主義黨人法案(Sozialistengesetz)，得國家自由黨支持而通過。參見《韋伯傳》，pp. 117-8。

❺羅馬將軍凱撒(Julius Caesar, 102 B.C.- 42 B.C.)曾在政治混亂中得人民及軍隊擁戴，奪得獨裁權力。在韋伯的政治社會學中，一個具有卡理斯瑪(Charisma)特質的人物，藉訴諸民意直接支持的方式，取得絕對的權力，即稱為"凱撒制"，有時也稱為"領袖民主"或"訴諸民意直接支持的領導"。參見下面〈政治作為一種志業〉註⓭及註㊋；又參見本選集第III冊《支配的類型》的相關部分。所謂"希臘禮物"，原指希臘人攻打特洛依(Troy)時所用的木馬；見 Virgil, *Aeneid*, Book II：「你們以為有不藏禍心的希臘禮物嗎? ……我畏懼希臘人，即使他們帶著禮物」。後人引申，遂以"希臘禮物"稱意在奸計謀害受禮者的禮物。

❻《韋伯傳》，pp. 117-8。

❼《韋伯傳》，p. 119。

❽《韋伯傳》，p. 120。

❾《韋伯傳》，p. 121。

❿《韋伯傳》，p. 123。波蘭吉(Georges Boulanger, 1837-1891)是法國將軍兼政治領袖，曾試圖鼓動民眾，修改第三共和憲法，以建立個人專政。波拿巴指路易波拿巴(Louis Bonaparte, 1808-1873)，即拿破崙第三；他在當選法國第二共和國的總統後，於 1851 年發動民主政變，恢復王朝，自任皇帝，贏得民心普遍支持。

⓫"講壇社會主義者"指的是十九世紀末德國一批學院派的社會主義者，主

張國家有責任調停勞資衝突，照顧工人階級的生活及社會福利。韋伯投身的社會政策學會，乃是講壇社會主義的機關組織。

⑫ "容克"是"Junker"（"小主人"）一字的音譯。這是普魯士一個居於統治地位的地主階級，在十九世紀的德國政治中以反動出名，在軍隊及政壇中他們自成系統，享有許多特權。

⑬《韋伯傳》，p. 130。

⑭見但丁（Dante）《神曲》〈地獄篇〉第三章；原文是"Lasciate ogne speranza, voi ch'intrate"（「進入這裡的人，放棄一切希望」）——但丁指的是進入地獄的門。

⑮ "reasons of state"——參見下面〈政治作為一種志業〉註㊼。

⑯ Max Weber, *Gesammelte Politische Schriften*（München, 1921）第1章。——原註

⑰上引書，pp. 24-25。——原註

⑱關於這些問題，請參見 Eckart Kehr, "Englandhass und Weltpolitik", 發表在 *Zeitschrift für Politik,* Richard Schmidt 與 Adolf Grabowsky 主編(1928), vol. vii, pp. 500-26, 及他在"Schlachtflottenbau und Parteipolitik, 1894-1901"（1930）中對這個時期更全面的分析。Johannes Haller 從不同的觀點達到了完全相同的結論；參見他的 *Die Aera Bülow*（Stuttgart und Berlin, 1922）。——原註

⑲《韋伯傳》，p. 123。

⑳指 *Die Hilfe*；見《韋伯傳》，p. 218。

㉑「我們希望社會民主黨能接受國家主義。但如果他們不能滿足這種願望，那是他們的事。我們則要高舉國家社會主義」。這是引在 Eugen Richter, *Politisches ABC Buch*（Berlin, 1903），p. 145 中瑙曼牧師的話。值得一提的是，這個小黨在 1898 年獲得票數，剛過兩萬七千票。在這個總數之中，四分之一強的票源自什列斯威克豪斯坦（Schleswig-Holstein）地區；也就是在這個地區，希特勒的國家社會黨在 1932 年最後一次"自由"選舉中，曾獲得絕對的多數。——原註

㉒《韋伯傳》，p. 225。

㉓ "協約"（Entente Cordiale）本指 1840 年代英法之間的特別了解。1904年再度達成協約，處理殖民地問題及在日俄戰爭中保持中立。1907 年英國又與俄國達成同樣的協約。1907 到 1917 年之間，"協約列強"指英、法、

俄三國。1911 年，英法協約及英俄協約變成軍事上的同盟。

㉔《韋伯傳》，p. 408。

㉕《韋伯傳》，p. 409。

㉖《韋伯傳》，p. 411。

㉗《韋伯傳》，p. 558。

㉘《韋伯傳》，p. 552。

㉙《韋伯傳》，p. 553。

㉚《韋伯傳》，p. 554。

㉛《韋伯傳》，p. 557。

㉜《韋伯傳》，p. 561。

㉝《韋伯傳》，pp. 580-81。

㉞指 1918 年年底到 1919 年年初共和國初成立時，社會民主黨組織起來的工人士兵蘇維埃(Workers-Soldiers Council)。

㉟《韋伯傳》，p. 630。

㊱《韋伯傳》，p. 653。

㊲《韋伯傳》，p. 654。

㊳ Carl Jentsch, "Parlamente und Parteien in deutschen Reiche" *Die Neue Rundschau*(April, 1906), pp. 385-412。——原註

㊴ *Politische Schriften,* pp. 469 f。

㊵ Ernst Troeltsch, "Das logische Problem der Geschichtsphilosophie", *Der Historismus und seine Probleme*(Tübingen, 1922), Erstes Buch, p. 754。——原註

㊶ John Stuart Mill, *Principles of Political Economy*(Boston, 1848), vol. 1, p. 379。——原註

㊷參見下面〈學術作為一種志業〉，pp. 148 以下。

III.韋伯的學術

❶ Max Weber, *Gesammelte Aufsätze zur Wissenschaftslehre*(Tübingen, 1951), 2nd, ed., pp. 1-145。——原註

❷同前書，pp. 162-3。——原註

❸ Max Weber, *Wirtschaftsgeschichte*(Berlin, 1958), 3rd ed.。——原註

❹所謂知識之批判，指的是對人類的可能知識及經驗成立的條件、性質及限制所進行的檢討。這個問題是近代哲學的特色。

❺ Max Weber, *Wirtschaft und Gesellschaft* (Tübingen, 1947), 3rd ed. Vol. 1, p. 1。──原註

❻ Max Weber, *Gesammelte Aufsätze zur Wissenschaftslehre,* p. 428 或 p. 529。──原註

❼西方傳統哲學在對事物作形上學的說明時，往往依照所謂的"充足理由原則"(principle of sufficient reason)，以求對事物作全面必然的掌握。按照這個原則，一切事物的發生都有其理由，並且(1)除非該理由存在，否則該事物不會發生；(2)若該理由有所不同，則該事物亦將有所不同。

❽流出論是古代新柏拉圖主義的一套宇宙創生論，認爲宇宙中一切事物，皆係自一個完美的中心原理或存有，循必然方式推出。廣義而言，任何強調嚴密因果關係的宇宙論、及強調由這種因果關係推論得出的原始因的理論，皆具有流出論的色彩。

❾ Max Weber, *Wissenschaftslehre,* pp. 288-9；英譯見 E. Shis & H. Finch, trans. & eds., *The Methodology of the Social Sciences* (New York, 1949), pp. 186-7。──原註

❿ Max Weber, *Gesammelte Aufsätze zur Religionssoziologie* (Tübingen, 1947), 4th ed., Vol. 1, p. 83。──原註

⓫ Weber, *Wirtschaftsgeschichte*, p. 239。──原註

⓬ Weber, *Wissenschaftslehre,* p. 178。──原註

⓭見前書 p. 287。──原註

⓮見前書 p. 190。──原註

⓯見前書 p. 191。──原註

⓰見前書 p. 192。──原註

⓱見前書 p. 184。──原註

⓲見前書 p. 178。──原註

⓳ Max Weber, *Gesammelte politische Schriften* (Tübingen, 1958), 2nd ed., p. 494。見本書〈政治作爲一種志業〉, p. 171。──原註

⓴ R. Michels, *Zur Soziologie des Parteiwesens* (Stuttgart, 1909)。──原註

㉑ Max Weber, *Gesammelte Aufsätze zur Soziologie und Sozialpo-*

litik(Tübingen, 1924)，p. 508。——原註

㉒ Weber, *Wissenschaftslehre,* p. 588。見本書〈學術作爲一種志業〉，p. 156。——原註

㉓同前書，p. 589。見本書〈學術作爲一種志業〉，p. 157。——原註

㉔同前書，pp. 587-8。見本書〈學術作爲一種志業〉，p. 156。——原註

㉕同前書，p. 184。——原註

㉖同前書，pp. 496-7。——原註

㉗同前書，p. 151。——原註

㉘ K. Löwith, "Max Weber und Karl Marx", *Archiv für Sozialwissenschaft und Sozialpolitik,* vol. 67(1927)。當我們讀到收錄在 *Gesammelte Aufsätze zur Soziologie und Sozialpolitik,* pp. 482-518 裡關於社會主義的演講，而且思及他並未看到在他身後才出版的馬克思作品時，我們可以說，他不但對馬克思主義本身，而且對馬克思死後左派所走向的修正主義與無政府工團主義，都有深刻的了解。——原註

㉙ Weber, *Wissenschaftslehre,* p. 169。——原註

㉚所謂"規範原則"(regulative　principle)和"構成原則"(constitutive principle)，乃是康德哲學的術語。一個非經驗性的概念，若在經驗的構成中有其直接的參與和作用，它便構成了一個"構成"性的概念；比如說因果原則，在康德的解釋下便是一個"構成性"的原則。如果一個非經驗性的概念，雖然在經驗的構成中沒有直接的參與和作用，但它作爲一種指導性的原則，給經驗的構成指出一個方向(比如系統性)，它便構成了一個"規範性"的原則。

學術與政治：韋伯選集（Ⅰ）

Ⅰ.價値中立與責任倫理

❶關於各黨聯合委員會，見 *Der Interfraktionelle Ausschuss* 1917/18, ed. Erich Matthias and R. Morsey(Düsseldolf, 1959)，2 vols.。關

於一般的背景，見 Authur Rosenberg 1928 年所作的先驅性研究：*Die Entstehung der Weimarer Republik*(Frankfurt, 1961)，及 Erich Eyck, *A History of the Weimar Republic*(Cambridge, 1962),ch.1。第一次世界大戰進行到 1916 年底 1917 年初，德國軍方仍然主張繼續作戰，割據土地，求取最後勝利。但民間政治家已知戰爭情勢不利，要求儘快透過談判達成和平。帝國議會(Reichstag)內於 1917 年 7 月開始形成 "各黨聯合委員會"，由天主教中央黨、社會民主黨、進步黨及國家自由黨組成，企圖對政局有獨立的影響和監督。在這個團體的推動下，帝國議會於 1917 年 7 月 19 日通過 "和平議決"，重申透過談判取得和平的意願。1918 年 1 月，威爾遜提出十四點原則，作為談判的基礎，但魯登道夫元帥堅持繼續作戰。到了下半年，戰事逐漸失利，9 月開始，魯登道夫準備接受敵人的停戰條件，於 10 月辭職，德皇威廉二世也旋即退位流亡。德國於 11 月 11 日簽訂停戰協定。新選出的國民會議於 1919 年初在威瑪召開，成立威瑪聯合政府，由社會民主黨、中央黨、民主黨共同組成。但在 5 月間，協約國拒絕了德國的談判要求，逕行提出極為苛刻的割地、賠款、裁軍要求，並要求德國承認對戰爭的責任。德國人民大生反感，認為共和政體、民主及自由派、左派政治家出賣德國，威瑪共和政府此後即未再獲得德國人民的支持，終於被納粹黨"合法"推翻。

❷請見本書附錄 I。

❸請見本書附錄 I。

❹1919 年春，韋伯接受了慕尼黑大學政治經濟學(Staatswirtschaft)學部的經濟學與社會學教授職；這是將近二十年來，他頭一次擔任教授。到 1920 年 6 月 14 日去世之前，他只講了兩個完整學期的課。關於韋伯和慕尼黑政治、文化及學院界的許多關係，見 M. Rainer Lepsius, "Max Weber in München", *Zeitschrift für Soziologie*, 6(1977)：103-118。

❺見下面〈政治作為一種志業〉, pp.237-8。

❻在心志純潔的人，和自以為具有純潔心志的人之間，韋伯有所區別。試驗一個人是否真有純潔的心志，要看這個人在面對因為故意忽視行動的後果而造成的結果時，是否能夠堅持自己的立場。一個人想要當先知，卻因為世界的無理性而失敗，就必須能夠承擔失敗而不喪志崩潰；他必須準備為道殉身。韋伯認為大部分左派的心志倫理人物，都沒有這種堅忍的力量。韋伯願意承認,盧森堡和李卜克內西比別的人有這種堅毅的性

格，雖然對於這兩個人的群衆動員策略，他們的 "街頭政治"，韋伯嚴屬
地拒絕。參見 Lepsius，前引文，pp. 106 ff，特別是 p. 108。

❼韋伯用比較性的分析和理想型的建構，去疏離他的聽衆；這種特意的技
巧產生的效果，霍克海莫爾(Max Horkheimer)曾提出親身的見證。在
韋伯於 1919 年講授「社會之科學最一般性的範疇」時，霍克海莫爾去聽韋
伯對蘇維埃制度的分析，期待在時局和政治上的出路及可能性上，得到
一些指導原則。「演講廳水洩不通，但大家都深感失望。我們想聽的是不
僅在其陳述問題的方式上，並且在其每一步驟上，都受到以理性重建未
來這念頭指導的理論思考和分析。然而有兩個小時或更久，我們只聽到
對俄國體制作謹愼斟酌的界定、智巧構思出來的理想型，以供分析蘇維
埃制度之用。一切都是如此精確、如此具有科學上的嚴格性、如此價值
中立，結果我們很難過地回家」。Otto Stammer, ed., *Max Weber and
Sociology Today* (Oxford, 1971)，p. 51。不過，這種有疏離效果的方
法，是一種 "來自踏實態度的英雄精神"的一個部分，自有其引人的力量；
這是封卡費爾(Jörg von Kapher)的證詞(見《韋伯傳》，p. 662 f 的引
錄)。韋伯自己形容他的上課方式：「我故意用非常抽象、純粹概念式的
方式講課」。上引書，p. 664。

❽〈學術作爲一種志業〉，本書 pp. 144-5。

❾除了兩篇演講以外，我們還需參考 "The Meaning of 'Ethical Neutra-
lity' in Sociology and Economics"， "Parliament and Government
in a Reconstructed Germany: A Contribution to the Political
Critique of Officialdom and Party Politics"，見《經濟與社會》附錄
II，以及 "Wahlrecht und Demokratie in Deutschland"，收在
Gesammelte Politische Schriften, 4. Aufl.(以下簡寫爲 *PS*)，S. 245
ff.。關於這些著作之間的關係，請參見《韋伯傳》。

　第一篇論文(初稿可溯至 1913 年)係方法論—倫理層次上的思考，特別
可與〈學術作爲一種志業〉並觀(瑪麗安娜韋伯指出過這一點)；另外兩篇
文章，則處理制度層次的問題。

❿見 Weber, *Roscher and Knies: The Logical Problems of Histori-
cal Economics*, Guy Oakes, trans. (New York: Free Press, 1975)，
p. 192。

⓫在上引書中，韋伯這樣說：「"可詮釋性"表示了更上一層的"可計算性"，

比非"可詮釋"的自然過程尤勝一籌。」見 p. 127。

⓬ 在"Objectivity in Social Science and Social Policy"(*Methodology*, p. 81)中，韋伯指出「任何文化學科的先然預設均在於我們乃是文化人，具備了能力與意志去有意識地對世界採取立場，並給它賦予意義。」我相信，這個說法與上述意義下的人格概念有所關連。類似的解釋見 Dieter Henrich, *Die Einheit der Wissenschaftslehre Max Webers* (Tübingen: Mohr, 1952), S. 82 f.。

⓭ 參見 Reinhard Bendix 在 Stammer 前引書(p. 158)中的論點。

⓮ Henrich 與 Parsons 在 1964 年海德堡社會學大會上提出的說法，藉此或可獲得整合(見 Stammer 前引書 pp. 27 ff.與 66 ff.)。

⓯ Jürgen Habermas, "The Scientization of Politics and Public Opinion," *Toward a Rational Society*, tr. J. J. Shapiro (Boston: Beacon Press, 1970), pp. 62 ff.

⓰ 上引書, p. 63。

⓱ 上引書, p. 64 f.。哈伯瑪斯提到，這個模型有一種類型認為最後仍有一個核心無法理性化，構成了決斷的適用對象。

⓲ 上引書 pp. 68-9。

⓳ 上引書 p. 74。

⓴ 在我看來，到目前為止的許多解釋有一個共同的缺失，就是把韋伯關於理論與實踐之間關係的理論模型，用行政管理與政治領導之間的制度性關係來表達。這種作法並不意外，因為韋伯把學者與官吏一樣看作是專家。不過，我將設法顯示，韋伯根據所需的專業能力之不同性質，在學者與官吏之間有所分辨，從而這兩種人與政治的關係也需作不同的界定。Parsons 在他那個有名的註腳中，指責韋伯關於官僚的概念將技術能力與法定職權混為一談，忽略了專業技術能力乃是一種獨立的權威來源，從而他的社會學未能考慮到"專業"(profession)這個重要現象。見 Max Weber, *The Theory of Social and Economic Organization*, ed. with an Introduction by Talcott Parsons (Glencoe: Free Press, 1947) p. 58 ff, n. 4。Heinz Hartmann 在他的 *Funktionale Autorität* (Stuttgart: Enke, 1964)中，將 Parsons 的想法再行擴充，重新建構韋伯的支配社會學，見該書 S. 7 ff。

㉑ Henrich 曾企圖證明，韋伯可以達成這個目標；參見他在 Stammer 前

引書中的討論，pp. 66 ff.。不過更流行的意見，是認爲韋伯受制於他的
"兩橛理性觀"(這是 Habermas 的用語)，無法解決其中困難。原本相互
對立的學者，在這個意見上卻相當一致(例如 Herbert Marcuse 和 Leo
Strauss)。參見 Leo Strauss, *Natural Right and History* (Chicago:
University of Chicago Press, 1953), Ch. II,以 及 Herbert Marcuse
的"Industrialization and Capitalism", 收在 Stammer 前引書 pp.
133-151; 修訂稿見 Herbert Marcuse, *Negations* (Boston: Beacon
Press, 1968), pp. 201-226。

㉒參見 Weber 的"The Meaning of 'Ethical Neutrality' ", p. 46 以及
"Parliament and Government",《經濟與社會》附錄II，p. 1402。

㉓這樣問，並不代表一門純以對生活實際問題之技術性反省考察爲目的的
學問，便是沒有"價值"的。相反，技術性的反省考察，實際上要比通常
的印象來得更爲麻煩。誠然，從邏輯觀點視之，技術只是定律性假說純
屬形式的變化(tautological transformations of nomological hypo-
theses)，但發現這些技術，需要"大量的建設性技術狂想"。因爲科技以
及學術提供了技術方面的指南,故純從其服務功能來看科技及學術的人,
並未計及這一點。這個事態, Hans Albert 曾特別指出。見 Hans Albert,
Plädoyer für kritischen Rationalismus (Munich: Piper, 1971), S.
45 ff.,以 及 *Marktsoziologie und Entscheidungslogik* (Neuwied:
Luchterhand, 1967), S. 157 ff.。

㉔我特意用技術之進步這個概念，取代理性化之概念。韋伯心目中的理性
化有不同種類,包括了主觀言之正確的理性化及客觀言之正確的理性化。
技術進步指的乃是行動在客觀意義下的正確(也就是說因果關係、定律性
的知識之適用)有所增加。參見 Weber, "The Meaning of 'Ethical
Neutrality' ", p. 38。

㉕〈學術作爲一種志業〉，p. 146。以下引〈學術作爲一種志業〉及〈政治作爲
一種志業〉兩篇演講時，將逕以〈學術〉及〈政治〉代表,頁碼即爲本書頁碼。

㉖〈學術〉，p. 150。

㉗〈學術〉，p. 148-50。

㉘照韋伯的看法，一切行動，乃至於一切行動系統，均設定了其心志價值
以及其成果價值。這兩種價值之間的關係應該如何界定，涉及了個人終
極立場的選擇。成果價值關心的是實現的可能(Realisierbarkeit)，也就

是說必須配合已知的定律性知識。學術提供了這種知識，讓當事人能循
較爲可行的途徑去追求所設定的目標。不過，學術本身身爲一套行爲系
統，亦有其心志價值和成果價值兩方面的考慮。從這個角度來看，學術
也是 Luhmann 所謂的反思機制(reflexiver Mechanismus)。這方面，
參見韋伯"The Meaning of 'Ethical Neutrality' ", p. 24; Niklas
Luhmann, "Reflexive Mechanismen", *Soziale Welt*, 17 (1966), S. 1
ff.。

❷〈學術〉, p. 164。

❸"The Meaning of 'Ethical Neutrality' ", p. 17。

❸在我看來，價值秩序與價值領域應加以區分。價值秩序指的是各種"意識
型態"，將各個價值領域整合爲一個"一貫"的整體。韋伯所謂的價值領域
則是指倫理、政治、等等。

❸"The Meaning of 'Ethical Neutrality' ", p. 17。

❸韋伯本人不遺餘力地多次強調，價值中立(Wertfreiheit)非但不等於不
作價值認定(Wertungslosigkeit)，更不是說價值之闕如(Wertlosig-
keit)。參見 Hans Albert, *Traktat über kritische Vernunft* (Tübin-
gen: Mohr, 1968), S. 62 ff.。

❸韋伯的價值中立原則不僅只是個方法論的原則，早已爲人所知。特別請
見 Karl Löwith, *Max Weber and Karl Marx* (London: Unwin,
1982)。這本名著初版於 1932 年。晚近 Ernst Topitsch 也提出同樣論
點，見他在 Stammer 前引書中的論文(pp. 8-26)。

❸〈學術〉, p. 162.

❸這兩個概念，韋伯主要以政治家爲應用對象。他曾區分爲了政治而活的
政治家和依賴政治而活的政治家，見〈政治〉, p. 180。

❸〈學術〉, p. 162。

❸〈學術〉, p. 157。

❸參見"The Meaning of 'Ethical Neutrality' ", p. 4。

❹〈學術〉, p. 165。

❹〈學術〉, p. 166。

❹在韋伯的評價中，要求人犧牲理知的宗教心態，地位猶高過因循常規而
以妥協爲旨的相對主義，也高於他的同事們的講台先知行徑。

❹〈學術〉, p. 164。

❹〈學術〉，p. 164。

❹參見 Ralf Dahrendorf, "Ungewissheit, Wissenschaft und Demo-kratie", *Konflikt und Freiheit* (Munich: Piper, 1972), Ch. 14。

❹韋伯本人在主觀言之正確的行動與客觀言之正確的行動之間加以區分，我在此的說法即以韋伯這個分辨爲基礎。任何一件正確的行動，都必須奠基在一套具有指引功能(informativ)的理論上。

❹在韋伯的"評價"中宗教態度與時代不合，當然不表示韋伯身爲學者會低估宗教取向的社會意義和影響，也不表示韋伯本人輕視態度一以貫之的宗教人。他這種評價並非某種反宗教或無宗教基本心態的外發表現；相反，它乃是對"現代"進行文化史診斷後所得到的結果。至少對於有心在這個"現代"中清醒而活的人來說，韋伯的這套診斷不可等閒視之。韋伯寫給 Ferdinand Tönnies 的一封信，深刻地顯示了韋伯的立場是何等明確而又錯綜複雜。

「……當各種宗教陳述經驗事實、或是陳述某種"超自然物"對經驗事實的因果性作用時，它們必定會與學術眞理衝突，殆屬不爭之論。不過，數年前我在羅馬研讀近代天主教文獻之際，卻發現不必奢望有所謂某種學術的某項成果是這個教會無法消化的。我們的自然觀和歷史觀所產生的實際影響，發揮了穩定緩慢的作用之後，或許可令這個教會力量逐漸退隱(只要 Ernst Haeckel 之輩蠢人不要再攪局)，但任何以"形上學的"自然主義爲本的反教會立場，均無法實現這個目的。這種反教會立場，我本人在主觀上便無法坦然接受。不錯，我完全缺乏宗教共鳴，同時也沒有需要和能耐在心中建立任何宗教性的靈魂"堡壘"──這條路對我行不通，我對它也完全排斥。但經過仔細反省，我發現自己既非反宗教，也不是無宗教(irreligiös)。在這方面，我覺得自己有所殘缺，是個發育不全的人，其命運便是誠實地承認這個事實，承認自己必須在這個條件下自處(以免墮入某種浪漫騙局的蠱惑)。我有如一棵樹椿，有時候雖然仍有新芽冒出，但我不可以僞裝自己是一棵枝葉繁茂的大樹。

「這個態度的意義甚爲重大：對你而言，一個自由派神學家(無論天主教或新教)，身爲騎牆派的典型代表，必然遭你深惡痛絕；但對我而言，從人性的角度來看，他的有價值和有趣程度(當然，這要看情況──我可能發現他眞的不一致、混亂，等等，這不足爲奇)遠遠超過了自然主義的理知(其實就是廉價)法利賽作風。這種作風，目前普遍到了不堪忍受的地步，可是其中（當然，這也要看情況）包含的生命力，卻比上述神學家少得多。」

引自 Eduard Baumgarten, *Max Weber: Werk und Person* (Tübingen: Mohr, 1964), S. 670。

❹❽參見 Jürgen Habermas 前引文（見註❶❺）pp. 81 ff.。

❹❾〈政治〉，p. 236。

❺⓿〈學術〉，p. 162。

❺❶關於這個問題，參見 Hans Albert, *Traktat über kritische Vernunft* (見註❸❸)，S. 76。Albert 以批判的態度繼承韋伯，獲得了這個結論。

對韋伯而言，價值探討並非深奧晦澀、遠離實踐、純粹"學院性"的一回事。他在一封信裡的話，顯示了這一點：「基於長期的經驗，加上原則性的信念，我採取了這樣一個看法：一個人唯有面對明確具體、攸關無比重大的問題並有所因應，從而讓他的所謂"終極"立場受到考驗，他才能弄清楚自己真正要什麼。」引自 Eduard Baumgarten, *Max Weber: Werk und Person*, S. 535 f.。由此可見，價值探討帶人面對現實，而不是遠離現實。附帶一提：Baumgarten 在一篇運用價值探討方法的慧心之作裡，曾利用這段話，比較韋伯與雅士培思想的不同關懷取向。見 Eduard Baumgarten, "Für und wider das radikale Böse", 收在 Paul Schilpp, Hrsg., *Karl Jaspers, Philosophen des 20. Jahrhunderts*, S. 324 ff., S. 348 (註)。

❺❷在"The Meaning of 'Ethical Neutrality' ", p. 24, 韋伯明白否認政治單純指「達成可能之事的藝術」(Kunst des Möglichen)。在同一頁他補充道：「畢竟，我們文化中的諸項特質，並不是昔日儒家官僚道德那樣一套真正一貫的"向可能之事'調適'(Anpassusg)"的倫理所塑造出來的；即使我們的觀點頗有不同，但這些特質我們大概主觀上均頗為欣賞。」

❺❸〈政治〉，p. 222 ff, 〈學術〉，p. 157。

❺❹〈政治〉，p. 228。

❺❺〈政治〉，p. 237。

❺❻〈政治〉，p. 223。

❺❼參見"The Meaning of 'Ethical Neutrality' ", p. 13 f.。

❺❽參見 Dieter Henrich 前引書（註❶❷)，S. 122。Henrich 在韋伯的價值理論中，發現了人格理念乃是一套客觀倫理的主導原則，並藉此為一般了

解中的韋伯決斷論提供了實質的判準。一項決定的內容，必須與道德的
最高要求——成爲人格——不相牴觸。

❺⑨ Löwith 即如此展現韋伯的立場。照他的意見，韋伯的整個構想之最高目
的，在於爲理性化了的社會之中(而非之外)的自由找到基礎。參見 Karl
Löwith, 前引書(註❸④)。

❻⓪在這一方面，參見 Hans Henrik Bruun, *Science, Values, and Poli-
tics in Max Weber's Methodology* (Copenhagen: Munksgaard,
1972), pp. 267 ff.。前面關於韋伯"貶低"宗敎態度的說明，在此也適用：
所謂"貶低"，意思並不是說無分軒輊地全盤忽視心志倫理行動的歷史意
義，也不是說輕視一貫地秉持心志倫理行事的人。相反，我們的分析旨
在推敲韋伯本人採取的評價爲何，以及這些評價的根據具有何種結構。
我們推斷，韋伯的"信仰告白"背後有一套自有其根據的立場爲源頭，同
時這個立場具有超乎韋伯個人之上的一般性意義。Gerhard Hufnagel,
Kritik als Beruf: Der kritische Gehalt im Werk Max Webers
(Frankfurt: Propyläen, 1971)進行了有趣的探討，指出以韋伯爲決斷
論的指責需受到限定，見 S. 215 ff., S. 253 ff., S. 293 ff.。

❻①〈政治〉，p. 237。

❻②參見〈政治〉，p. 227-8。韋伯強調心志倫理並不等於不負責任，責任倫理
也不是無視於心志和信念。

❻③韋伯自己用了"絕對倫理"一詞，見〈政治〉，p. 226-7，韋伯通常均以宗敎
倫理爲例說明心志倫理，並非出於偶然。

❻④〈政治〉，p. 230。

❻⑤〈政治〉，p. 231。

❻⑥對現實有所意識的政治，不可以和傳統意義下的權術政治(Realpolitik)
混爲一談。由於在韋伯的概念中責任倫理的立場乃是一種價値立場，遵
循責任倫理的行動必然與權術政治式的行動有所分別。參見韋伯在"The
Meaning of 'Ethical Neutrality' ", p. 23 的講法：「大體而言，人有
強烈的傾向去遷就成果，或是遷就任何看好會有成果的事，不僅——這
是理所當然——他們對於手段的選擇以及對於終極理想之實現的渴望程
度均受到這個因素的影響，他們甚至會因爲這個因素而將終極理想完全
放棄。在德國，這種放棄被美稱爲"務實政治"(Realpolitik)。」

❻⑦〈政治〉，p. 230。在此應該指出，因爲韋伯將心志倫理與相去甚遠的宗敎

倫理——亦即博愛倫理的要求——等同，結果他關於心志倫理與責任倫理之間關係的討論，毫無必要地增加了其複雜程度。讀者獲得一種印象：兩種倫理之間的對立，乃是宗教倫理與俗世倫理——尤其是政治倫理——之間的對立。韋伯在〈政治作爲一種志業〉中取山上訓詞爲例說明心志倫理，更加強了這個印象。韋伯沒有妥善區分開宗教性的心志倫理和非宗敎性的心志倫理，當然與他的研究方向有關。他在學術方面的著眼點在於探討宗敎在什麼條件之下蛻變爲心志宗敎(Gesinnungsreligion)，而這種發展對於人和世界的關係又產生了什麼樣的影響。不過，在1920年的"Religious Rejections of the World and their Directions"中，即 H. H. Gerth and C. Wright Mills, *From Max Weber* (New York: Oxford University Press, 1947), p. 341，韋伯自己也指出了宗敎性心志倫理與非宗敎性心志倫理有別。他提到宗敎的博愛倫理與先驗嚴格主義——意思應是指康德倫理，因此也是指某一型理性倫理——不同。唯有靠這種區別，我們才了解，韋伯的責任倫理概念有助於澄清康德式的倫理問題。不過，這個工作需要我們先將宗敎性心志倫理與非宗敎性心志倫理分辨開來，再將二者與責任倫理一起放入一個發展模型中加以歷史化(historisiert)。請參見 Guenther Roth, "Religion and Revolutionary Beliefs", 以及 Wolfgang Schluchter, "The Paradox of Rationalization: On the Relation of Ethics and World"，二文均收在 Guenther Roth and Wolfgang Schluchter, *Max Weber's Vision of History: Ethics and Methods*; Schluchter 之文已有中譯，見顧忠華譯《理性化與官僚化》。

❻❽這套思考方式與批判理性主義(critical Rationalism)的類似極爲明顯，特別請參考 Karl Popper 及 Hans Albert 的著作。Albert 的英譯作品見"The Myth of Total Reason", in Anthony Giddens, ed., *Positivism and Sociology* (London: Heinemann, 1974), pp. 157-195; "Behind Positivism's Back?", in T.W. Adorno et. al., *The Positivist Dispute in German Sociology*, trans. G. Adey and D. Frisby (New York: Harper, 1976), pp. 226-257。

❻❾見前引 Stammer 書中 Ernst Topitsch 的文章，p. 12。

❼⓿參見韋伯"The Meaning of 'Ethical Neutrality' ", pp. 25 ff., pp. 35 ff.。又見 *Roscher and Knies* (見註❿)。p. 229:「"進步"這個概念之

所以成為必要，是因為人的命定處境在喪失其宗教方面的源頭活水後，需要取得一種屬於此世的並且是客觀的"意義"。」

⑦關於"價值中立原則"與責任倫理之間的關連，請參考 René Konig, "Einige Überlegungen zur Frage der Werturteilsfreiheit bei Max Weber", *Kölner Zeitschrift für Soziologie und Sozialpsychologie*, 16 (1964), S. 1 ff.,特別見 S. 22；又請見 Hans Albert, "Wissenschaft und Verantwortung: Max Webers Idee rationaler Praxis und die totale Vernunft der politischen Theologie", in Albert, *Plädoyer*(見註㉓), S. 76-105。

⑦遵照 Reinhard Bendix 的建議，我特意排除"卡理斯瑪型支配"，改採用"卡理斯瑪型領導"，見 Reinhard Bendix, *Max Weber* (Berkeley and L. A: University of California Press, 1977), pp. 298 ff.。另外請見 Wolfgang J. Mommsen, *Max Weber: Gesellschaft, Politik und Geschichte* (Frankfurt: Suhrkamp, 1974), S. 97 ff.。

⑦〈學術〉，p. 163。

⑦ Löwith 前揭書(註㉞)p.65

⑦關於自主與互惠的概念，以及這兩者間的關係請參閱 Alvin W. Gouldner, "Reciprocity and Autonomy in Functional Theory," *Symposium on Sociological Theory*, ed. L. Gross (Evanston: Row, Peterson, 1959), pp. 241 ff.(中譯見黃瑞祺：《現代社會學結構功能論選讀》巨流，1981)。

⑦〈政治〉，p. 177 ff.。關於韋伯對"國家"概念的使用，尤其他對國家與社會這種舊有二分法的社會學式轉換運用，請參閱 J. Winckelmann："Max Weber: Das soziologische Werk", *Kölner Zeitschrift für Soziologie*, 17 (1965), S. 761 ff, 和他的 *Gesellschaft und Staat in der verstehenden Soziologie Max Webers* (Berlin: Duncker, 1957) S. 38 ff; R. Bendix, *Max Weber* 第 15 章。現代國家所維持的社會關係秩序，其主要特徵乃具有了可作出對全社會有效決策之位置(Positionen)。若政治主要指這些位置佔有者之行動，而若科學家們面對的是充滿權力慾的"政治領袖"們，那麼學術對政治的影響似乎一開始便極其有限的。

⑦見"The Meaning of 'Ethical Neutrality' ", p. 27。

⑱事實上,《經濟與社會》一書第二部分的標題便是「經濟與社會規範秩序與權力」。

⑲〈政治〉, p. 223。

⑳ Bendix, *Max Weber*, p.260。

㉑在這層意義下, Parsons 曾分析過從韋伯方法論所"導出"的科學系統, 見 Parsons, "Value-Freedom and Objectivity", in Stammer 前引書 pp. 27 ff。不過這不該變成要將韋伯標誌為"化約的社會學主義"論者之嘗試。Winckelmann 對上述的作法表示過保留的意見, 見其"Max Weber: Das soziologische Werk" S. 755 f.。

㉒〈學術〉, p. 135:「在本質與外觀兩方面, 舊式大學的構成方式都已成為幻影。」

㉓這個立場曾由費希特(Fichte)最清楚地表達過。根據費氏的想法, 科學家正因為他所受到的教育, 可以將獲得的知識「應用到生活的具體事例上, 並使知識成為成就(Werke);它並非只重複所知, 而是不斷創新;因此這裡追求的終極目標絕非知識本身, 毋寧是運用知識的藝術。」引自: Ernst Anrich, *Die Idee der deutschen Universität* (Darmstadt: 1959), S. 130。

㉔〈學術〉, p. 161。

㉕"The Meaning of 'Ethical Neutrality' " p. 3。

㉖同上註。

㉗同上註, p.5。藉由 Hermann Heller 的例子, 我曾指出"自我節制"的概念可能是當時流行之政治哲學中的重要元素。請參見 W. Schluchter, *Entscheidung für den sozialen Rechtsstaat* (Köln: Kiepenheuer & Witsch, 1968)。

㉘〈政治〉, p. 118。

㉙同上註。

㉚這個論點似乎會與韋伯另一個說法相矛盾: 韋伯表示過, 學者常傾向於不保持距離(Distanzlosigkeit), 而虛榮(Eitelkeit)則是他們的職業病, 見〈政治〉, p. 221。如果真是如此, 那麼就政治家來說——虛榮有如他們的重罪一般, 必須避免——判斷力無法在大學中習得。這的確也是實情, 但卻不應用來反對上述論點, 毋寧是反對教師們平常扮演角色的方式。韋伯認為大學中的政治教育之所以缺乏, 正因為有不少成員以虛榮式的

自我高佶來行事, 好像教授便是「背囊裡有著決策者(或文化改革者)之指
揮權杖」的角色(見"The Meaning of 'Ethical Neutrality' ", p.5)。其
實只要學者把持住與價值中立的學術相符合的教學態度, 他同時也即是
政治教育者。

⑨見"Wahlrecht und Demokratie in Deutschland", *PS* p. 287.〈政治〉,
pp. 195-9。

⑨〈政治〉, p. 194。

⑨《經濟與社會》p.948。J. Winckelmann 曾特別提醒要注意支配與行政之
間的連繫, 參見"Max Webers historische und soziologische Ver-
waltungsforschung", *Annali della Fondazione italiana per la stor-
ia amministravia*, (1964) p.27 ff。在支配社會學中將組織社會學與"意
識形態"的分析相結合之嘗試, 則請閱 R. Bendix, *Max Weber*, p.290.

⑨韋伯組織社會學方面的分析, 在狹義上, 尤其是他關於官僚行政效率的
陳述, 若不將其置於原先的架構中來看便易引起誤解。韋伯在分析官僚
制度時運用了三個不同的觀點: (1)世界史的觀點(家產官僚制相對於現
代公務員制度),(2)支配社會學的觀點(政治的支配相對於官僚支配)以及
(3)組織社會學的觀點(官僚科層原則相對於民主志願原則)。他對於官僚
效率的評價各依不同的觀點而異。這一多層次的架構常被詮釋者忽略,
尤以美國學界為然。有幾個"創造性誤解"的面相曾由 Renate Mayntz
加以分析過, 參見"Max Webers Idealtypus der Bürokratie und die
Organisationssoziologie", in R. Mayntz, Hrsg., *Bürokratische Or-
ganisation* (Köln-Berlin: Kiepenheuer & Witsch, 1969), S. 27 ff。

⑨ Weber, "Parliament and Government,"《經濟與社會》, p.1401。

⑨《經濟與社會》, p.980。就像區分日常與非日常性、穩定與不穩定性、開
放與封閉、利益集合與權威等等, 人格的(persönlich)與事理的(sach-
lich)的區別也是韋伯用來分析支配關係的相對概念。這組概念不應如偶
爾會混淆的情形般, 被視作為區分心理的與社會的這兩個領域之同等用
語。"人格的"與"事理的"分別處, 代表了可確定具體支配結構的面向。

⑨"Parliament and Government",《經濟與社會》p. 1392。

⑨韋伯區別過三種不同的官僚型支配: (1)透過行政幕僚的支配, (2)行政官
僚的支配, 經由獨佔的地位(或業務知識)或是對目標的自行決定, 最後,
(3)由具有官僚心態之領袖來支配。韋伯認為德國的政治自從俾斯麥退位

後便始終無法振作，因為政策皆由官僚體系裡來的人以及有官僚心態的領導階層所決定。特別是在外交政策上，韋伯批評這群政客將德國佔有世界大國地位的機會孤注一擲：「就在關鍵時刻，保守的官僚支配竟然安排那些有官僚心態的人坐上領導位置，那些職位原應該是屬於政治家來擔當的。」(同上註，p.1438)。韋伯為議會化所作的辯解，主張應該要確保能選出有力的政治領袖，在前述的背景下不免也被詮釋成贊同德國帝國主義之措施。尤以 Wolfgang Mommsen, *Max Weber und die deutsche Politik 1890-1920* (Tübingen: Mohr, 1974)(英譯：*Max Weber and German Politics*, Chicago: University of Chicago Press, 1984)一書為代表。

⑨參見 "Parliament and Government". *ES*. p.1438。

⑩參見《經濟與社會》，p. 959 以及同上註：「官僚必須為他的服從義務而犧牲他的個人信念。」(p.1438)

⑩參見"Parliament and Government", *ES*, p.1404。

⑩同註⑨，亦見 Mommsen 前揭書之附錄三，p.425 f.

⑩前述的標準區分了從事一項志業(Beruf)或只是謀一個糊口職業(Beschäftigung)。韋伯曾透過區別外在的及內在的"志業"來強調這個標準。如 Henrich 所說，熱情(Leidenschaft)的概念可用來滙合理智(vernunft)與體驗(Erleben)為一體，參見 D. Henrich 前引書(註⑫)，p.127。

⑩同⑩。

⑩這是韋伯所以認為政治家的地位較行政重要的理由之一。只有能藉助其在體制中的位置，成功地以自由競爭方式而為自己的理念贏得社會認同的政治家，方才有資格來決定支配的內容。除此以外還有另一個理由：與行政人員相比，政治家擁有更大的自由，因此使他得以擔負決策的任務。政治家只服從他自己的"魔神"(Dämon)，並視其決策能否獲得喝采來主個人浮沉。政治家也即是最接近必須成就其"人格"(Persönlichkeit)之倫理要求的一類人。在此意義下，制度層次與倫理層次的觀點彼此限定，這導致對政治家形象的理想化，而不免影響到韋伯對憲政改革所提出的建議。

⑩參見 "The Meaning of 'Ethical Neutrality' ", p.47。

⑩譬如說，行政人員與科學家兩者都得運用科學的方法，但卻是基於十分不同的價值傾向。科學追求著知識的進步，在此同時，行政只嘗試實際

應用知識。行政因此發展成一套"特殊的藝術技能"(Kunstlehre)，見 *ES,* p.958

⓱韋伯對大眾民主制度下政治組織的建議，尤其是他爲民選領袖辯護的主張，因爲威瑪共和國的命運和納粹興起的歷史發展而引起不少爭論。在德國，二次大戰後對韋伯的評價問題還演變成政治衝突。關於這方面的介紹請參閱 Guenther Roth, "Political Critique of Max Weber: Some Implications of Political Sociology", *American Sociological Review 30,* no. 2 (1965)。在 1952 年時 J. Winckelmann 已經透過對韋伯支配社會學的系統分析與擴充，嘗試區別出他和 Carl Schmitt 在民主概念上的不同，見 *Legitimität und Legalität in Max Webers Herrschaftssoziologie* (Tübingen, 1952)，而 W. Mommsen 前揭書再一次引起大家對此問題的注意。雖說 Mommsen 發掘出韋伯有著國家主義式的立場，包括「一個霸權民族國家的理想」(p.319)，但他的論述混淆了歷史―政治觀點和系統的觀點，並非無懈可擊。對於 Mommsen 此書的第二版，Jürgen Kocka 有較持平的書評，見"Kontroversen über Max Weber", *Neue politische Literatur* 21 (1976):p.296。 Karl Loewenstein 的 *Max Weber's Political Ideas in the Perspectiv of Our Time* (Amherst: Univ. of Mass. Press, 1966)提供另一個角度來看問題，我們在此只能點到爲止。在本文的分析中，並不關心韋伯是否對他的國家有著臣式的忠心，而是由系統的觀點來理解韋伯如何能「面對著自己國家仍保持頭腦清醒」，如 Eduard Baumgarten 所形容，引自 O. Stammer 前揭書 p. 126。

⓲ Talcott Parsons, "Value-Freedom and Objectivity", in Stammer 前揭書，p. 33。

⓳ Parsons 傾向把這種雙重面向當作是從價值關聯，而非價值中立這個概念本身所發展出來的。但依筆者之見，如此一來科學系統之價值之所以可以普遍化的特殊基礎，以及此一價值系統與政治相關涉的理由便無法清楚闡明。

⓴ Parsons,前引書, p. 38

㉑只有《經濟與社會》中的兩段文字與科學的組織問題有關。第三處則見於 Winckelmann 由韋伯未完成之〈國家社會學〉篇章中整理出來的部分，見 *WuG.*(《經濟與社會》一書德文本) Part II, Ch.8。

❸關於政治上"有工作能力之議會"的概念(arbeitendes Parlament)請參
閱"Parliament and Government", p. 1414。

❹同上註，pp. 1381 ff.。

❺〈學術〉, p. 134。

❻參見 Weber, *ES*, p. 305。"專業權威"的概念非由韋伯所創，但可以承
接上他對於職業地位團體的分析。

❼ Weber, *PS*, p. 261。

❽見〈學術〉, p. 134。

❾參見. Weber,《經濟與社會》pp. 271 ff.

⓴同上註，p. 49 f.

㉑同上註，p. 284 f.

㉒參見"The Meaning of 'Ethical Neutrality' ", p.9, 亦見 Käthe
Leichter 對韋伯談論到教學自由的引述, "Max Weber als Lehrer
und Politiker" in R. König & J. Winckelmann, Hrsg., *Max Weber
Zum Gedächtnis*, (Köln, 1963), pp. 125 ff.

㉓依筆者之見，這三個模型可以從韋伯的支配社會學和他的政論文獻中導
引出來，並視作法制型支配架構下的三個組織形式。由此亦可證明韋伯
的組織社會學有時被批評太過單向性(one-sidedness)，其實並不公平。
不過韋伯確實對專業原則作爲一種組織原則這方面未曾賦予足夠的注
意。關於循著專業理念的線索來分析學術的自主性, 可參閱 Rainer Lep-
sius, "Die Autonomie der Universität in der Krise", in Gerhard
Schulz ed., *Was wird aus der Universität? Standpunkte zur Hochs-
chulreform* (Tübingen, 1969), pp. 179 ff.。這一類的分析所遭遇的特
殊難題是因爲研究與教學工作不太適用於同樣的專業原則來評量，而且
學術服務的"顧客"往往即是組織的成員。對前一個問題的討論見 Har-
old L. Wilensky, "The Professionalization of Everyone? ", *Amer-
ican Journal of Sociology*, 70 (1964), pp.137 ff, 後一個問題則參考
Talcott Parsons: "Some Ingredients of a General Theory of For-
mal Organization", in T. Parsons, *Structure and Process in Mod-
ern Societies* (New York, 1967)。(下略)

㉔針對學術在實際評價的討論中可以作到什麼, 韋伯有過詳細的滙總說明,
見"The Meaning of 'Ethical Neutrality' ", p. 20 f.

⑫關於價值關聯的方法論意涵，請參閱 Dieter Henrich 前揭書(註⑫)pp. 16ff，由知識社會學的角度看價值關聯則見 Talcott Parsons, "Value-Freedom and Objectivity", in Stammer，前引書，p. 34。

⑫參見 "The Meaning of 'Ethical Neutrality' ", p. 22. n. 5.

⑫見 Hans Albert; *Traktat über kritischen Vernunft* (註㉝)，pp.68 ff。Albert 認爲古典的理性模型立基於充足證成原則(principle of sufficient justification)以及理論性的一元論(theoretical monism)：即在一個情況下始終只會有一個眞的或正確的理論，而不可能有其他替代性理論。Albert 批評古典的理性模型有著教條式的特徵，他指出「對直覺洞察與經驗觀察的教條化，如我們在古典知識論中所看到的方式，限制了知識來維持現狀並遮蔽了讓新的理念燭照知識的機會」(p. 30)。Albert 也批評韋伯假定個人終極的價值信念並不是批判分析原則的適用範圍。而「一旦我們將不同的可能立場視作一致，那麼批判論述的局限很快便會到達」(p. 70)。根據批判分析的信條，「倫理陳述和系統不是被當作教條，而是假設，然後原則上必須容許考慮其他方案和描繪新的觀點，以提供對倫理問題不同於世俗成見的解決辦法」(p. 75)。亦請閱 Niklas Luhmann, "Zweck-Herrschaft-System", in *Bürokratische Organization*, ed. Renate Mayntz (Köln, 1968)，pp.36 ff 和 *Zweckbegriff und Systemrationalität* (Frankfurt, 1973),Ch. 1.

⑫ Albert, Traktat, pp. 29 ff.

⑫同上註，p. 70。

⑬同上註，p. 76。不過瑪麗安娜韋伯曾引述過韋伯在信上的一段話，表示韋伯不擬爲討論設限，倒是主張皈依信仰應有一定的界限。只有先知、聖人與藝術家不用在意這些限制，而韋伯自忖絕非這三類人物中的任一種。《韋伯傳》，p. 599。

⑬見 Albert, Traktat, p. 73 所云：「信仰系統的封閉因此並非邏輯或任一客觀存在之機構的要求，而是意志、利益與其後之需要的獨裁。我們可以說，信仰系統的開放本身便是一個道德的議題。」

⑬這表示追求確定感與追求眞理並非同一回事。雖然不確定原則通常都先設定了具規約意義的眞理原則，但是認知從來無法引領到最後的確定性。正基於這個理由，作爲行動原則的確定感與作爲認知原則的不確定感必須相互修正、相輔相成。

⑬參見"Parliament and Government", *ES,* p. 1403。

⑭有關這個概念請參閱 Jürgen Habermas, 前引書(註⑮) p. 65。Habermas 區分工具理性行動的系統以及制度的外在架構，這是由一般化馬克思"生產力"與"生產關係"這組概念而得來的，並將其與工具行動和溝通行動的區分相提並論。Habermas 應用這項區別以期把韋伯關於理性化社會的分析整合到擴大且修正過的馬克思主義框架中，同時企圖超越前人作過的貢獻。藉著這番努力，Habermas 希望解決馬克思與韋伯理論中某些明顯的困境，也讓這兩套理論得以用來分析"後期資本主義社會"的技術官僚式基礎。但這似乎反而增加了困難的程度。因爲行動與系統層次之間，與行動類型和系統類型之間的具體連繫仍然是恣意的(arbitrary)。Habermas 的分析所以會導出一種十分模糊的實踐主張，也就不足爲奇了。Habermas 的建議，想經由免於支配式(herrschaftsfrei)的討論溝通使公共領域政治化，而重新建立技術與實踐間的分際，頂多使實用主義模型換個樣子，卻無法讓此模型更具體化。

⑮見 Niklas Luhmann,"Zweck-Herrschaft-System"（註⑰），p. 42:「在原來是給予實質目的內容的地方，由完全接受支配者決定的任何目的所取代了。一個如此普遍化的目的概念(因此也不再指向實際問題)便與命令的概念扣連起來。根據這種推論，一個社會系統只要確定它在系統本身允許的一定界限中能完成支配者下達之目的，它便是理性的。手段不再透過邏輯演繹與目的相連繫，而是透過命令。」

⑯關於信任的概念，見 N. Luhmann, *Vertrauen. Ein Mechanismus der Reduktion sozialer Komplexität* (Stuttgart, 1968) (英譯見 *Trust and Power,*Chichester／New York 1979)。信任的概念或有助於澄清在某些面向並不十分明晰的"正當性信仰"(Legitimitätsglauben)概念。

⑰對於這項在總體社會學分析中的基本問題請參閱 M. Rainer Lepsius, *"Demokratie in Deutschland als historisch-soziologishes Problem",* in Theodor W. Adorno, ed., *Spätkapitalismus oder Industriegesellschaft?* (Stuttgart, 1969), pp.197 ff.。特別是 p.202.

II.學術作爲一種志業

❶ 1918 年到 1919 年之交的冬季，對慕尼黑大學的學生，就志業問題作輔

導，而發表的演講。──德註

　"Wissenschaft"(science)一字，隨脈絡不同，譯作"學術"、"學問"、"學術工作"、"學術研究"、"科學"、"知識"等。"Beruf"(vocation, calling)一字，則譯作"志業"、"使命"、"職業"、"去從事某事的召喚"等。在德文中，"Beruf"是一個很普通的字，一般用來指我們所謂的職業，不過因爲馬丁路德譯基督教聖經時，給這個字提供了強烈的基督教背景，強調"奉神所召去從事某事"，因此它有強烈的價值意含。關於"Beruf"這個概念的宗教背景，參見周伯戡，〈韋伯的"天職"觀〉，《食貨月刊》，第十三卷11，12期合刊，(台北，民國73年3月)pp. 36-58。

❷"私講師"是德語國家的大學教職中最低的一級；私講師沒有大學所發的薪水，而是直接向聽課的學生收費以取得收入。

❸"不死之士"(die Unsterblichen)指法國學士院(Académie française)的四十名院士。所謂"不死"，是指院士死亡之後，隨即遞補新院士，永遠維持四十人在位。院士所從事的唯一工作，便是有保障的終身研究工作。──日註

❹但丁《神曲》〈地獄篇〉第三章；在《神曲》中，進入地獄的門上寫著這句話：「進入這裡的人，放棄一切希望」。參見本書〈韋伯的政治關懷〉註❶。

❺1840年，梅耶爾以船醫的身分，在赴爪哇途中，看到船員所流鮮血的顏色，與在寒帶流血的顏色不同，認爲這是體內熱能的變化所引起，因此發現了"熱的工作當量"，創立了"能量不滅"的法則。後來韓姆霍茲以嚴密的數學方法，將這個原則表現出來。──日註

❻見柏拉圖的〈費德拉斯篇〉(Phaedrus)；"迷狂"是一種受"激發"後的忘我狀態，見諸直接通靈的先知、詩人等。

❼"人格"是韋伯的哲學思想中很重要的一個概念："人格"使人的行動和自然界的事件有別。用韋伯自己的話來解釋：「人格的本質，在於人格和某些終極價值及生命意義的內在關係的堅定不渝……」，Max Weber, *Roscher and Knies: The Logical Problems of Historical Economics*, English tr. Guy Oakes(New York, 1975), p. 192；參見Max Weber, *The Methodology of the Social Sciences*, p. 55。關於"人格"的精細討論，請參見Rogers Brubaker, *The Limits of Rationality: An Essay on the Social and Moral Thought of Max Weber*(London, 1984), pp. 95-98。最近一本以"人格"爲韋伯思想關鍵的著作，是

Harvey Goldmann, *Max Weber and Thomas Mann*: *Calling and the Shaping of the Self*(Berkeley, 1988)，其中對這個概念有深入的探討。日譯本將此字譯作"個性"，或可供中文讀者參考。

❽南非土著人種之一，原居於好望角附近，現已幾乎絕滅。

❾據 Gerth 與 Mills 的說法，韋伯自席勒(Friedrich Schiller)取得"世界的除魅"(日譯本作"解除魔咒")一詞；見 H. H. Gerth & C. Wright Mills, trans. and eds., *From Max Weber: Essays in Sociology* (New York, 1946). p.51。但是 Gerth 與 Mills 沒有告訴我們席勒在何處用過此詞，我們也沒有機會從席勒的作品中找到此詞的出處。不過，根據英國一位研究黑格爾的學者的說法，席勒的詩《希臘衆神》(*Die Götter Griechenlands*)充分地表達了此一觀念，見 Raymond Plant, *Hegel: An Introduction,* 2 nd ed. (Oxford, 1983).pp.37-8。唯席勒此詩中只有 die entgotterte Natur(除去了神的自然)，並無"除魅的世界"。

❿亞伯拉罕是以色列民族的始祖，生於公元前兩千年左右，以遊牧爲生，據說享壽一百七十五歲。——日註

⓫"年高而享盡了生命"，是《舊約》中常見的字眼，見〈創世紀〉25 章 8 節、25 章 17 節、35 章 29 節、及〈約伯記〉42 章 17 節。

⓬敬虔派是近代神學中由路德派衍生出來的一個重要流派，強調信者內心經驗中的"絕對依賴感"，反對制度化、形式化、及理論化，推崇基督徒個人的性靈與實踐方面的成就。

⓭「上帝隱藏了起來」句，見〈以賽亞書〉45 章 15 節；「道路」與「思念」句，則見〈以賽亞書〉55 章 8 節：「我的思念不是你們的思念，你們的道路也不是我的道路」。

⓮見尼采《查拉圖斯特拉如是說》(*Also Sprach Zarathustra*)第一部分序言的第五節。照尼采的描述，"終極的人"是最鄙陋可厭的人，和"超人"成對比，是近代歐洲中產階級庸俗、安逸、自大性格的寫照：「他們一邊眨眼，一邊喊著：我們已發現幸福了！」

⓯"共濟會"是世界上最大的祕密社會，會員將近六萬人。起源於十八世紀的英國，共濟會強烈地反教會、反封建、主張共和民主及人道主義。天主教會及大多數集權保守國家，均宣佈共濟會爲非法組織。

⓰見穆勒寫於 1868-1870 年間的"Essay an Theism"。

⑰希臘神話中的神，分別掌管不同領域的活動，參見〈政治作爲一種志業〉註(95)。

⑱《聖經》〈馬太福音〉第5章到第7章。

⑲歌德《浮士德》第二部第二幕第一景。

⑳摩尼教，亦譯作"明教"，是伊朗古代宗教之一，在瑣羅亞斯德教二元論的立場上，吸收了基督教、佛教、及諾斯提教的成分，揉合成自己的獨特信仰。在唐代傳入中國。

㉑諾斯提教是羅馬帝國時期希臘羅馬世界的一個祕傳宗教，其信仰與古希臘哲學有相當關連，又受後起的基督教、俄爾甫斯教及伊朗的二元論影響。後來它與基督教結合，形成基督教中的諾斯提派。

㉒希臘祕傳宗教之一，出現於公元前七至六世紀，曾對希臘後期的新柏拉圖思想發生影響。

㉓波斯教主要是指瑣羅亞斯德教，即"祆教"，是古代波斯的主要宗教，主張善惡二元論。但七世紀阿拉伯人征服伊朗後，一部分瑣羅亞斯德信徒不願改信回教，於八世紀遷往印度西海岸地區，保持原有信仰，稱爲"波斯教"。

㉔《奧義書》是印度婆羅門教的古老哲學經典之一，吠陀經典的最後一部分，吠檀多派哲學的來源和重要經典。約在公元前七至五世紀成書，中心內容是"梵我同一"和"輪迴解脫"，是婆羅門教和印度教的哲學基礎。

㉕指盧卡奇於1914年發表在韋伯編的《社會科學與社會政策文庫》中的"Zur Soziologie des modernen Dramas"一文。此文的英文節譯見Eric Bentley, ed., *The Theory of the Modern Stage* (Harmonsworth, 1976), pp. 425-450。

㉖在基督教神學中，"positive theology"有兩種可能的意思。一種是指著重歷史事蹟、傳統、教義、教會傳承等因素的神學，和"自然神學"(natural theology)相對；後者所關注的是理性和經驗，視之爲認識上帝的原則。另一種意義是指和"否定神學"(negative theology)相對的一種神學，認爲人類對上帝可以有正面的、肯定的認識。韋伯在此處用此詞的意思，或許比較接近前者。

㉗參見《韋伯傳》，p. 325 註㉑。

㉘韋伯對"宗教行家"的解釋，見《經濟與社會》第2部分第6章第9節4。

㉙〈以賽亞書〉21章11-12節。

㉚引自歌德的 *Maximen und Reflexionen*。參見《韋伯傳》，p. 90 註⓱。

III.政治作爲一種志業

❶這篇演講，是"精神工作作爲志業"(Geistige Arbeit als Beruf)的演講系列中的第二次演講，於 1918 年至 1919 年之交的革命冬季，在慕尼黑對自由學生同盟發表。原作者根據速記記錄修訂後，於 1919 年 10 月出版。——德註
關於這篇演講的發表時間及背景，請參閱本冊導言及附錄Ⅰ。

❷在德文中，"Politik"一字同時指"政治"和"政策"，因此韋伯在此舉出一些"政策"作爲"Politik"的例子。參見《經濟與社會》，p. 55 及英譯者註。

❸對於"團體"(Verband,英譯作 organization 或 association)和"政治團體"，韋伯都有明確的定義。對"團體"的定義，見《經濟與社會》第 1 部分第 1 章第 12 節(pp. 48-9)；對"政治團體"的定義，見同書第 1 部分第 1 章第 17 節(pp. 54-5)。

❹在中文裡，"國家"一詞的意思，和西文中我們譯爲"國家"的字眼(比如說英文中的"state")的意思並不完全相合。在西方政治傳統中，"state"指的是一個共同體在內部秩序和權力結構上的"狀態"；因此，從馬基亞維利首度使用這個字眼以來,這個概念是和在社會中的權力關係分不開的。一旦社會中的權力關係制度化、系統化到了自成一個體系的時候,"國家"——精確一點說：近代國家——才告出現。韋伯的解釋見《經濟與社會》第 1 部分第 1 章第 17 節(pp. 54-6,特別是 p. 56)。

❺在本文中，"武力"一詞是 Gewalt(force)或 physische　Gewalt(physical force)的翻譯。中文的"暴力"一詞，似乎強調了在道德上或法律上"不正當"的意思；"武力"一詞好像可以避免這種色彩，但中文的"武力"又強調了制度性或軍事性的意思。韋伯所謂的 Gewalt，只是一種直接的強迫性力量，不論其表現方式，更不涉及其正當與否。爰依孫中山先生的用法，取"武力"一詞譯 Gewalt。

❻布列斯特—李托夫斯克(Brest-Litowsk)，今名布列斯特，蘇聯西部立陶宛共和國一城市。1918 年 3 月 3 日，在德軍的強大壓力之下，蘇聯外交部長托洛茨基被迫和德國簽訂布列斯特—李托夫斯克條約，放棄芬蘭、波羅的海諸國、波蘭及烏克蘭。

❼韋伯關於"權力"的定義，見《經濟與社會》第 1 部分第 1 章第 16 節(p.

53)。

❽關於"正當性"一詞本身，韋伯沒有做太多的解釋，雖然他十分著力於說明"正當性"的基礎。值得注意的，是他傾向於用被支配者的"態度"和"信念"來考察支配者的"正當性"。參見《經濟與社會》第1部分第3章第1節，特別是 p. 214 及 p. 263。中譯見《支配的類型》，p. 27 及 p. 101。

❾韋伯對"支配"一詞的定義，見《經濟與社會》第1部分第1章第16節(p. 53)；又請參見英譯者註(pp. 61-2)。

❿支配的三種類型，是韋伯的政治社會學中最重要的一個部分。從 1910 年到 1920 年的十年之間，韋伯曾三度陳述他的分類法。參見 Wolfgang Mommsen, *The Age of Bureaucracy: Perspectives on the Political Sociology of Max Weber*(Oxford,1974)，pp. 16-7。最系統明確的陳述，見《經濟與社會》第1部分第3章，特別是第1節2(pp. 215-6)。中譯見《支配的類型》，pp. 29-30。

⓫韋伯對家父長制和家產制支配所作的定義，見《經濟與社會》第1部分第3章第3節 7a(pp. 231-2)。中譯見《支配的類型》，pp. 53-4。

⓬韋伯關於"卡理斯瑪"的說明，見《經濟與社會》第1部分第3章第4節(pp. 241-2)；又參見 p. 216。中譯見《支配的類型》，p. 69 及 p. 29。

⓭"直接訴求民意認可的統治者"是韋伯政治思想中最重要的觀念之一。所謂"直接訴求民意認可"，是說卡理斯瑪型的領袖，跳出了傳統慣例，越過了制度及國家或政黨官僚，直接訴求於群眾。例如在近代大衆民主及嚴密的官僚制之下，這種領袖利用民主的某些管道，直接向人民求取支持，即構成"直接訴求民意認可的民主制"(plebiscitarian democracy)。羅馬皇帝凱撒、拿破崙一世和三世、俾斯麥、葛萊斯頓，都是韋伯心目中的"直接訴求民意認可的統治者"。韋伯認爲這種領袖是西方理性化世界中政治的唯一希望。參見下面註⓺。又請參考 Karl Loewenstein, *Max Weber's Political Ideas in the Perspective of Our Time*(Amherst,1966)，Ch. IV; Wolfgang Mommsen, 前引書，Ch. IV,中譯見《支配的類型》，〈導言〉。

⓮所謂"純粹類型"(reinen Typen)，韋伯通常稱爲"理想型"(ideal Typus)。理想型是韋伯方法論的關鍵性概念；它是一種思維的建構，用來整理雜多的經驗現象，並藉著比較經驗現象和理想型之間的偏離或相似，對現象進行描述、分析和排比。它的作用，和今天社會科學中所謂

的"模型"(model)，有許多相近之處。見韋伯的方法論著作: Max Weber, *The Methodology of the Social Sciences*, pp. 89-93;pp. 42-3。又請參見前面佛洛因特〈韋伯的學術〉一文中相關段落。

⓯十四、十五世紀時，義大利境內各邦紛戰，遂有人自組軍隊，接受僱用，以傭兵身分替人作戰。韋伯認爲這是資本主義式的企業經營，反映的是新興市民階級本身須專注於經濟活動，無暇兼軍人之職，以及軍事的專業化。這種傭兵部隊的組織者、經理人兼領袖，即爲 condottiere。

⓰韋伯關於"經營"(Betrieb)和"經營團體"(Betriebsverband)的定義，見《經濟與社會》第 1 部分第 1 章第 15 節(pp. 52-3)。韋伯用"經營"一詞泛指一切持續性的理性活動，在他關於人類行動及社會組織的分析中居於關鍵地位。

⓱依照韋伯的說法，采邑和俸祿是家產制之下臣僚取得生活資源的方式；見《經濟與社會》第 1 部分第 3 章第 3 節 8(pp. 235-6)。中譯見《支配的類型》，pp. 58-9。

⓲「"Stand"這個字及其各種變化，可能是韋伯的書中最難處理的一個字。它指的是社會中的群體，其中每一個成員，都具有一種相對而言有明確界定的地位。這裡所謂的地位，和社會的階層化有關，不過這個關係倒不一定是重要的。除了共同的地位之外，尚有一個進一步的判準: 一個身分團體(Stand)的成員，有一種共同的生活型態，同時通常有在某個程度上清楚界定的行爲規範。……行政僚屬〔作爲等級的成員〕……的地位獨立於他們主人的專斷意志……」。Talcott Parsons, ed., *The Theory of Social and Economic Organization*(New York,1968), pp. 347-8, n. 27。參見《經濟與社會》第 1 部分第 3 章第 3 節 7 a III(pp. 232-5)及英譯者註(p. 300)。中譯見《支配的類型》，p. 54-8, p. 195 註 ㉑。

⓳蘇丹制是家產制支配的一種形式；韋伯的說法見《經濟與社會》第 1 部分第 3 章第 3 節 7 a II(pp. 231-2)。中譯見《支配的類型》，p. 51-2。

⓴指 1918 年 11 月的德國革命。

㉑韋伯認爲團體(Verband)——見註❸——有兩類: 志願團體(Verein)和強制團體(Anstalt)。前者是指對志願接受團體之權威的人才有支配力的團體，後者是指對合於某判準的一切行動皆能用本身的秩序和制度來管轄的團體。國家便是典型的強制團體。見《經濟與社會》第 1 部分第 1 章

第 15 節(pp.52-3)。在另一處(寫於 1913 年的"Some Categories of Interpretive Sociology"), 韋伯指出, 作爲 Anstalt 的團體, (1)成員是由某些客觀標準所決定的, 與當事人的意願無關, (2)成員的行動由理性建立的規則和強制執行機構共同決定。在這裡, 除了國家之外, 韋伯又舉出教會作例子, 參見《經濟與社會》附錄 I(p. 1380)。在本文翻譯中, 我們將"強制團體式的"逐譯作"制度化了的"。

㉒ 從十三、十四世紀開始, 德國各地方的君主, 有時候會拜訪境內分封出去的望族或教會的要人, 聽取他們的意見。因爲這類顧問到宮廷來的時候, 只是訪問性質, 而不在宮廷任職, 故稱爲"宮廷外來的顧問"。參見《經濟與社會》, p. 301, Gerth & Mills 註。

㉓ 韋伯對"業務佣金式的俸祿"的說明, 見《經濟與社會》第 2 部分第 12 章第 10 節(p. 1032)。

㉔ 韋伯所謂的"社會化", 就是公有化或國有化。

㉕ 獵官制(spoils system)是十九世紀美國政治的特色之一。當時的政黨, 視政府職位爲選戰得勝後的戰利品(spoils), 分給有功於本黨的黨員。這個風氣起源自傑佛森總統(Thomas Jefferson, 任期 1801-9), 到了傑克森總統(Andrew Jackson, 任期 1829-37)時代, 有五分之一的官職都是如此處理。到了格蘭特總統(Ulysses S. Grant,任期 1869-77)時, 這個制度在官僚中造成的腐化及無能, 到了驚人的地步, 遂有公務員制度改革之要求。參見下面註㉗。

㉖ "素人"一詞借自日譯本, 指不具備專業特長的玩票者。

㉗ 1820 年代起, 美國的公務員職位, 逐漸變成對黨派追隨者論功行賞的戰利品。1840 年代, 有三萬到四萬人擁有華盛頓, 追取當時二萬四千個聯邦職位, 這便是所謂的"獵官制"。1881 年, 一個求官不得的人, 刺殺了當時的總統加菲爾德(James A. Garfield), 引起全國對這個問題的注意, 參議員片多頓(George H. Pendleton)的改革法案遂得通過, 1883 年成爲"公務員改革法案"。

㉘ 在中世紀及文藝復興時期, 義大利各城邦內部工商業行會之間的激烈鬥爭, 使得原來的共和制共同體政府解體, 統治權逐漸落入有力量調停各派的某個個人手中。這個人通常是城市內某舊騎士家族的領袖, 他逐漸擴展勢力, 把統治權變成他的家族世襲專利, 到了這一步時, 這個家族向教皇或皇帝要求承認他們的統治權利。這個轉變, 是義大利城邦演進

的最後一個階段, 這些"市政門閥"(Signorien, 義大利文的意思是英文的
"lord"或"despot")從此掌握一個小王國, 變成世襲的專制君主。因為"市
政門閥"對行政、司法、及軍事等方面都有非常成功的控制, 歷史學家常
認為他們是近代國家的起源者。他們的活動時代, 大約是從十三世紀中
葉到十六世紀初。

㉙ 十一世紀初期, 諾曼地的諾曼人(the Normans)侵入義大利南部及西西
里, 引入封建制度。到了十一世紀末葉, 諾曼人已統治這整個區域, 建
立了西西里王國。他們善用阿拉伯及拜占庭的政治傳統, 以及這兩個文
化中對財政及稅務管理的專材, 是為王朝建立專業行政管理的先聲。

㉚ 在某些回教國家中, 高級官員(例如部長)稱為 Vizier。"Vizier"一字來自
阿拉伯文中的"Wazir", 意思是"有負擔者"。在奧圖曼帝國中, Vizier
是政府部門的首長; 十九世紀時, 國家的最高官員稱為"Grand Vi-
zier", 有點類似首相。

㉛ 韋伯對合議制的界定和討論, 見《經濟與社會》第 1 部分第 3 章第 8 節
(pp. 271-82)。中譯見《支配的類型》, p. 117-30。

㉜ 普特卡默曾任普魯士內政部長, 強烈地反對社會主義, 因在選舉中偏袒
政府候選人, 受到激烈的抨擊。1885 年他曾頒示, 要求公務人員支持
政府的候選人。

㉝ 這是指 1918 年 11 月革命之前的"舊制度", 距離韋伯演講(1919 年 1 月
28 日)不過兩個月。

㉞ 指 1918 年 11 月革命後在幾個都市成立, 並向全國擴張的工人士兵委員
會。

㉟ 彌曼薩學派是正統印度哲學的六大派之一, 創立者為耶米尼(Jaimini, 公
元前二世紀至公元後二世紀之間的人)。這派哲學的取向是知識論, 企圖
藉批判性的探討方法, 確證"吠陀"的儀式和意義, 也就是關於"法"(dhar-
ma)的啟蒙。

㊱ 公元 530 年, 拜占庭皇帝查士丁尼一世(Justinian I)召集了十餘位傑出
的法律家, 編纂所謂的《查士丁尼法典》(*Corpus Juris Civilis, Code of
Justinian*), 於 533 年底編成。《滙編》(Pandect, 又稱 Digest)是整個法典
四個部分中最重要的部分, 搜集、整理前六個世紀以降羅馬法系統中的
判決、規則、意見、答覆等, 加以綜合。第六世紀以降, 這是東羅馬帝
國的法律根據。十一世紀末期, 屬於"西方"的義大利學者重新發現這部

法典。在它的刺激之下，掀起研究、整理古羅馬法的風氣，十二世紀因此被稱爲"法律的世紀"；這是西方法制史中最重要的一個世紀，西方法律之奠基即在此時。

㊲ "Podesta"在拉丁文中的意思是"權力"。"最高執法官"是義大利自治城邦中的最高司法和軍事長官。最高執法官由城邦自行挑選，爲了保持其公正地位，通常這種人是另外一個城邦中受過法律訓練的貴族。從十二世紀末葉開始，最高執法官的重要性逐漸超過執政官（Consuls）的合議政府；後來，又從最高執法官演變成了"市政門閥"（見註㉘）。從十三世紀開始，最高執法官的權力逐漸局限於司法的領域。

㊳ 主教會議至上論，是一個關於教皇權力之限制的問題。十二、十三世紀時，教會法學家企圖對教皇的權力加以法律上的限制，遂產生主教會議至上論：教皇由主教選出，因此和主教有某種約定存在；主教會議的權威高於教皇，甚至可以將他罷黜。十四世紀的政治哲學家 Marsilius of Padua 和 William of Ockham 皆持此說。教皇絕對論和主教會議至上論的爭執，到二十世紀仍在進行中。

㊴ "Monarchomach"一字，據說是一位住在法國的蘇格蘭人 William Barclay 所鑄。他在一本題爲《論國王與國王的權力》（De Regno et Regali Potestate, 1600）的著作中，用這字來指反對國王有絕對權力的人。這個說法的背景，是十六世紀時絕對王權興起後引發的爭論。當時法國中央政府已成形，國王在君權神授的根據下行絕對統治。反對的人認爲國王的權力來自"人民"，因此在某些情況下，人民有權利抵抗國王的統治。主張有抵抗王室權利的說法（monarchomach）和後來的民主思想沒有直接的關係；這個說法的基礎是中世紀的封建論，反對統一的中央政府及絕對國家。

㊵ "Parlament"是法國在革命前舊政權時代的高等法庭。其前身爲 Curia Regis（御前會議），是國王和主要的封建領主見面討論法政一般問題的地方。十二世紀開始，專業人員開始加入，法律事務開始獨立。路易九世（Louis IX,1226-1270）時，"御前會議"有關法律的集會開始被稱爲"Parlament"，是爲巴黎高等法院的開始。十五世紀以降，類似的高等法院在省區建立，大革命前，除了巴黎高等法院之外，省區內共有十四個高等法院。在功能上，因爲這種法院代表國王的權力對全境作法律上的管轄，遂有助於國王勢力的擴張和加強。法國大革命之後，這些法庭被

廢棄。

❹"noblesse de robe"指的是法國在十七、十八世紀時, 因擔任高級官職而取得世襲貴族地位的人。路易十四(Louis XIV,1638-1715)爲了爭取法官對他的支持, 給許多法官——特別是巴黎高等法院的法官——這種貴族地位。在開始的時候, 這類貴族受軍功貴族(noblesse d'épée)和老貴族(noblesse de race)的歧視。但後來, 這批布爾喬亞出身的新貴, 反而是最保守的力量。

❷法國高等法院(見註❹)的法官, 因爲必須要登記國王發出的指令和信件, 因此有所謂的"諍議"權, 也就是有權利指出國王的指令是否有違反王室傳統的地方。在諍議之下, 國王可以繼續堅持己見, 但諍議權對國王的權力仍然構成了相當的限制。

❸等級會議(États-Generaux)是法國在 1789 年大革命之前供國王諮議的民意組織。它在歷史上的來源是"御前會議", 但後來由三個等級——敎士、貴族、及第三等級, 也就是新興中產階級——共同組成。它始終沒有發展成一個近代議會式的能限制國王權力的東西。等級會議在開會時有一習慣, 就是由每一等級提出一份 Cahier de doléances(陳情書), 列出該等級的抱怨及改革的建議。

❹法國大革命期間(1789 年 6 月 17 日到 7 月 9 日)由第三等級所組成的革命議會。

❺所謂"由有利益關係的人來進行的經營", 原文是"Interessentenbetrieb"。因爲"Interesse"一字的意思太廣, 在此譯作"利益"會引起誤會, 我們引韋伯自己的話來說明他的意思。他在 1918 年曾經發表一篇有名的長文章: "Parlament und Regierung im neugeordneten Deutschland"(英譯見《經濟與社會》, 附錄 II, pp. 1381-1469)。在這篇文章中, 韋伯說:「政治的經營, 便是有利益關係的人的經營」。但他立刻解釋:「所謂"有利益關係的人", 我們指的並不是因爲物質利益而在一切國家體制中以不同的強度影響政治的人, 而是那些爲了實現某些政治想法, 而追求政治權力和責任的在政治上有關心和利害的人」。(《經濟與社會》, p. 1457)。

❻指第一次世界大戰中的協約國。

❼"國家理由"(ragione di stato, reasons of state)常被認爲是馬基亞維利政治思想的關鍵概念, 雖然這個名詞從來不曾在馬基亞維利的著作中

出現過。馬基亞維利以及對近代國家特質作思考的人認為，政治自有其政治性的目的，而不是為了宗教、道德或其他非政治性或超政治性的目的服務的。因此，政治家應該考慮的是權力，而不是正義；國家的行為應以本身權力的維持、增強為著眼點，不需引道德的規範為準則。易言之，國家在考慮自身的活動時，應該以本身為"理由"。

❹在本文中，"Demagoge"一字或譯作"群眾鼓動者"，或譯作"群眾政治家"。韋伯認為"直接訴求民意認可的統治者"(見註❸)基本上都是成功的"Demagoge"(見《經濟與社會》第1部分第3章第7節，p. 268；中譯見《支配的類型》，p. 110-1)。「民主化和群眾鼓動的作法是在一起的……只要群眾不能再被視作行政管理的純粹被動對象，也就是說，只要群眾的態度具有某種積極的意義」。《經濟與社會》附錄II (p. 1450)。

❹ Strategoi 是雅典的最高軍事長官，由公民大會選舉產生，而非用抽籤產生。

❺韋伯對賤民階層的定義，見《經濟與社會》第2部分第6章第6節6(p. 493)，又參見英譯者在p. 209的註釋。

❺凡接受議會民主制和改良主義(不以革命為手段)的社會主義及工人運動，一般泛稱為社會民主主義。第一國際解散後，歐洲各國社會主義政黨多數變成本國的社會民主黨(在英國則發展出工黨)。隨著俄國社會民主黨的分裂和布爾什維克革命，各國社會民主黨內部的左派又分裂出來，形成共產黨。在此韋伯指的是德國社會民主黨。

❺指1918年11月革命之前的德國政權。

❺指一次世界大戰時的協約國。

❺"Leitung"，法譯本作"總編輯"。

❺教皇黨和皇帝黨，是中世紀末期義大利政治中相爭的兩派。"Guelfen"一字的來源，是德文的"Welf"；這是十二、十三世紀時，企圖奪取皇帝位置的一個家族的姓。"Ghibellinen"一字的來源，則是德文的"Waiblingen"，這是當時擁有神聖羅馬帝國皇位的德國Hohenstaufen家族的一個城堡的名字。這場鬥爭的起源是Frederick I Barbarossa(1155-90)想要統治義大利的野心。義大利各方勢力於是有欲擁德國Hohenstaufen家族自重者(皇帝黨——Ghibellinen)，也有欲引教皇力量抗拒皇帝者(教皇黨——Guelfen)。逐漸地，這場鬥爭擴散到義大利全境；各邦原有派系紛紛向教皇黨或皇帝黨靠攏。

⑯泰勒制度來自美國工程師泰勒(F.W.Taylor)的構想。他在所著 *The Principle of Scientific Management*(London & New York, 1911)一書中，首創"科學管理"一詞，提出一套增加工人產量的方法。

⑰英國近代史上，共有三次改革法案(1832，1867,1884)；這裡所指的是 1832 年的改革法案。在十八世紀，國會議員的選舉依循傳統，已無法照顧到人口分佈和階級結構隨著工業革命而產生的巨大變化。一些選區早已荒廢無人跡，但仍有代表它們的國會議員；這類選區的國會席位，實際上是由國王和大地主貴族所控制。十八世紀末葉之時，中產階級及新興都市(如伯明罕、曼徹斯特)開始推動選舉改革。改革的運動雖曾一度因法國大革命造成的反動浪潮而暫時消匿，但十九世紀初開始，要求改革的力量日益強大，終於在 1832 年由自由黨政府通過改革法案。從此，選區的設置較能配合人口的分佈，又放寬選舉權，使得有權投票的人數增加約百分之五十。但直到第三次改革法案通過，英國成年男子中仍只有百分之四十有投票權。

⑱韋伯對"名門望族"的定義，見《經濟與社會》第 1 部分第 3 章第 10 節 20(pp. 290-1)，中譯見《支配的類型》, pp. 146-7；參見第 2 部分第 10 章第 2 節(pp. 950-1)。

⑲塔曼尼廳是紐約曼哈坦地區民主黨黨機器的俗稱。Tammany Society 本為美國獨立戰爭後出現的愛國社團之一，十九世紀末二十世紀初，受黨老大制度的影響，逐漸腐化，是美國地方政黨政治黑暗面的一個象徵。

⑳英國保守黨在十九世紀三〇年代正式建黨之前，其前身團體被稱為 Tories。這個稱呼起源於十七世紀,當時主張迎立約克公爵詹姆斯為英王的一派被稱為托利派，因他為天主教徒而反對者則被稱為輝格派。到今天，"托利"仍然是保守黨的俗名。

㉑安立甘教會(Anglican Church)又稱英國教會(Church of England)，是基督教在英國的特殊型式。英國教會原先屬天主教，十六世紀時拒絕教皇權威，自行發展，接受改教運動部分的影響，是一種天主教和新教的揉合物，比較寬容，今天是普世教會運動的一個典範。在美國及其他若干地方，它被稱為聖公會(Episcopal Church)。

㉒ Whig 是英國自由黨的前身。在自由黨建黨之後，"Whig"多指自由黨中的保守一翼。

㉓所謂"非國教派"，泛指不接受英國安立甘國教的新教教派，包括長老會、

浸信會、公理會、貴格會等。這些教派受歐洲大陸宗教改革運動的影響比較深，因此在英國教會擺脫羅馬天主教獨立之後，採取更激進的立場，和安立甘教會不徹底的改革分庭抗禮。

❻英國國會內各黨的幹部議員，稱為 Whip（黨鞭），負責配合議程安排發言和督促本黨議員到場投票。通常各黨有一位 Chief Whip、三到五位 Whips。

❻"Caucus"一字起源於十八世紀後期美國的波士頓，字源已無法考定，意指政黨中核心份子決定候選人或黨政策的祕密協商會議。在英國，這個字在 1870 年代才從美國借來，帶有貶意，指對方嚴密的黨組織。中文有譯成"祕密幹部會議"者。但韋伯在此似用此字泛指獨立於望族和國會議員的黨工"機器"，愛譯作"黨務會"。

❻凱撒（Julius Caesar, 102 B.C.－42 B.C.）曾於羅馬共和將崩潰之際，在人民及軍隊的擁戴之下，違反共和憲法，率軍越過 Rubicon 河，一舉擊潰羅馬參議院，奪取所有的重要職位於一身，由而取得絕對的權力。韋伯認為近代大眾民主的必要趨勢，便是具有卡理斯瑪的領袖，直接訴求民意支持，而奪得絕對的領導權。見上面註❸；又請參見《經濟與社會》附錄II（p. 1451）。

❻所謂愛爾蘭自治，是 1870 年至 1920 年間愛爾蘭民族主義運動的脫離英國自治要求。1886 年葛萊斯頓曾提出愛爾蘭自治法案，在國會中失敗。

❻"J.P."是"Justice of Peace"（治安長官）的簡稱，香港人譯作"太平紳士"。這是由國王任命非法律界的平民擔任的職務，有權維持地方安寧及處理小案件。"M.P."是"Member of Parliament"（國會議員）的簡稱，指下議院的議員。

❻請見上面註❷。

❼"老大"的制度，是十九世紀美國政黨政治的特色之一。隨著新移民大量到來，地方上的"老大"對他們提供生活上的幫助、借錢給他們、替他們爭取社會福利、安排工作；這些新移民則由他們指揮投票。這是"老大"制度的起源。"老大"則用這些受他命令的票源為資源，作進一步的政治經營。

❼指 1904 年。──德註

韋伯夫婦曾於 1904 年 8 月至 12 月赴美國訪問，足跡遍及東西兩岸。

❼在這段文字中，韋伯稱中央黨和社會民主黨為少數黨時，用了兩個不同

的字：Minoritätpartei 和 Minderheitspartei。後者指在國會中相對於佔較多席次的多數黨而言的"少數黨"；前者則強調一個政黨因爲有嚴格的意識型態，故只接受具有意識型態覺悟的少數人爲黨員，不會大規模地讓群衆入黨。

❼❸「"領袖民主制"指的是偉大的政治人物在民主憲政體制中進行的卡理斯瑪型統治。"沒有領袖的民主"指的是一種民主的統治，在其中一切事務都只是像日常瑣事一般地來處理」。(Mommsen,前引譯文，p. 17)。

❼❹ 俾斯麥統一德國，建立聯邦式的帝國(Reich)。各邦王室派代表組成聯邦參議院，形式上控制一切立法，並通過皇帝指派(通常是普魯士的首相)的參議院主席(也就是總理)"治理"聯邦。全德國人民的代表另外組成帝國議會，和邦沒有關係。但這個機構只有磋商和預算方面的權力，對聯邦政府沒有控制力量。參見《經濟與社會》附錄II英譯者註❽，p. 1464。

❼❺ "進步"(Fortschritt)是近代具有強大力量的一個觀念或意識型態。大致言之，這個觀念起自十七世紀，在十九世紀到達巔峰，到了二十世紀兩次大戰發生後逐漸消沉。這個觀念認爲，人類歷史是一個從較不理想的狀態逐漸向一個較理想的未來不斷發展前進的過程。

❼❻ 1916 年德國社會民主黨分裂，左翼的盧森堡和李卜克內西(Karl Lieb-knecht)另組斯巴達克團(斯巴達克是公元前 73 至 71 年羅馬奴隸革命的領袖)，反對第一次世界大戰，支持俄國革命，呼籲採直接行動推翻政府，成立工人士兵蘇維埃，進行社會主義革命。1918 年這個組織正式組成德國共產黨,完全退出社民黨。11 月 9 日德皇退位後，斯巴達克團領導群衆示威，反對埃伯爾特(Friedrich Ebert)社會民主黨共和政府。1919 年 1 月間，斯巴達克團發動起義，在柏林攻佔政府建築物，結果失敗。盧森堡和李卜克內西被捕，1 月 15 日兩人被反動軍官鎗殺，屍體在柏林運河中被發現。

❼❼〈馬太福音〉26 章 52 節。

❼❽〈馬太福音〉5－7 章。

❼❾〈馬太福音〉19 章 22 節。

❽⓪〈馬太福音〉5 章 39 節。

❽❶ 萬象皆空論(acosmism)認爲此世的一切事物缺乏形上的自存性，而只是他世的一個更高存有的表現。

❽❷〈馬太福音〉5 章 39 節。

❽"黃色工會"(gelbe Gewerkschaft)指的是沒有加入工人運動的工會。這種工會常會破壞工人階級的協同鬥爭，故此詞帶貶義。

❽"Gesinnungsethik"是一個非常難以妥當翻譯的字眼。在英譯中，有譯作"ethic of ultimate ends"(終極目標的倫理)者(Gerth & Mills)，有譯作"ethic of conviction"(信念倫理)者(Bruun)，有譯作"ethic of intention"(意圖倫理)者(Runciman & Matthews)，有譯作"ethic of single-minded conviction"(專心一志的信念的倫理)者(Roth)。西島芳二、脇圭平的兩個日譯本皆作"心情倫理"。Freund 的法譯本則作"ethique de conviction"(信念倫理)。在中文中，現存的譯法有三：李永熾先生根據日譯取"心情倫理"、林毓生先生根據 Runciman 與 Matthews 作"意圖倫理"、高承恕先生則譯作"信仰倫理"。除了這篇演講之外，韋伯曾在兩處解釋過"心志倫理"和"責任倫理"的對比。我們將相關的段落大致翻譯如下，供讀者參考：

「但是即使是在個人行爲的領域中，也有特屬於倫理、但卻不是倫理依照自身的預設所能解決的根本問題。這類問題中，包括的首先是這個根本問題：倫理行爲的本身內在價值(Eigenwert)──以前人們稱之爲"純粹意志"(reine Wille)或者良知(Gesinnung)──是否即足以證明這個行爲的正當，就像基督教倫理家所陳述的這條原則所言：『基督徒的行爲是正當的，後果則委諸上帝』。或者，對於行爲可以預見的──可能的、抑是具有某種概率者──後果，照著它在這個倫理上無理性的世界中糾纏出來的樣子，所應負的責任，是否應當列入考慮。在社會的領域中，一切激進的革命政治態度，尤其是所謂的"工團主義"，皆出自前一種設準；一切"權力政治"，則出自後一種設準。二者皆寄身於倫理原則。但這些原則彼此永遠衝突；任何純粹以本身爲根據的倫理，皆無法將這個衝突解消。」(Max Weber, *The Methodology of the Social Sciences*, p. 16; Max Weber, *Gesammelte Aufsätze zur Wissenschaftslehre*, Tübingen, 1982, p. 505。)

「因爲即使是這個最首要的問題，看來也沒有解決的方法：就個別情況而言，一個行爲的倫理價值，要從何得到決定？從其結果？或是從這個行爲本身所具有的某種倫理上的內在價值？這也就是說，行動者對後果的責任，是否(以及在什麼程度上)聖潔化了手段，或者是行動者所本的心意(Gesinnung)的價值，讓行動者有理由拒絕接受對後果的責任，將這責任轉卸給上帝，或是轉卸給上帝所容許的世界的邪惡和愚蠢。宗教倫理在心志倫理方式下的昇華，使人傾向於後一選擇：『基督徒的行爲是正當的，後果則委諸上帝』」。Max Weber, *From Max Weber: Essays in Sociology,* p. 339; Max Weber, *Gesammelte Aufsätze zur Religionssoziologie*（Tübingen, 1920），vol 1, pp. 552-3。

根據這些段落，韋伯在區分"心志倫理"和"責任倫理"的時候，主要的著眼點，似乎是行爲本身的價值和行爲的可預見後果（後果不一定等於目的或意圖）之間的不同意義。（若干德國學者曾逕稱"責任倫理"爲"後果倫理"（Erfolgsethik）。前者屬於主觀的價值認定，主要涉及意圖和動機，後者則牽涉到客觀世界及環境中的現實運作。至於"Gesinnung"一字，其字根是"gesinnt"，泛指某種心態、心境、看法（如用英文表示，就是如何如何 disposed 或 minded）。我們非常勉強地用"心志"一詞來迻譯"Gesinnung"這個字，不用目前較爲通行的"信念"或"意圖"，用意即在於強調韋伯心目中主觀價值與客觀後果之間的對比。。

⑧⑤這句話常爲韋伯引用，可能係取自馬丁路德的著作，但譯者未能從路德的著作中找到明確出處。有興趣的讀者，可參閱路德的名作《論基督徒的自由》（1520）。

⑧⑥"syndicate"在法文中卽指工會。工團主義是激進的工會主義，主張以工會爲社會主義革命的基本單位和力量。工團主義於 1890 年代興起於法國，逐漸對歐美各國工會運動發生了若干影響。

⑧⑦第一次世界大戰開始之後，歐洲社會主義黨人爲了戰爭問題和國際主義問題，引起了很大的爭論。1915 年 9 月 5 日至 8 日，第二國際在瑞士齊美爾瓦爾得召開代表會議，十一個國家三十八位代表參加。會議中的多數派主張不計代價結束戰爭，但列寧領導的少數派主張利用戰爭機會發動革命內戰，並設立第三國際。

⑧⑧千年王國論（chiliasm, millennialism）相信有一個由上帝之國（Kingdom of God）統治的千年期。這個說法分成兩派。一派相信千年王國是在基督再度降世（parousia）之後出現；一派認爲千年王國是在基督再度降世之間出現。千年王國論是耶教末世論（eschatology）及歷史哲學的重要部分，牽涉到俗世歷史的意義問題，和一般歷史主義也有密切的關係。

⑧⑨見杜斯妥耶夫斯基《卡拉瑪佐夫兄弟》第 5 卷第 5 章。

⑨⓪見〈學術作爲一種志業〉註㉔。

⑨ 神義論是宗教思想中的一個重要問題。如果神既是善的、又是全能的，那麼爲什麼世界上仍有罪惡的存在? 對這個問題的處理，即構成神義論。

⑨ 所謂"業"，泛指一切身心活動。"業"會導致各種"報"，謂由各種"業"的善惡，必將得到相應的報應，由而說明人生和社會的各種差別。

⑨ 預定說是基督教思想中的一套理論，探討上帝的全能全知和人類墮落之後得救的關係。人的命運，顯然在創造之初便已由上帝決定。那麼上帝如何面對人犯罪這件事實? 祂如何決定誰該得救? 人又應該如何考慮自己的行爲和得救的關係? 這些問題，是預定說討論的題目。喀爾文的神學，把預定說發展到極致。

⑨ 馬丁路德常喜歡稱上帝爲"隱藏的神"。他認爲任何企圖用理知的方法對上帝的性質作確定的作法，都會把祂變成一個異在的對象，而不是經由基督的恩典"顯示"給我們的上帝(deus revelatus)。

⑨ 典出浮士德與魔鬼的協定。

⑨ 在希臘神話中，阿佛羅黛特是愛與美的女神; 赫拉是婚姻與家庭的女神; 戴奧尼索斯是酒、豐收和狂歡的神; 阿波羅是詩、音樂和理性的神。

⑨ "法"是印度教及佛教的名詞，泛指規範或規律。

⑨ 又譯《世尊歌》，印度教經典之一。成書於二、三世紀之間，闡述克里史那(Krishna，最高的宇宙精神)對阿尊那的說教，宣揚通過瑜珈使小我與梵結合而達涅槃。印度教哲學家常以註釋《薄伽梵歌》的方式表達自己的思想。中譯本可參見楊斐華譯，《薄伽梵歌》，(台北,1985)。

⑨ 因陀羅是婆羅門教及印度教神名，原司雷雨，後來發展成爲戰神。

⑩ 瓦拉是北歐神話中至上的大神歐丁(Odin)的殿堂，因爲歐丁是戰士的守護神，戰死的戰士即到瓦拉殿中安息。

⑩ 《利論》是一本討論政治、外交和經世之學的書，在公元前 321-269 年之間成書，作者是旃陀羅笈多月護王的大臣憍提利耶。

⑩ 天主教把上帝的福音看作一種提昇倫理的勸告。到了十二世紀，這種"勸告"(counsels)具體化成清貧、貞節和順從三項德目，出現在修道院的誓約中。福音勸告(evangelical counsel)不具法律的強制性，也不是得救的充分或必要條件，而是表示當事人願意在愛中接受基督的榜樣，過使徒的生活。

⑩ 韋伯認爲自然法是基督教用來溝通它自身的絕對倫理和世間規範的工具。而因爲自然法常被用來作爲衡量實定法的規範性標準，故它有其革

命性。見《經濟與社會》第 2 部分第 6 章第 13 節 3（pp. 597-601）及第 8 章第 7 節 2（pp. 866-7）。

⑩貴格派是教友會（Society of Friends）信徒的別號，由佛克斯（George Fox, 1624-1691）所創。這是一個強烈反對制度性宗教的新教教派。一方面，它憎惡教會的一切儀式、傳統、權威，否認聖禮的價值，稱教堂爲"尖房子"；另一方面，它強調個人心中的靈性，視之爲信仰的最高權威，強烈批評喀爾文教派的悲觀、消極態度。1682 年政治家威廉賓（William Penn, 1644-1718）率領大批貴格派人士移居賓夕法尼亞州，實際掌握該州政權。但後來當殖民地政府與印地安人及法國人起衝突時，貴格派人嚴守反戰原則，拒服兵役，連戰稅亦拒絕繳納，貴格派遂失去了原有的政治地位和影響。

⑩分別指耶穌、聖法蘭茲、釋迦牟尼。

⑩〈約翰福音〉18 章 36 節。

⑩卡拉塔耶夫是在托爾斯泰《戰爭與和平》中出現的俄國農民的典型，徹底的不抵抗主義者。

⑩教會對一個國家、一個教區、甚至一個民族，可以頒佈"禁令"。被施加禁令的國家，除了洗禮之外，不可以舉行任何公開的教會儀式，連死者也無法得到基督教的葬禮。1208 年，教皇英諾森三世（Innocent III, 1160-1216）便曾對英國頒佈禁令。禁令的目的在於改變民意，逼迫當事者採取某種行動。

⑩歌德《浮士德》第 2 部第 2 幕第 1 景。

⑩這是路德於 1521 年 4 月 18 日在窩姆茲（Worms）城答辯時結尾的名言：Hie stehe ich/ich kan nicht anders/ Got helffe mir, Amen（這就是我的立場，我再無旁顧，願上帝幫助我，阿門）。

⑩譯文取自梁實秋中譯，但有小改動，以配合韋伯在下面所用的字眼。

附錄 I.韋伯兩篇演講發表的日期

❶這篇附錄，原是 Wolfgang Schluchter, "Wertfreiheit und Verant-wortungsethik"（即本冊導言）的註釋❷及❸，英譯見 Wolfgang Schluch-ter, "Value-Neutrality and the Ethic of Responsibility", *Max Weber's Vision of History: Ethics and Methods*, pp. 113-6。

❷《韋伯傳》,p. 664。

❸ Max Weber, *Gesammelte Aufsätze zur Wissenschaftslehre* , ed. J. Winckelmann(Tübingen, 1968, 3rd ed.), p. 532; Max Weber, *Gesammelte Politische Schriften,* ed. J. Winckelmann (Tübingen, 1958, 3rd ed.), p. 493。

　　在這兩本書 1982 年的第 5 版及 1980 年的第 4 版中，編者並沒有改變他所推訂的日期；見上面兩篇演講的註**❶**。

❹參見 Eduard Baumgarten, "Zur Frage der Datierung der Vorträge Webers: Wissenschaft als Beruf und Politik als Beruf"，瑪克斯韋伯編輯室所藏手稿，巴伐利亞邦學術院，慕尼黑。

❺關於埃思納，參考 Allan Mitchell, *Revolution in Bavaria 1918 -1919: The Eisner Regime and the Soviet Republic*(Princeton, 1965)。在《經濟與社會》中(pp. 242,300)，韋伯舉埃思納為卡理斯瑪型的群衆領導者的典型(中譯見《支配的類型》, p. 69)。

❻見 I. Birnbaum, "Erinnerungen an Max Weber"，收入 *Max Weber zum Gedächtnis*, ed. R. König & J. Winckelmann (Köln, 1963)，pp. 19 ff; 以及他 1970 年 7 月 15 日給溫克爾曼的信，瑪克斯韋伯編輯室。

❼見 Wolfgang J. Mommsen, *Max Weber und die deutsche Politik 1890-1920*(Tübingen, 1974, 2 nd ed.), p. 289 f, p. 345。

❽參見 *Münchener Neueste Nachrichten* 1917 年 11 月 7 日晚版第二頁第四欄，及 1917 年 11 月 9 日晨版第三頁第一欄。

❾見 *Münchener Neueste Nachrichten* 1919 年 1 月 25 日晨版第二頁第五欄：「瑪克斯韋伯教授(海德堡)將於 1 月 28 日星期二下午七時三十分在史坦尼克藝術廳講"政治作為一種志業"」。

❿見 *Münchener Neueste Nachrichten* 1919 年 3 月 10 日晨版第三頁第三欄，晚版第二頁第四欄。

⓫瑪麗安娜韋伯在《韋伯傳》中只提到過"自由德國青年團"(Freideutsche Jugend)，而沒有提到"自由學生同盟"或"自由學生青年團"。在本附錄中，Wolfgang Schluchter 從《韋伯傳》中引用有關"自由學生同盟"的資料之處，《韋伯傳》(英譯本)中皆作"自由德國青年團"。中譯者沒有任何資料說明這些名稱之間的關係。《韋伯傳》的英譯者在註釋中(p.597)曾如

此介紹"自由德國青年團"：「1913年創立的一個青年組織，宗旨在於讓青年人按照自身的欲望和能力去求發展」。

⓬《韋伯傳》，p.628。英譯本文字爲「他們仍未決定是應該採取一種革命的態度，抑是民族主義（national-patriotic）的態度」。

⓭關於這次聚會及其參加人物，見《韋伯傳》，pp. 595 ff。

⓮"Zwischenbetrachtung: Theorie der Stufen und Richtungen religiöser Weltablehnung"（1915），英譯見 Gerth & Mills, *From Max Weber,* pp. 323-362。

⓯參見《韋伯傳》，p. 600。

⓰這次演講中，韋伯和左派學生發生激烈的衝突，詳見《韋伯傳》，pp. 627-8。

⓱參見《韋伯傳》，p. 674。

⓲關於慕尼黑的波西米亞文人圈，參考 Martin B. Green, *The von Richthofen Sisters: The Triumphant and the Tragic Modes of Love, Else and Frieda von Richthofen, Otto Gross, Max Weber and D. H. Lawrence in the Years 1870-1970*（London, 1974），pp. 85 ff。這本書的缺陷，在於缺乏社會學上的概念思考。——原註

附錄II.韋伯論學者與政治家

❶作者在此處逐引德文，見上面〈學術作爲一種志業〉。

❷"雅利安人數學"：德國法西斯主義把數學分雅利安人（即他們認爲最優越之白種人）數學及猶太數學。

❸孟德爾發現我們今天稱爲遺傳基因的基本單位。他放棄了拉瑪爾克過份目的論的看法（例如說長頸鹿的長脖子來自牠們一代又一代的伸頭吃高樹上的葉子）。孟德爾派的遺傳學被蘇聯的共產主義貶爲反動及種族主義。此種說法的代表者爲蘇聯的李森柯（T. D. Lysenko, 1898—1976）。李森柯於斯大林時期紅極一時，提出各種異想天開的創造優良麥種的配方，認爲任何品種皆可在短期內改良，以適應當時的社會主義全國農業規畫化，他的中心思想就是後天特徵可完全遺傳後代，亦可隨時改變。他因植林政策的嚴重失敗，於1952年後始受到批評。至1956年黯然步下政壇。阿宏在此處提出的爭執，是指李森柯在蘇聯帶來的熱潮。

❹《社會學》一書寫於 1908 年。

❺凱因斯主要的理論發表於 1935 年的《就業、利息、貨幣的一般理論》（*General Theory of Employment, Interest and Money*）一書。認為在嚴重的經濟低潮時，只有政府及大投資者有能力扭轉局勢，政府應大量創造工作機會，或補助私人投資以解救失業問題，只有充分就業始能避免經濟低潮。

❻這裡指凱恩斯的《就業、利息、貨幣的一般理論》一書。

❼三十年前韋伯並不相信此點。他以爲演化的必然趨勢是理性化（rationalisation）與官僚化（bureaucratisation），而不是某種特定的財產制或調整。──原註

❽S.F.I.O.（Section Française de l'Internationale Ouvriére）（工人國際之法國本部）即 1905 年舒黑斯（Jean Jaurés, 1859-1914）創立之社會黨。1920 年，S.F.I.O.內部分裂，左派成立參加第三國際之法國共產黨，由布隆姆（Léon Blum）領導的溫和派則仍保留 S.F.I.O.之名稱，爲法國主流的社會黨。

　　M.R.P.（Mouvement Républicain Populaire）──群衆共和運動，爲第二次大戰後成立的新政黨，主要由基督敎民主派組成，是天主敎左派的政黨。

　　C.D.U.,德國的基督民主聯盟（Christlich-Demokratische Union），創於 1945 年。

附錄Ⅲ.韋伯論帝國總統

❶譯者導言及譯文原發表在《當代》雜誌 48 期，1990 年 4 月。

索 引

人名對照表

Althoff, Friedrich 阿爾朵夫

(1839-1908)德國學者兼政治家。原任斯特拉斯堡大學法律教授，1882年到1907年在普魯士教育部任參事官及高等教育司司長，對德國高等教育有很大的影響，二十五年任期被稱作"阿爾朵夫時代"。他與韋伯個人的關係，可參見《韋伯傳》中的記述。

Aristotle 亞里斯多德

(384-322 B.C.)希臘大哲學家，師承柏拉圖，但逐步發展出自己的思想體系。重視邏輯及經驗性知識。

Augustine, Aurelius 奧古斯丁

(354-430)中世紀基督教會最重要思想家之一，一度曾改信摩尼教，後又回到基督教，曾任北非希坡(Hippo)大主教。以《懺悔錄》、《上帝之城》，及其他重要神學著作，對基督教思想產生重大影響。

Bacon, Francis 培根

(1561-1629)英國哲學家、散文作家及政治家。他著有《學問之增進》及《新工具》等書，倡歸納法及經驗論，並推崇實驗精神。

Baudelaire, Charles Pierre 波德萊爾

(1821-1867)法國詩人及評論家，以《惡之華》詩集知名。他的基本
主題是美與惡的共存不可分。

Baumgarten, Hermann 鮑姆加騰

(1825-1893)歷史學家，斯特拉斯堡及卡爾斯茹(Karlsruhe)等大
學教授，韋伯長姨之夫。

Baumgarten, Otto 鮑姆加騰

(1858-1934)神學家，1894-1926年任基爾(Kiel)大學教授，韋伯
長姨之子，曾與韋伯在海德堡大學同學。。

Bebel, August 倍倍爾

(1840-1913)德國社會民主黨創始人之一，該黨最重要的領袖，曾
遭俾斯麥囚禁兩年，這反而增加了他在群眾心目中及社會民主黨
內的地位。

Bekker, Ernst Immanuel 貝柯

(1827-1916)羅馬法教授，曾任海德堡大學校長。

Bennigsen, Rudolf von 班尼格森

(1824-1902)德國自由黨的領袖，自1867年國家自由黨成立即任
黨魁。

Bernstein, Eduard 柏恩斯坦

(1850-1932)德國社會主義者，"修正主義"的創始人。

Bethmann-Hollweg, Theobald von 貝特曼豪威克

(1856-1921) 1909 到 1917 年間帝國總理

Binding, Karl　賓定克
(1841-1920) 德國法學家與歷史學家，曾任萊比錫等大學教授，屬
於德國歷史學派，主著爲：*Die Normen und ihre Übertretung*
(1872-1920)。

Bismarck, Leopold von　俾斯麥
(1815-1898) 普魯士政治家，普法戰爭得勝後建立統一的日耳曼帝
國，任首任總理，號稱"鐵血宰相"。後因與皇帝威廉二世不合，
遂去職。

Brentano, Lujo　布倫塔諾
(1844-1931) 曾任布列斯勞、斯特拉斯堡、維也納、萊比錫、慕尼
黑等大學經濟學教授，"講壇社會主義者"。

Bukharin, Nikolai　布哈林
(1888-1938) 俄國布爾什維克領袖之一，曾先後主持蘇共《眞理報》
及共產國際，最後遭斯大林以叛國罪名整肅。

Bülow, Bernhard von　畢洛
(1849-1928) 1900 至 1909 年德國聯邦總理。

Calhoun, John C.　卡爾洪
(1782-1850) 美國政治家，1825 年到 1829 年曾任副總統，後來又
成爲傑克森的副總統。和傑克森交惡後，他成爲參議員。他代表
南方利益，支持奴隷制度。

Calvin, Jean　喀爾文
(1509-1564)法籍神學家，宗教改革的重要人物，是近代新教思想的奠基者之一。

Capelle, Eduard von　卡培勒
(1855-1931)德國海軍將軍，提比茲的繼承人。

Catiline　卡蒂藍
(大約 108-62 B.C.)羅馬政治家，曾據執政官職任，和西塞羅及保守派衝突。

Chamberlain, Joseph　張伯倫
(1836-1914)英國政治家。本事商業，1873 年任伯明罕市長，1876 年以自由黨身分進入國會，曾在葛萊斯頓政府中擔任職務。1886 年，為了愛爾蘭自治問題，和葛萊斯頓決裂，另外成立統一自由黨，鼓吹愛爾蘭和英國的"統一"(union)。1895 年，他終於參加保守黨政府。

Chandragupta　旃陀羅笈多
(321 B.C.-298 B.C.)印度皇帝。

Channing, W. E.　禪寧
(1780-1842)美國牧師，禁酒論者，美國三一教會聯盟的創始人。

Cicero, M. T.　西塞羅
(106-43 B.C.)古羅馬演說家、政治家、哲學家，他的作品被視為古拉丁文的典範作品。

Cleon 克里昻
(? -422 B.C.) 雅典商人階層頭一位代表性的政治家，公元前 429
年伯里克里斯死後，成爲雅典民主的領袖。

Cobden, Richard 柯布登
(1804-1865) 英國政治家，曼徹斯特學派的政治代言人，主張自由
貿易，組織反穀物法同盟；1841 年進入國會。

Comte, Auguste 孔德
(1798-1857) 法國哲學家，實證主義的創始人，又首創"社會學"一
詞，常被視爲社會學的奠基者。

Dilthey, Wilhelm 狄爾泰
(1833-1911) 德國重要哲學家及思想史家，曾任柏林大學敎授。首
創精神科學 (Geisteswissenschaften) 之獨特與自主，以與自然科
學相抗禮。

Disraeli, Benjamin 狄斯雷利
(1804-1881) 十九世紀英國政治家，近代保守黨的締造者。他本甚
有文名，曾出版小說。1837 年進入國會，1867 年改革法案之通過，
居功厥偉。1868 年擔任首相，但同年即遭葛萊斯頓推翻。1874 年
至 1880 年間再組政府，但又遭葛萊斯頓擊敗。

Dostoyevsky, F. 杜斯妥耶夫斯基
(1821-1881) 俄國最偉大的作家之一。在他的名著《卡拉瑪佐夫兄
弟》(*The Brothers Karamazov*,1879-80) 中的〈大審問官〉一章，

對韋伯有深刻的影響。「因此，韋伯全心注意杜斯妥耶夫斯基，是無法避免的。我不記得有任何一個星期日討論會沒有提到杜斯妥耶夫斯基的名字」。Paul Honigsheim, *On Max Weber* (New York, 1968), p. 81。

Droysen, Johann Gustav　卓易森

（1808-1884）普魯士歷史學家、哲學家、政治家，曾任基爾等大學教授。

Dürer, Albrecht　杜瑞

（1471-1528）德國畫家、雕刻家。

Durkheim, Emile　涂爾幹

（1858-1917）法國社會學家，與馬克思及韋伯並稱為近代社會科學的創始人。

Ebert, Friedrich　埃伯爾特

（1871-1925）德國成立共和後第一任總統。他本為社會民主黨國會議員，1913年起任黨魁。1918年革命後他領導共和政府，敉平1919年共產黨的暴動和1920年的右派政變。

Fichte, J. G. 費希特

（1762-1814）德國哲學家，為康德與後起的德國古典唯心主義者黑格爾、謝林之間的橋樑。

Fischer, Kuno　費舍

（1824-1907）新康德派哲學家，曾執教於耶拿（Jena）大學及海德

堡大學，以研究近代哲學史知名。

Förster, Friedrich W.　佛斯特
　　(1869-1966)德國教育家，從一次世界大戰開始，即積極致力於和
　　平運動。納粹當政時曾流亡美國。他曾任慕尼黑大學教授及巴伐
　　利亞共和國外交官。

Fox, George　佛克斯
　　(1624-1691)蘇格蘭宗教改革家，貴格派的奠基者。

Freud, Sigmund　佛洛依德
　　(1856-1939)奧地利心理醫師，首創心理分析，對近代思想有莫大
　　影響。

Garfield, James A.　加菲爾德
　　(1831-1881)美國第二十任總統，屬共和黨籍，當選後旋遇刺殞身。

George, Stefan　蓋歐克
　　(1868-1933)詩人、翻譯家、作家，十九世紀末葉及二十世紀初德
　　國最重要的詩人之一。他曾領導所謂的"蓋歐克派"(George-
　　Kreis)，企圖以古典精神及一種唯美的人文主義對抗寫實主義、
　　民主、啓蒙意義下的進步。韋伯在〈學術作為一種志業〉中，曾攻
　　擊他的神祕的唯美論。

Gervinus, Georg Gottfried　葛偉努斯
　　(1805-1871)文藝批評家、歷史學家，曾任哥丁根、海德堡等大學

教授。

Gibbon, Edward　吉朋

(1737-1794)英國歷史學家，以《羅馬帝國衰亡史》(*The History of the Decline and Fall of the Roman Empire*, 1776-88)知名。

Gladston, W. E.　葛萊斯頓

(1809-1898)十九世紀英國政治家，1868 年到 1894 年之間支配自由黨的人，曾四度擔任首相。葛氏以演說出名，具有強烈的宗教信仰，強調道德，被推為維多利亞時期德性的典型代表。對英國的社會福利政策和進步政治有很大的貢獻。

Gneist, Rudolf von　葛奈斯特

(1816-1895)，法學家，1844 年開始任教於柏林大學。

Goethe, Johann Wolfgang　哥德

(1749-1832)劇作家、詩人、小說家，德國文學最傑出的代表人物，繼承啓蒙運動，又光大德國浪漫主義，對整個歐洲文化思想產生了重大的影響。

Goldschmidt, Levin　葛施米德

(1829-1897)法制史與經濟史專家，曾任海德堡大學及柏林大學教授。當他在病中時，他的學生韋伯代理過他的課。

Gomperz, H.　龔培茨

(? -?)韋伯曾提到龔培茨的一本著作: *Über die Wahrscheinli-*

chkeit der Willensentscheidungen(1904)；除此以外，我們沒
有找到關於此人的資料。

Gothein, Eberhard　葛特漢
(1853-1923)史學家、經濟學家、政治學家，曾任卡爾斯茹、波昂
(Bonn)、海德堡等大學教授。

Grant, Ulysses　格蘭特
(1822-1885)共和黨籍，1869-1877 年間美國第十八任總統。

Gross, Otto　葛洛斯
(1877-1920)佛洛依德的最得意門生，後精神崩潰而死。

Gruhle, Hans Walter　戈魯里
(1880-1958)精神病學家，曾執教於海德堡大學。

Gundolf, Friedrich　龔朵夫
(1880-1931)文學史家，海德堡大學教授。蓋歐克派重要人物。

Hegel, G. W. F.　黑格爾
(1770-1831)德國哲學家，繼承並轉化了西方理性主義的思維傳
統，對後起西方思想有決定性的影響。

Hensel, Paul　韓策爾
(1860-1931)哲學家，曾任海德堡及厄蘭根(Erlangen)大學教授。

Helmholtz, Hermann von　韓姆霍茲

(1821-1894)德國科學家，長於物理學、生物學、數學、及哲學，在好幾個領域都有重要的貢獻，曾任海德堡大學及柏林大學教授。

Heuss, Theodor　霍依斯

(1884-1963)政治家、歷史學者、作家，1949-59 年曾任德意志聯邦共和國總統。

Hervey, W. A.　赫維

(1870-1918)哥倫比亞大學德文系教授，曾在萊比錫(Leipzig)求學。

Hindenburg, Paul von　興登堡

(1847-1934)德國元帥，並曾任德國總統(1925-1934)。一次大戰期間，他曾指揮德軍獲致坦能堡(Tannenberg)大捷。大戰結束後，他雖列名戰犯，但未被起訴。1925 年任總統，1933 年，八十六歲的興登堡任希特勒爲總理。

Honigsheim, Paul　杭尼希斯漢

(1885-1967)社會學家及民族學家，曾執教於德國及美國。他的 *On Max Weber*(New York, 1968)，提供了許多海德堡時期韋伯的生活材料。

Horkheimer, Max　霍克海莫爾

(1895-1973)德國哲學家、社會理論家，是所謂的法蘭克福學派批判理論的奠基人之一，也是這個學派組織方面的靈魂。

Hume, David　休姆

(1711-1776)蘇格蘭哲學家、歷史學家，以經驗論及懷疑論爲其思想特色。

Husserl, Edmund　胡塞爾
(1859-1938)德國哲學家，現象學運動的創始人。主張對意識內容作純粹描述性的研究，以發現經驗的結構。他對二十世紀哲學有莫大的影響，至今猶不見衰。

Ibsen, Henrik　易卜生
(1828-1906)挪威劇作家。

Ihering, Rudolf von　葉靈
(1818-1892)德國的羅馬法學者，曾任哥丁根等大學教授，長於法哲學，影響十九世紀德國法學甚鉅。

Jackson, Andrew　傑克森
(1767-1845)民主黨籍，1829-1837年任美國第七任總統。他由西部農民及東部中產階級、城市工人支持，代表向東部舊勢力挑戰的新興力量。

Jaffé, Edgar　亞飛
(1866-1921)任柏林及慕尼黑大學經濟學教授，曾在埃思納的巴伐利亞邦臨時共和政府任財政部長。

Jaspers, Karl　雅士培
(1883-1969)精神病理學家兼哲學家，二十世紀存在主義哲學重要人物之一，曾任敎於海德堡大學及巴塞爾(Basel)大學。

Jefferson, Thomas　傑佛森
　　(1743-1826)1801-1809 年間美國第三任總統。

Jellinek, Georg　耶里內克
　　(1851-1911)憲法學教授，曾執教於巴塞爾大學及海德堡大學。

Kant, Immanuel　康德
　　(1724-1804)德國哲學家，近代哲學最重要的人物之一，以所著三大批判知名。

Kapp, Friedrich　卡普
　　(1824-1884)生平不詳。

Karl　V　卡爾五世
　　(1500-1558)西班牙國王，神聖羅馬帝國的皇帝(1519-1556)，哈布斯堡家族成員。

Kautilya　憍提利耶
　　(? -?)印度旃陀羅笈多皇帝的重臣，著有《利論》。

Kautsky, Karl　考茨基
　　(1854-1938)德國社會主義者,在將德國社會民主黨轉爲正統馬克思主義政黨上出力甚多。他既反對柏恩斯坦的修正主義路線，亦視列寧布爾什維克革命爲非民主、非馬克思主義的反動。

Kelley, Florence　凱利

(1859-1932)社會主義者、社會工作者；1893年至1897年任伊利諾州工場督查員，1899年開始任全國消費者同盟總書記。

Kierkegaard, Søren　祁克果

(1813-1855)丹麥哲學家，近代存在主義思想的先行者之一。

Kistiakovski, B. A.　奇司提亞科夫斯基

(1868-1920)俄國社會學家及憲法學者，1905年革命時"憲政民主黨"的領袖之一，是德國新康德主義哲學在俄國的代表人物，後流亡到海德堡。

Klebs, Georg　克雷伯斯

(1857-1918)植物學教授，曾執教於巴塞爾、哈勒、海德堡等大學。

Knies, Karl　克尼斯

(1821-1898)1865年至1896年間執教於海德堡大學。

Krupp, Alfred　克虜伯

(1812-1887)德國軍火工業世家克虜伯家族的第二代。克虜伯家族是德國近代最大的軍火及鋼鐵業大亨。

Lask, Emil　拉斯克

(1875-1915)新康德派哲學家，海德堡大學教授，一次世界大戰時戰死。

Leonardo da Vinci　達文西

(1452-1519)佛羅倫斯的畫家、科學家、發明家；在他於1651年

始出版的《論繪畫》中，視藝術家與科學家皆爲自然的觀察者，但
持經驗論及理性數學方法。。

Levien, Max　李維安

(? -?)生物學家，激進的俄國布爾什維克份子，曾參加1905年俄
國革命。1919年4月慕尼黑蘇維埃政府成立後，他是領袖之一。
革命失敗後，他回到俄國，在斯大林時代被殺。1918年11月4日
韋伯在慕尼黑演講時，他在台下和台上的韋伯發生激烈的衝突。

Lieber, Francis　黎柏爾

(1789-1872)德國激進愛國主義者，因激進共和思想逃離德國，在
美國從事百科全書編譯工作，並在大學執教，成爲有名的政治理
論家。

Liebknecht, Karl　李卜克內西

(1871-1919)德國社會主義者，曾因反戰入獄，是社會民主黨左翼
的重要人物。後來他與盧森堡另組斯巴達克團，反對革命後的社
會民主黨政府。柏林暴動時他被捕，遭反動軍官私刑槍殺，屍體
在柏林運河中被找到。

Lincoln, Abraham　林肯

(1809-1865)美國第十六任總統，屬共和黨籍。南北戰爭爆發後，
1863年宣佈解放南方黑奴。戰爭結束後五日，林肯即遭刺殺。

Lotze, Rudolf Hermann　羅宰

(1817-1881)德國哲學家兼生理學家，以《小宇宙》(*Mikrokosmos*,
1856-1864)一書知名，曾任萊比錫、哥丁根等大學教授。

Löwenstein, Karl　略文斯坦

(1891-1973)政治學家、法學家，曾任教於慕尼黑、耶魯等大學。

Löwith, Karl　呂維特

(1897-1973)德國哲學家，曾任海德堡等大學教授。他有許多重要的著作；在韋伯研究方面，他的 *Max Weber and Karl Marx* (London, 1982)至今仍享有盛譽。

Ludendorff, Erich F. W.　魯登道夫

(1865-1937)德國將軍，是第一次世界大戰時興登堡元帥的參謀長。1917 年他迫使總理貝特曼豪威克辭職，並逐漸控制政治領導。1918 年德軍失利後，他要求停戰，數日後被解職，逃到瑞典。1919 年回到德國後，他逐漸參與右派活動，接近希特勒，並曾在帝國議會中任國社黨議員。

Lukács, Georg　盧卡奇

(1885-1971)哲學家兼文學理論家，二十世紀馬克思主義哲學的最重要人物之一，號稱"西方馬克思主義"(Western Marxism)之父。

Luther, Martin　路德

(1483-1546)德國宗教改革家，新教運動的奠基者，對近代基督教思想有莫大的影響。

Luxemburg, Rosa　盧森堡

(1871-1919)波蘭籍的德國革命者，二十世紀一位重要的馬克思主

義理論家兼行動者。她本屬德國社會民主黨，一次世界大戰時和李卜克內西另組斯巴達克團，即爲後來的德國共產黨。柏林暴動時她被捕，遭反動軍官私刑槍殺。

Machiavelli, Niccolo　馬基亞維利

(1469-1527)佛羅倫斯政治家，近代政治理論的奠基人之一。從思想史上來說，他首度擺脫道德的範疇，從權力的角度討論政治問題。一般認爲近代"國家"(state)的觀念由他開始。

Maecenas, Caius　梅賽納斯

(？-8 B.C.)公元前一世紀時的羅馬政治家，極端愛好文學藝術，恩護當時許多有名的文人。後世取他作爲恩護文學藝術的慷慨財主的典型。

Mannheim, Karl　曼罕

(1893-1947)匈牙利裔的德國社會學家，首倡知識社會學之觀念。曾執教於匈牙利、德國、英國。

Marcuse, Herbert　馬庫色

(1898-1979)德裔美籍社會思想家，法蘭克福學派主將之一。

Marx, Karl　馬克思

(1818-1883)德國社會主義者，近代共產主義思想的最主要人物，近代歐洲思想史上的關鍵性人物之一。

Maximiliam I　麥西米倫一世

(1493-1517)神聖羅馬帝國的皇帝，哈布斯堡(Hapsburg)王朝勢

力的奠基者，曾推行許多行政及財政方面的改革。

Mayer, Julius Robert von　梅耶爾
(1814-1878)德國醫師兼物理學家，發現了"熱的工作當量"，創立
了能源不變法則。

Mehring, Franz　梅林
(1846-1919)德國工人運動領袖、歷史學家和政論家，曾著有《馬
克思傳》。

Meinecke, Friedrich　邁耐克
(1862-1954)歷史學家，曾任教於斯特拉斯堡、福萊堡、柏林等大
學，是德國歷史主義的重要人物之一。

Michels, Robert　米赫爾斯
(1876-1936)曾任土林(Turin)、巴塞爾、羅馬等大學教授，以所
謂"寡頭統治鐵律"知名，為近代重要的政治社會學家。

Mill, John Stuart　穆勒
(1806-1873)英哲學家、及經濟學家，從功利主義立場發展自由主
義理論，並深入探討科學方法論，是十九世紀英國政治思想中最
重要的人物。

Mommsen, Theodor　莫姆森
(1817-1903)十九世紀最偉大的羅馬史學者，曾任柏林等大學教
授。

Montaigne, Michel　蒙田
　　(1533-1592)法國作家。

Münsterberg, Hugo　敏斯特堡
　　(1863-1916)哲學家兼心理學家, 從 1892 到 1895 年, 又從 1897 年
　　到去世爲止, 擔任哈佛大學心理學教授。

Naumann, Friedrich　瑙曼
　　(1860-1919)牧師、神學家、政治家。他和韋伯一起參加福音社會
　　會議(Evangelical-Social Congress), 成爲好友, 深受韋伯的影
　　響。後來他創立國家社會同盟(Nationalsozialer Verein), 試圖
　　結合自由派和社會民主黨右翼。

Neumann, Carl　諾依曼
　　(1860-1934)藝術史家, 曾任教於海德堡、哥丁根及基爾等大學。

Nietzsche, Friedrich　尼采
　　(1844-1900)德國哲學家及古典文學家, 強烈抨擊歐洲文明設定之
　　各種價值, 倡價值之重估, 認爲價值乃個人自創自定, 對韋伯有
　　強烈影響。

Northcliff, Ist Viscount of　諾斯克里福爵士
　　(1865-1922)英國報業大亨, 名 Alfred C. M. Harmsworth, 是
　　近代大眾取向報紙的首創者。出身寒微, 但自 1894 年開始, 先後
　　擁有數家英國最成功的報紙。1905 年他救回破產的 *Observer*, 獲
　　封男爵。1906 年他又購得《泰晤士報》, 被認爲是一生事業的頂峰。

Ostrogorskij, M. J. 奧斯綽葛爾斯基

(1854-1919)俄國政治學者,以政黨組織之比較研究的先驅者而知名。他比較英美等國的政黨組織,提出近代民主群眾政黨向著官僚和寡頭統治發展的傾向。

Pareto, Vilfredo 帕烈圖

(1848-1923)義大利社會學家、經濟學家、及工程師。

Pendleton, George H. 片多頓

(1825-1889)美國政治家,俄亥俄州選出的參議員,推動公務員改革甚力。

Penn, William 威廉賓

(1644-1718)英國貴格派人物,1675 年赴美洲,建立賓夕法尼亞殖民地的基礎。

Pericles 伯里克里斯

(495-429 B.C.)雅典最偉大的政治家,對雅典的文治武功均有大貢獻。

Plato 柏拉圖

(427-347 B.C.)古希臘哲學家,西方哲學的奠基者,以"理念"為萬物存在的根基和認識方面的真理,使西方哲學思考工作成為可能的理知活動。

Puttkamer, Robert von 普特卡默

(1828-1900)普魯士政治家,俾斯麥的親戚兼密友。1879 年任普魯

士教育及信仰部長, 1881 年任內政部長, 曾頒發所謂的"普特卡默告示"。

Ranke, Leopold von　蘭克

(1795-1885)德國史學家, 曾任柏林大學教授, 近六十年之久, 以重考證及敍述性的"蘭克史學", 支配歐洲史學界, 是當時最偉大的歷史學家。

Ratzel, Friedrich　拉采爾

(1844-1904)德國地理學家, 萊比錫大學教授, 創人類地理學及政治地理學, 對歐美地理學有甚大影響。

Rickert, Heinrich　里克特

(1863-1936)新康德派哲學家,曾任福萊堡及海德堡大學教授對韋伯的社會學方法論, 發揮過莫大的影響。

Roscher, Wilhelm　羅雪

(1817-1894)德國歷史學家及經濟學家, 哥丁根及萊比錫等大學。

Rousseau, Jean Jacques　盧梭

(1712-1778)啓蒙時代法國思想家, 在人性論、教育論、政治理論及社會學說等方面有重大貢獻及影響。

St. Francis of Assisi　聖法蘭茲

(1182-1226)義大利籍的天主教聖人、方濟會的創始人, 又譯聖法蘭西斯。以苦行、平實、愛人、愛大自然生命、過貧窮生活著稱。

Salz, Arthur　　薩爾茲
　　(1881-1963)政治經濟學家，曾任教於海德堡及俄亥俄州立大學。

Schäfer, Dietrich　　謝佛爾
　　(1845-1929)德國歷史學家，曾任海德堡、柏林等大學教授，採強
　　烈的國粹主義立場。

Schmid-Romberg, Kläre　　施密隆寶
　　(? -?)退休女伶，文藝圈中活躍人物，施密諾爾之妻。

Schmid-Noerr, Friedrich Alfred　　施密諾爾
　　(1877-1969)海德堡大學哲學及美學教授，亦爲成功作家及藝術鑑
　　賞家。

Schmidt, Heinrich Julian　　史密德
　　(1818-1886)文藝史家，韋伯家族密友。

Schmoller, Gustav von　　史摩勒
　　(1838-1917)曾任哈勒(Halle)、斯特拉斯堡、柏林等大學經濟學
　　教授，社會政策學會(Verein für Sozialpolitik)的創始人之一，
　　"講壇社會主義者"。曾主編有名的《史摩勒立法、行政與國民經濟
　　年報》(Schmoller's Jahrbuch für Gesetzgebung, Verwaltung
　　und Volkswirtschaft)，爲韋伯許多重要著作發表之處。

Scott, Walter　　司各脫
　　(1771-1832)蘇格蘭小說家兼詩人，近代歷史小說的鼻祖。

Sealsfield, Charles　希爾斯菲德
　　〔編譯者未能找到關於此人的資料〕

Siebeck, Paul　齊貝克
　　(1855-1920)德國最重要的學術著作出版商之一。他在 1878 年接
　　管海德堡的出版公司，開始專門出版神學、社會學、哲學及歷史
　　的書刊。這家書店的名稱是 J.C.B.　Mohr(Paul　Siebeck)，
　　Tübingen。

Simmel, Georg　齊默
　　(1858-1918)哲學家、社會學家、心理學家，執教於柏林及斯特拉
　　斯堡大學，對近代社會學貢獻甚大。他是韋伯摯友，曾因身為猶
　　太人遭歧視。他的《錢的哲學》(*Philosophie des Geldes*)出版於
　　1900 年。

Socrates　蘇格拉底
　　(470? -399 B.C.)希臘哲學家，為柏拉圖的老師。提倡懷疑性的理
　　知思考，遭雅典人下獄毒死。

Sombart, Werner　宋巴特
　　(1863-1941)政治經濟學家，曾任布列斯勞(Breslau)及柏林大學
　　教授，對近代德國的歷史社會學有重大影響。

Spener, Philipp Jakob　史片耐爾
　　(1635-1705)德國神學家，敬虔派的創始人。

Spengler, Oswald　史賓格勒

(1880-1936)德國歷史哲學家，以《西方的沒落》一書知名於世。

Strauss, David Friedrich　史特勞斯

(1808-1874)德國神學家，屬於激進的新黑格爾左派，以《耶穌傳》
(*Das Leben Jesu*, 1835)一書成名。

Strauss, Leo　史特勞斯

(1899-1973)德國政治哲學家，1938年起避難美國，執教芝加哥大
學近二十年，對美國的政治思想史研究影響極大。他曾在 *Natural
Right and History* (Chicago, 1953)中以專章批評韋伯的價值哲
學。

Stumm-Halberg, Karl Ferdinand Freiherr von　史篤姆男爵

(1836-1901)煤礦與鋼鐵業大亨，保守派政治家。

Swammerdam, Jan　史璜麥丹

(1637-1680)荷蘭博物學家，首倡使用顯微鏡，以研究無脊椎動物
及昆蟲出名。

Sybel, Heinrich von　茲貝爾

(1817-1895)歷史學家，曾任慕尼黑等大學教授。

Taylor, F. W.　泰勒

(1856-1915)美國工程師，在所著 *The Principle of Scientific
Management* 一書中，首創"科學管理"一詞，提出一套提高工人
生產力的方法。

Tirpitz, Alfred von　提比茲

(1849-1930)德國海軍的締造者。

Tobler, Mina　托伯勒

(? -?)瑞士音樂家，據說是韋伯晚年婚外情的對象。

Toller, Ernst　托勒

(1893-1939)劇作家、詩人、革命者、純潔的理想主義者。1917 年到 1918 年之間的冬季，托勒和韋伯交往甚密。托勒因鼓動罷工被捕，韋伯曾自請出庭作證，使托勒獲釋(《韋伯傳》, p. 601)。1919年初，托勒在慕尼黑成立巴伐利亞邦蘇維埃共和國，事敗被捕，韋伯又出庭替他作證，指他爲理想主義的純潔心志政治家(《韋伯傳》, p. 661)。

Tolstoy, Leo　托爾斯泰

(1828-1910)俄國作家，以《戰爭與和平》、《復活》等鉅作知名。他是強烈的和平主義、無政府主義者，企圖以個人道德意識之改良作爲社會改革的動力。

Tönnies, Ferdinand　佟尼思

(1855-1936)社會學家，以《共同體與結合體》(*Gemeinschaft und Gesellschaft*, 1887)一書知名。

Treitschke, Heinrich von　崔采克

(1834-1896)德國歷史學家，強烈的民族主義者，崇尚普魯士精神及俾斯麥，歧視猶太人。他的著作雖有很大影響，但多失之於保守反動。

Troeltsch, Ernst　托洛爾區
(1865-1923)韋伯密友，神學家、哲學家，以研究基督教社會思想史知名。

Trotsky, Leon　托洛茨基
(1879-1940)本名 L. D. Bronstein，俄國共產主義革命的主要領導人之一，革命後曾任外交及國防部長。後與斯大林爭權失敗被迫流亡，透過政治活動及大量著作重建左派反對派，1938 年創立第四國際。1940 年在墨西哥遭斯大林的密探刺殺。

Uhland, Ludwig　烏蘭德
(1787-1862)德國詩人兼劇作家，浪漫時代最著名的詩人之一，特別擅長於民謠風味的詩和故事詩。

Vossler, Karl　佛茨勒
(1872-1949)拉丁學學者(Romanist)，曾任海德堡、慕尼黑等大學教授。

Washington, Booker　華盛頓
(1856-1915)美國黑人教育家，塔斯凱奇學院創辦人。

Weber, Alfred　阿爾弗烈德韋伯
(1868-1958)韋伯之弟，亦爲甚有成就的社會學家。

Weber, Helene Fallenstein　海倫娜韋伯
(1844-1919)韋伯之母。

Weber, Marianne Schnitger　瑪麗安妮韋伯
　　(1870-1954)韋伯伯父的外孫女，後來成為韋伯之妻。除了《韋伯
　　傳》之外，她尚著有一本討論妻子與母親的法律地位的書(*Ehe-*
　　frau und Mutter in der Rechtsentwicklung, 1907)，並且參
　　與當時的婦女解放運動。

Weber, Max Sr.　老瑪克斯韋伯
　　(1836-1897)韋伯之父。

Webster, Daniel　韋伯斯特
　　(1782-1852)美國政治家，歷任眾議員、參議員、國務卿等職。

Weierstrass, Karl　維爾史特拉斯
　　(1815-1897)德國數學家，曾任柏林等大學教授，在數論方面有很
　　大的貢獻。

Windelband, Wilhelm　溫德爾班
　　(1848-1915)新康德派哲學家，以人文科學的哲學基礎及哲學史研
　　究知名。

Wundt, Wilhelm　馮特
　　(1832-1920)德國實驗心理學家、哲學家、生理學家，曾任海德堡、
　　蘇黎世(Zürich)及萊比錫等大學教授。

國家圖書館出版品預行編目（CIP）資料

學術與政治：韋伯選集.I / 韋伯（Max Weber）著；
錢永祥等譯. -- 二版. -- 臺北市：遠流, 2014.10
　　面；　公分. --（新橋譯叢；48）
ISBN 978-957-32-7514-5（平裝）

1.韋伯（Weber, Max, 1864-1920）　2.學術思想

147.79　　　　　　　　　　　　　　　103020222